Klaus Umbach
Celibidache – der andere Maestro

Klaus Umbach

Celibidache
– der andere Maestro

Biographische Reportagen

Mit 16 Photos

Piper
München Zürich

ISBN 3-492-03719-4
© R. Piper GmbH & Co. KG, München 1995
Gesetzt aus der Janson-Antiqua
Satz: Uwe Steffen, München
Druck und Bindung: Clausen & Bosse, Leck
Printed in Germany

Inhalt

Vorwort

Ohne ihn nichts über ihn

Am Anfang war ein Machtwort: »Nein, keine Aufnahme. Keinerlei Geräte einschalten, nichts!« *Der Kassettenrecorder blieb in der Tasche. Ich mußte schreiben: Block auf den Schenkeln, Stift in der Hand; schön altmodisch und unschön umständlich.*

Am Vormittag des 4. Mai 1992, Punkt elf Uhr, standen wir uns zum erstenmal zweckverbunden gegenüber: Sergiu Celibidache und der Journalist, der nicht ein paar Magazinseiten füllen, sondern ihm richtig auf die Pelle rücken und sein ganzes Leben erforschen wollte.

Der Ort war ebenso apart wie das Unternehmen heikel. In einer Suite des Sheraton San Cristobal Hotel in Santiago de Chile sollte der Alte erstmals Modell sitzen für seine Biographie, die er nie gewollt hatte, jedenfalls nicht mit seiner Beihilfe.

Doch auf einmal schien es nicht mehr ganz so fragwürdig, ob sich da nicht doch eine fixe Idee würde realisieren lassen – nämlich, diesen interviewunwilligen und auskunftsscheuen, diesen mal plauderseligen, mal muffligen Maestro, diesen Gegner der Presse und Verächter der ganzen schreibenden Zunft, auszuhorchen: über sein Leben, seine Laufbahn, die Musik und den Musikbetrieb. Und das von einem dieser verwünschten Journalisten, »die von nichts eine Ahnung haben«.

So begann, an jenem Montagmorgen, der Versuch, achtzig Lebensjahre aufzuhellen, Höhenflüge und Rückschläge zu klären, Meinungen aufzuspüren und zu vertiefen. Es begann das Puzzle eines langen, grellen, grandiosen Lebens.

Celibidache lehnte sich scheinbar entspannt in seinen Sessel zurück und war doch vom ersten Moment an auf dem Quivive: freundlich und skeptisch zugleich, mit einem dezenten Make-up von gönnerhaftem Zynismus. Ich wurde das Gefühl nicht los, daß er den Lauschangriff, der da startete, damals nicht ernst nahm, bestimmt aber nicht das Projekt, das uns – auf Gedeih?, auf Verderb? – zusammengebracht hatte.

Es wurde ernst. Ich fing an, irgendwo in seiner Vita herumzustochern und irgendwas aus seiner Vita zu fragen, vor mir das riesige schwarze Loch in der Geschichte eines eigentlich unbekannten Weltberühmten. Ich notierte und kritzelte, eher fahrig als mit System; mein Gegenüber antwortete klar und knapp, meist sehr knapp. Dieses erste Rencontre hatte den Charme eines Verhörs. Vermutlich fühlten wir uns beide wie bei der Datenerfassung im Einwohnermeldeamt.

Nach zwei Stunden schlug der Dirigent ab: Schluß, genug für heute, das reicht. Es reichte nicht, aber es war ein Anfang. Block weg, Stift in die Tasche. Danke, einen guten Tag, ein schönes Konzert.

Warum das alles? Wieso wollte ich, nachdem ich in fast fünfundzwanzig SPIEGEL-Jahren Hunderte von Musikerleben und Interpretenkarrieren auf jeweils ein paar Heftspalten gezwängt und gezwungen hatte, auf einmal weit, richtig weit ausholen und so ausführlich werden, wie es die journalistische Tages- und Wochenarbeit – aus gutem Grund – nicht zuläßt? Warum die unzähligen Details einer fremden Lebensgeschichte abfragen, sammeln, bündeln, sortieren, weiter- und wiedergeben? Einer Lebensgeschichte *überdies, von der ich bis dahin kaum mehr wußte als die meisten Kollegen und die meisten Konzertgänger:*

Daß Celibidache schwierig und faszinierend war – okay, fast schon Gemeinplatz. Daß er keine Schallplatten aufnahm und keine Opern dirigierte; daß er fernöstlichen Heilslehren anhing und eine nicht eben griffige Privatphilosophie predigte; daß er im Trümmer-Berlin eine Traumkarriere gestartet und diese unter dunkel-dramatischen Umständen beendet hatte; daß er in München wohl eine späte künstlerische Erfüllung erfahren hat; daß er die Orchester drillte, großartige Konzerte leitete und Kräche vom Zaun brach, die lauter waren als der Kanonendonner in Tschaikowskis »1812«.

Und, natürlich, daß er mit seinen Spitzen und Sticheleien, mit Sottisen und Verwünschungen gegen die Tonangeber der Musikszene, gegen die Vips und Möchtegern-Promis jahrelang zu einer wunderbaren Belebung internationaler Feuilletons beigetragen hatte. Für uns Journalisten war der Journalistenfresser Celibidache stets ein Quell willkommener Ungeheuerlichkeiten. Seine Giftküche zieren drei Sterne.

Aber der Koch, der Mann, der Mensch blieben ein Rätsel. Fragen nach seinem Leben, auch solche von diskreter Zurückhaltung, hatte er immer abgewimmelt, »das interessiert nicht«. Der Privatier war stumm geblieben und verwahrte sich durch gußeiserne Ablehnung gegen jeden Versuch, ihm – wenn überhaupt – irgend etwas anderes zu entlocken als Sachdienliches zur Musik und Erklärendes zur Musikphilosophie. Also, warum das alles und mit welchen Chancen?

Am 19. Januar 1992 besuchte ich Celibidaches drittes Sonderkonzert der damals laufenden Saison im Münchner Gasteig. Auf dem Programm standen Samuel Barbers »Adagio für Streicher« op. 11, sechs »Jedermann-Monologe« von Frank Martin und Tschaikowskis Fantasieouvertüre »Romeo

und Julia«. *Für den Sonntagmorgen eine angenehm ge-*
fällige Werkfolge, die nicht zu schwer im Magen lag.
Tschaikowskis Shakespeare-Fantasie gehört, mit Verlaub,
nicht gerade zu den Solitären des Repertoires, und bedenken-
los schrammelnde Kurorchester haben das ihre getan, dem
Werk die Würde auszutreiben.

Nun, unter der ausgefeilten, klanggenießerischen und in
ihrer Seelenruhe geradezu erhabenen Wiedergabe durch Ce-
libidache hatte das Stück plötzlich Format und Faszination.
Der scheinbar verschlissene Reißer mutierte zur philharmo-
nischen Delikatesse. Ich fühlte mich auf der Ohrenweide.

Auch routinierte Lästerzungen würden sagen: abgebrühte
und ausgebuffte Journalisten, die ihr Job in die Tretmühle
des ständigen Wägens und Wiegens und druckreifen Urtei-
lens zwingt, fangen, gottlob, gelegentlich auch noch Feuer,
und sei es aus wenigen Funken. Das sind die Momente, die
mit der Ermüdung und Übersättigung durch Profikonsum
versöhnen. Auf einmal klickt es, und irgendwas ist passiert.

Was war mir passiert, was war mit mir passiert? Der
Tschaikowski klang aus, und mich beschäftigte plötzlich nur
eine Frage: Wer, bitte, war nun eigentlich dieser berühmte
unbekannte Celibidache, der mich mitten in der vertrauten
Tondichtung plötzlich aus dem behaglichen Gasteig-Polster
auf die Stuhlkante hatte rutschen lassen? Mit einem Schlag
wollte ich mehr wissen über diesen Maestro Sphinx, die-
sen anderen Maestro – viel mehr als das, was ich selbst
aus gegebenen, stets aktuellen Anlässen über ihn geschrieben
hatte.

Damals, Anfang 1992, gab es ein Dutzend Biographien
über Herbert von Karajan, auch das Sortiment mit Büchern
über seinesgleichen war stattlich. Selbst Emporkömmlinge
der Zunft, deren Laufbahn noch gar nicht zwischen Buch-
deckel, sondern erst einmal auf den Prüfstand gehört hätte,
machten sich, mittels Ghostwriter oder Selbstverfaßtem, in

den Regalen des Buchhandels breit und wichtig. Über Sergiu Celibidache gab es nichts. Fast nichts.

Von dem Berliner Rundfunkredakteur Klaus Lang war 1988 die Berliner Zeit des Dirigenten gründlich recherchiert und dokumentenreich nacherzählt worden. Doch das höchst verdienstvolle Buch über die Beziehungen zwischen Celibidache und Furtwängler in Berlins philharmonischem Dunstkreis überschattete die riesige restliche Lebens- und Wirkungsgeschichte um so deutlicher. Die Berliner Episode war erfreulich aufgehellt; um so auffälliger lag alles davor und vieles danach in spekulativem, gar mystischem Dunkel.

Merkwürdig, ein Dirigent wurde auf seine alten Münchner Tage ein Weltstar und blieb zugleich ein unbeschriebenes Blatt - eigentlich schleierhaft in den Zeiten multimedialer Schnüffelei und Indiskretion.

Schnüffeln wollte ich nicht, indiskret mußte ich, vielleicht, gelegentlich werden. Jedenfalls hatte ich mich in die Idee verrannt, in Sachen Celibidache – wie sagt man – aktiv zu werden, herumzuhorchen, in Archiven zu stöbern, nachzulesen. Es hatte geklickt, mal sehen, was draus werden konnte.

Schon vierundzwanzig Stunden nach dem Sonntagskonzert weihte ich den Münchner Philharmoniker-Intendanten Norbert Thomas in meine (noch vagen) Pläne eines Biographieprojekts ein und erbat seine Einschätzung der Chance, an den Alten heranzukommen. Denn das war von Anfang an klar: Ich wollte in keinem Fall »kalt« schreiben, wie derlei im Gewerbe heißt; Celibidache mußte mitmachen: ohne ihn nichts über ihn.

Thomas, ein rheinisches Schlitzohr auf bayerischem Posten, taktierte angemessen: warum nicht? Versuchen, abklären, warten. Post festum läßt sich sagen, daß er die entscheidenden Präludien übernommen und bis zuletzt das ganze Unternehmen mit viel Zeit, Energie und Phantasie *begleitet und unterstützt hat. Er hat die Fäden zu Celibidache geknüpft und über Jahre geschickt in der Hand behalten. Er hat Celibidache zum Sprechen gebracht und mich dadurch zum Schreiben. Dafür ein herzliches Danke.*

Ein kaum geringeres, sicher unauffälligeres Verdienst an diesen biographischen Recherchen hat Thomas langjährige Mitarbeiterin Agnès Passemard. Selbstlos, dezent und zuverlässig hat sie bei allen Schwierigkeiten, die im Umgang mit diesem Dirigenten unvermeidlich waren, erste und dann immer wieder erfolgreiche Hilfe geleistet.

Mein Dank gilt daneben den vielen auskunftsbereiten Musikern, vor allem aus den Reihen der Münchner Philharmoniker; er gilt Solisten, Agenten, Kollegen und auch jenen Konzertbesuchern, die als Zeugen oder Beobachter, mit Erinnerungen und Dokumenten, Programmen, Rezensionen und Photos beim großen Puzzle ihr Teil beigetragen haben.

Dank auch der Chefredaktion des SPIEGEL für die Zustimmung zum Seitensprung ihres Redakteurs.

Mit der Bemerkung, daß Celibidache die Musikwelt spaltet, rennt jeder offene Konzerttüren ein. Hier die Apologeten, dort die Widersacher; hier die, die sich berauscht, dort die, die sich genervt fühlen. Mitten durch das Publikum geht ein eiserner Vorhang.

Ich selbst bin im Lauf der Jahre diesem Dirigenten so nahe gekommen, wie es für einen Biographen nötig, und so fern geblieben, wie es für einen Biographen tunlich ist. Ich wollte weder mit Weihwasser schreiben noch mit Galle. Dieser Mann und Musiker der Extreme reizt zu Extremen. Ziel meines Versuchs war ein goldener Schnitt und – bei der Wahrheit zu bleiben.

Celibidache und ich hatten viele stundenlange Gespräche. Kaum einmal war er ungeduldig, gar ungehalten – egal ob in Hotels oder Flugzeugen, nach Proben oder Konzerten, im Münchner Gasteig, im Teatro Colón zu Buenos Aires oder, dort sicher am entspanntesten, auf seiner französischen Mühle.

Viele dieser Dialoge verliefen in fast ritualisierter Kürze, manche hatten die angenehme Stimmung einer vertraulichen Unterhaltung.

Immer war Celibidache ein zuvorkommender Partner und, zumal auf seinem idyllischen Landsitz, ein grandseigneuraler Gastgeber.

Er hat nie gewünscht, geschweige denn verlangt, Entwürfe oder Manuskripte dieses Buches einzusehen und womöglich darauf einzuwirken. Gelegentlich fragte er mal »Was macht das Buch?«, und meine Antwort, daß es wachse, quittierte er mit einem seiner charakteristischen Mienenspiele, das väterliches Wohlwollen und eine pikante Skepsis unnachahmlich mischte.

Celibidaches Gesprächsbereitschaft und die umfangreichen Recherchen haben nicht verhindern können, daß in diesem Dirigentenleben auch Lücken bleiben. Manchmal versagte die Erinnerung, manchmal wohl auch die Lust, sie zu wekken. Auch zeigten sich in den Aussagen der verschiedenen Zeugen, selbst in denen des Kronzeugen Celibidache, Widersprüche. Klärung war nicht überall möglich. Gerüchte blieben ungedruckt, ebenso Intimitäten und Tuscheleien. Das Buch sollte zwar farbig werden, aber nicht Yellow und nicht nach Regenbogen-Unart.

Während meiner mehrjährigen Arbeit erschienen drei Publikationen, die mein Projekt zumindest tangierten: Noch 1992, im Geburtsjahr meiner fixen Idee, ein opulenter Bildband (mit einfühlsamen Textbeiträgen von Wolfgang Schreiber und Harald Eggebrecht), in dem der Photograph Konrad Rufus Müller eine imposante Galerie seiner Celibidache-Porträts ausbreitete, und das Video-Text-Doppel »Celibidache – man will nichts, man läßt es entstehen« von Jan Schmidt-Garre, auch dies eine sensible Annäherung an den Un-

13

nahbaren. 1993 folgte Klaus Weilers Buch »Celibidache –
Musiker und Philosoph«.

Die drei Neuheiten waren bei der Niederschrift der vor-
liegenden Reportagen hilfreich. Aber sie haben dem Autor
weder den Mut noch die Lust genommen, sich dem anderen
Maestro auf andere Weise zu nähern.

Ohne daß Celibidache es weiß oder ahnt, hat er Kon-
zeption und Niederschrift dieser Reportagen durchaus be-
einflußt: Nach seinen – in diesem Fall: goldenen – Worten
sind weder seine philosophischen Glaubensbekenntnisse noch
seine Grundsätze bei der Verwandlung von Noten in Klang
wirklich beschreibbar. Am Beispiel Celibidaches wird das Un-
vermögen der Sprache, das Geheimnis Musik zu verbalisie-
ren, fast ärgerlich spürbar.

Celibidache hat sich jahrelang mit dem Gedanken beschäf-
tigt, selbst ein Werk über die diffizile Thematik seiner phi-
losophischen Gedankenwelt zu verfassen:»Es geht nicht, man
kann nicht darüber schreiben.« Wenn er, der Eingeweihte,
kapitulierte, warum sollte es dann der außenstehende Skep-
tiker versuchen, der ebenso ratlos wie respektvoll vor dem
Zentralmassiv dieser Weltanschauung steht? Ich habe dem
Mystiker Celibidache mit wohlbedachtem Vorsatz sein (wort-
wörtliches) Geheimnis belassen, belassen müssen.

In diesem Buch über einen der bedeutendsten und schil-
lerndsten Dirigenten des 20. Jahrhunderts steht wenig Be-
schreibendes über Musik und die Kunst, sie zu machen. Diese
Zurückhaltung ist die Folge meiner beruflichen Arbeit,
die mich zu täglicher Lektüre sogenannter Musikkritiken
zwingt. Musikkritik ist heute über weite Strecken Inter-
pretationskritik, das Repertoire stagniert. Der Musikbetrieb
dreht sich seit langem vor allem um das Recycling der ewigen,
abendländischen Werte. Er lebt nicht schlecht dabei, aber er
lebt nicht vital. Das Metier der Musikkritik spiegelt diesen
Zustand ungeschminkt. Ich bin längst überzeugt davon, daß

14

Worte, auch kluge und gewählte, selten ausreichen, ja, daß sie überhaupt nicht dazu taugen, Größe und Faszination (oder auch Routine und Verschleiß) einer interpretatorischen Leistung zu beschreiben. Ganz zu schweigen von dem Problem, das die subjektive Wahrnehmung und Beurteilung aufwirft. Wenn Beethoven mit seinem Kernsatz recht hat »Musik ist höhere Offenbarung als alle Weisheit und Philosophie« (und da ist ja wohl was dran), dann sollte man auch als Hörer mit der Berufsbezeichnung Musikjournalist eigentlich aufhören, Abend für Abend im Konzert Erbsen zu zählen und diese auch noch in der Zeitung zu beschreiben. Höhere Offenbarung kommt jedenfalls selten dabei raus. Ich habe Celibidache und mich davor bewahren wollen.

Vor seiner Münchner Zeit habe ich Celibidache nur gelegentlich im Konzert erlebt. Die Eruptionen, die der junge, geniale Irrwisch nach Kriegsende in Berlin und nach Berlin in vielen Ländern ausgelöst hat, kenne ich nur vom Hörensagen, von Berichten damaliger Ohrenzeugen und von wenigen, akustisch überdies unbefriedigenden Raubpressungen des grauen Schallplattenmarktes. Das schien mir zuwenig Legitimation, um so etwas wie die Beschreibung eines Stils und dessen Wandel über die Jahrzehnte auch nur zu versuchen.

Bei den Konzerten des greisen Celibidache mit den Münchner Philharmonikern, wo die irdische Langsamkeit himmlische Längen bewirkt und diese oft wahre Wunder erschließen, aber auch in anfechtbaren und problematischen Wiedergaben enden können, ist die Magie des Gurus mit seinem beschwörenden und betörenden Charisma kaum mehr von dem objektiven Tatbestand der Notenwiedergabe zu trennen. Heutige Celibidache-Konzerte sind geradezu sinfonische Hochämter, und genau das ist der Grund, warum die einen gleichsam auf Knien lauschen und die anderen ratlos den

Kopf schütteln. In diesem Buch geht es nicht um die Gründe dieser Polarisierung, sondern um den Mann, der sie auslöst.

Ich habe mit Celibidache in den letzten Jahren Konzerte erlebt, die mich auf unbeschreibliche und deshalb auch unbeschrieben gebliebene Weise aufrüttelten oder abheben ließen. Aber ich habe auch Programme hinter mir, die mich, auf sogenanntem höchstem Niveau, enttäuscht zurückließen. Die Live-Erfahrung mit diesem singulären Dirigenten kann und will dieses Buch nicht ersetzen, im Gegenteil: Es setzt sie fast voraus.

Wer jemals das Glück hatte, Celibidache mit Debussy oder Ravel, mit Tschaikowski, mit Richard Strauss, mit einer der sonst so arg- und lieblos unterschätzten Haydn-Sinfonien und, natürlich, mit Bruckners philharmonischen Wolkenkratzern zu erleben, der braucht keine wortreiche Krücke zum privaten Ereignis.

Wenn Sergiu Celibidache den Zyklopen von Bruckners Achter hinter sich und sein Publikum in staunende Andacht und selige Trance versetzt hat, dann läßt er die Arme nach dem letzten Akkord langsam sinken, es bleiben, wenn alles gut geht, ein paar Sekunden der Stille, erst dann bricht der Beifall los. In diesen Momenten sitzt da für Tausende ein Heiliger. Aber er ist, trotz allem himmelstürmenden Bruckner, kein Heiliger, er war nie einer und wollte wohl auch nie einer sein. Vielleicht helfen die »biographischen Reportagen«, den großen alten Mann respektvoll zu entmystifizieren.

Köln, Ende 1994   *Klaus Umbach*

Grock am Gral

Ein Auftritt? Nein, nicht einen einzigen. In fünfzig Jahren hat es von dem Dirigenten Sergiu Celibidache keinen Auftritt gegeben. Jedenfalls keinen klassischen, keinen in jenem befrackten Styling, wie er zum philharmonischen Ritual zu gehören scheint – mit würdigem Entree, edler Versunkenheit im Mienenspiel, abendländischer Erhabenheit in der Körperhaltung, mit dieser ganzen berufseigenen Melange aus – angeblich – devoter Hingabe an die Musik und imperialer Allüre beim Musikmachen.

Es fing 1945, in Berlin, mit einem Aufschwung aus dem Nichts an. Ein Phönix tauchte da auf, nein: wirbelte da hoch aus der Asche der eben noch großdeutschen Hauptstadt und war im selben Augenblick auch schon am Ziel – gewiß ungeplant, vielleicht sogar ungewollt ein unheimlicher Karrieresprinter, ein Shooting-Star, als den ihn das moderne Kulturmanagement wohl verkaufen, verjubeln würde. Und genauso erschien er vor seinem Publikum. Er war einfach da, allegro con brio:

Tür auf, quirliger Dauerlauf zum Podium, Verbeugung. Die leicht gelockten schwarzen Haare fielen mit feschem Schwung nach vorn. Ein kurzer, fast nur angedeuteter Diener vor Ort, dann eine rasante Drehung im Halbkreis und eine ganz knappe Besinnungspause. Noch einmal gingen die Arme rasch nach oben, die Hände kämmten die Mähne zurück. Ende der Show, Anfang der Stille.

Ein Dirigent, wie sich das Kino keinen schöneren, alerteren ausmalen könnte, die Traumbesetzung eines Kapellmeisters. Genau die Melange, die die Zunft hergibt und erwarten läßt: dünn und drahtig, heute würde man sagen: sportiv, ein Yuppie, voll da und top drauf. Trotz seiner imposanten Größe ein zierlicher, fast zarter junger Mann, der den Kopf kreiseln ließ und die Hände in runden, schönen Schwüngen führte und vorführte; der dem Orchester die Finger beschwörend wie Ausrufezeichen entgegenstreckte, der sie mit narzißtischer Eleganz fächerte oder so etepetete spreizte, als dirigiere er ein Ballett aus Meißner Mokkatäßchen. Und der schon im nächsten Augenblick die Faust ballte und mit ihr dreinschlug in das Es-Dur der *Eroica*, den Kollaps der *Pathétique* und die behäbige Genußsucht seiner Zuhörer. Dazu wippte er und hopste, er tänzelte, swingte, schaukelte – in voller Länge ein Klangkörper von elektrisierender Dynamik.

»Dieser junge Himmelsstürmer«, beschreibt ihn Werner Thärichen, als ehemaliger Solopauker und langjähriger Vorstand des Berliner Philharmonischen Orchesters zuverlässiger Augenzeuge, »bewegte sich kolossal temperamentvoll auf seinem Podium, ein Feuervogel, der, selber hingerissen, alle mitreißen konnte. Er stieß bisweilen schnalzende Zischlaute aus, wenn er das Orchester peitschen wollte. Er war ein Tanz.«

»Er erschien«, ergänzt Thärichens Kollege, der einstige Philharmoniker-Flötist Hans-Peter Schmitz, »wie ein strahlender junger Gott, schlank, faszinierend in jeder einzelnen Bewegung. Er hat den Leuten die Musik im wahrsten Sinne des Wortes vor Augen geführt. Es war allein schon ein grandioses Vergnügen, ihm zuzusehen.« Maestro vibrato, der Mann mit dem unaussprechlichen Namen.

Mit den fünf Silben hatten schon die Berliner damals ihre liebe Not, und sie radebrechten entsprechend hilflos: das C am Anfang wie ein Z?, am Ende mit Schaum im Mund wie bei Matsche oder Patsche? Das Wort, beteuert der Namensträger selbst, stamme aus Kreta, ein Vorfahre soll da Architekt gewesen sein. »Chelibi« – das ist, angeblich, einer, der die Musik liebt. Also wäre nomen gleich omen.

Nur wenige, und die wohl eher aus Zufall, sprachen damals diesen Namen gleich korrekt aus: Tsche-li-bidaa-ke. Unter Kommilitonen und Freunden hieß er, merkwürdig genug, anfangs »Cilli«. Sein Publikum indes einigte sich rasch auf das griffige Kürzel, das schließlich ein ganzes, langes Künstlerleben kennzeichnen und die vielleicht eigenwilligste Erscheinung auf der Dirigentenszene des 20. Jahrhunderts prägen sollte: Celi.

Celi – das war der Aufersteher aus den Ruinen einer fast tödlich verletzten, einer zerbombten und zerschossenen Metropole, ein balkanischer Exot im Berlin der Kanonenöfen und Trümmerfrauen, der mit Händen und Füßen und glühenden Augen und schwarzglänzend rotierendem Schädel vorführte, daß die Musik den Nazi-Terror und die Greuel der Götterdämmerung überlebt hatte.

Celi – das war, was in dem Dürrejammer der Lebensmittelkarten und Schwarzmarktschieber die Sonderzuteilung darstellte: ein Geschenk des Himmels, das unverhoffte Extra, das Genußmittel inmitten der kargen Normalität, wie das Päckchen Bohnenkaffee, das gehamstert, und die Stange Lucky Strike, die irgendwo organisiert worden war.

Damals, mitten in dem machtlosen Machtzentrum Berlin, im Dezember 1945, als die welthistorische Wende gerade erst anfing, mit ihren Nachbeben das kapitulierte Deutschland zu erschüttern und zu spalten, da nahm Sergiu Celibidaches Geschichte ihren Anfang. Da war er dreiunddreißig, und vorher waren nur private Präludien gewesen. Seine Laufbahn, die legendäre, setzte damals mit einem Paukenschlag ein. Über Nacht war er zugleich vergöttert und verketzert, und diese Polarisierung blieb das Leit- und Leidmotiv seiner Lauf- und Lebensbahn. In schäbigen Kinosälen und notdürftig geheizten Theatern, in all den Provisorien der kaputten Kapitale Berlin, in der sie für Beethoven und Schumann Schlange standen wie für Eierkohlen und Kunsthonig, da setzte es ein: das Concerto grosso, das Concerto grandioso der Triumphe und Kräche, der Höhenflüge und Bruchlandungen, der magischen Wirkung und der manischen Abgänge. Fünfzig Jahre genialischer Sonderling – Sergiu Celibidache, der andere Maestro.

Der andere Maestro, der keine Opern dirigiert, Opern sind »Wischiwaschi und falsche Bastarde der Kunst«. Der andere Maestro, der gegen die Schallplatte polemisiert: »tönende Pfannkuchen«, »Dreck«, »Onanie«. Vor allem aber – der Maestro mit den anderen Ansichten, aggressiv, provokant, geradeheraus. Vieles, was den meisten, auch seines Standes, heilig ist, das dünkt ihn scheinheilig, und er haßt jeden Etikettenschwindel, auch auf den abendländischen Denkmälern der Tonkunst, auch auf den Sokkeln, die die Götter des Gewerbes tragen. Selbst wenn, wie er beteuert, »Respekt vor den Komponisten die heilige Pflicht des Dirigenten ist« – er rüttelt gern an den Denkmälern, er schockt mit Wonne durch standeswidrigen Vorwitz:

»Hector Berlioz ist nur als Innovator nennenswert. Nein, sicher auch als Instrumentator, da war er absolut revolutionär. Aber er verfügte nicht über vollständige Harmoniekenntnisse, er konnte nicht mal einen Choral korrekt harmonisieren. Ich kann bei Berlioz Hunderte von falschen Baßlinien und falschen Modulationen nachweisen, dafür genügt eine halbe Stunde am Klavier. Berlioz war in seinen umfangreichen Werken ein Meister des Umwegs. Und – fliegen Sie, wenn Sie von Köln nach München wollen, über Moskau?«

»Richard Wagner hatte vor allem den kleinbürgerlichen Ehrgeiz, als Schriftsteller und Weltendenker anerkannt zu werden. Das war ihm das Wichtigste. Er hat nicht gewußt, daß er ein großartiger Musiker war. Er hat alle seine Kräfte für sein sogenanntes Gesamtkunstwerk aufgewendet, und das wiederum ist nichts anderes als der Traum eines Spießbürgers.«

»Peter Tschaikowski ist ein echter Sinfoniker und der große unbekannte Mann in Deutschland. Wie dilettantisch hat Brahms im Choral, bei der Einführung des Schlußsatzes in der ersten Sinfonie, die Posaunen benutzt, und wie phantastisch macht so etwas ein Tschaikowski! Es gibt keinen Deutschen, der das wirklich versteht. Überhaupt die Nationen und ihr Dünkel! Niemand spielt die Franzosen – Debussy, Ravel – schlechter als die Franzosen, keine Nation spielt Mozart schlechter als die Deutschen, ihr Bogen ist zu schwer. Bei Tschaikowski müssen wir zu einer stillen Schlichtheit zurückfinden. Ob das je gelingt? Am wenigsten in Rußland, seiner Heimat. Was da mit ihm geschieht, ist grauenhaft. Seine Landsleute morden ihn jeden Abend neu.«

»Gustav Mahler ist ein Mann, der keinerlei Maß hat. Sicher war er ein großer Virtuose der Instrumentation und des Klanges. Na und, rechtfertigt das seine heutige

Bedeutung oder das, was man daraus macht? Er war ein verwirrter Mensch, ein Bandwurm mit Füßen und Armen. Er besaß einen Drang nach Größe, die seinen persönlichen Möglichkeiten absolut nicht entsprach. Er ist einer, der immer schön anfängt und niemals mehr aufhören kann. Ein Mann ohne Charakter, der immer gelogen hat, eine Bestie. Wer behauptet, den ersten Satz der fünften Sinfonie verstanden zu haben, der schwindelt, der ist ein Hochstapler. Mir kann der ganze Mahler gestohlen bleiben.«

»Igor Strawinsky ist nichts anderes als ein genialer Dilettant. Er hat von Hause aus einfach den großen Atem nicht mitbekommen. Dieses Manko hat er durch immer neue Stile ersetzt. Deshalb ist manches bei ihm stillos.«

»Arnold Schönberg ist ein Komponist – wenn er überhaupt einer war – von geradezu schrecklicher Dummheit. Alles bei ihm klingt gleich. Glücklicherweise hat sein Einfluß nicht lange gedauert, das System seiner Zwölftonmusik ist mit allen Nachahmern und Aposteln so armselig und gründlich zusammengebrochen wie das kommunistische System. Die Zwölftonmusik hat nicht ein einziges Hauptwerk hinterlassen, nicht eines! Warum redet man heute überhaupt noch darüber?«

Mit derlei Sottisen, mit solch stachligen Geständnissen, aparten Ausfällen und bizarren Polemiken, mit all den hochexplosiven Kernsätzen und lästerlichen Beichten ist sich dieser Widerspruchsgeist erstaunlich treu geblieben. Die Beobachtung, daß er kein Blatt vor den Mund nimmt, gilt lebenslänglich. Aber sonst ist der Berliner Feuerkopf heute, am Abend seiner Umlaufbahn, kaum wiederzuerkennen. Ein halbes Jahrhundert hinterläßt ein ganz anderes Erscheinungsbild.

Nein, kein Auftritt von Celibidache, auch Ende 1994 nicht, beinahe ein Menschenleben nach dem Berliner

Senkrechtstart. Wenn sich die beiden Flügel der linken Tür auf der Bühne des Münchner Gasteigs, Großer Saal, auftun, kommt erst einmal nichts, und dann kommt, ganz langsam und mit vorsichtigem Ritardando, der alte Herr zum Vorschein. Er ist über achtzig, er hat Mühe mit den Beinen, er braucht seine Zeit.

Früher war das Spalier durch die Orchestermusiker auch für ihn, was es für die meisten seines Standes immer noch ist: die Zielgerade, der Laufsteg, die Schneise zum Podium, und das Podium war das goldene Treppchen: hic Rhodos, hier, wenn überhaupt, setzen sie zum Sprung an in den Glanz und den Glamour der Karriere, vielleicht einer großen.

Die Herren Dirigenten genießen den Startvorgang einer jeden Soiree. Es gibt schließlich nicht viele Augenblicke, in denen sich Sonderrolle und Ausnahmepart des Maestros so unübersehbar zeigen wie jener Moment, wo alle, die Musiker wie die Zuhörer, längst da sind und nur er noch fehlt, wo alle seiner harren und er, bravo, beifällig empfangen wird. Das Erscheinen des Kapellmeisters ist eine optische Fanfare. Nun, endlich, kann es losgehen. Man klatscht. Man guckt auf zu ihm. Er gibt den Ton an.

»Diktator? Ich? Ein Tyrann? Nein, nie«

Celibidache kann heute keinen Durchmarsch mehr machen. Kein Auftritt, eher ein Aufschlepp. Nur langsam kommt die massige, massive Figur in Gang, zwei Zentner wie nichts. Der Frack zwängt ihn ein, er ist längst viel zu eng. Aber Celibidache hängt an dem guten Stück. Er mag nicht, wenn die Kleidung »zu oft«, wie er sagt, in die Reinigung kommt. Manche Stellen sehen speckig aus. »Das ist ein Kompagnon aus vielen Jahren und von vielen

Ereignissen«, dem bleibt er treu, »so etwas wechselt man nicht wie das Öl im Auto.«

Ist er schlecht dran, und die Beine hängen, schmerzhaft, wieder mal wie Blei an ihm, dann kommt er mit Begleiter, der ihn führt und stützt und notfalls auch abstützt. Vor allem wenn die Arthrose, im linken Knie ganz besonders, ihm wieder mal zusetzt. Auf dem Weg von seinem Zimmer bis zur Tür, also hinter den Kulissen, ist ständig einer neben ihm, dann, coram publico, entscheidet die Tagesform. Wie auch immer, sein Publikum atmet auf, sobald er sichtbar wird: Okay, der Alte ist auf den Beinen.

Für ihn ist es ein langer, weil langsamer Weg vom Entree bis zum Podium. Den Kopf hält er dabei meist ein wenig gesenkt, er kann es sich leisten, eine Spur von Bürde zu zeigen. Er balanciert sich mit leichtem Schaukeln durch sein Orchester, hier bietet sich eine Stuhllehne, dort die Schulter oder der Arm eines Philharmonikers als Stützpunkt. Er sieht gedankenschwer drein.

»So etwas wie Lampenfieber kenne ich nicht, habe ich nie gespürt. Spannung natürlich, Anspannung, höchste Konzentration, ja. Manchmal auch Unruhe, Nervosität, aber nur wenn etwas nicht lange und gründlich genug geprobt worden, wenn es noch nicht fertig ist. Heute bewegt mich auf diesem Gang vor das Orchester nur eins: daß ich heil, also ohne Zwischenfall bis nach vorne komme. Nur nicht stolpern, nur nicht umfallen, nur nicht.«

Früher, noch vor dreißig, fünfunddreißig Jahren, hat auch er die paar Dutzend Schritte effektvoll hingelegt. Nur Haut und Knochen im Frack und die visuell hochdramatische Mähne auf dem, mehr noch: um den Kopf, war er – Photos, Filme und Augenzeugen überliefern es – ein Maestro von bizarrer Magerstufe. Nicht ein einziges überflüssiges Gramm Körpergewicht erschwerte damals die Kür, mit der er sein Image, bei höchstem Drehmoment all seiner Gliedmaßen, perfekt choreographierte.

Im Vergleich dazu ist der Veteran von über achtzig ein Stilleben, wenngleich von beispiel- und gnadenloser Autorität. Nicht der Orchesterapparat, den er im Griff hat, beschäftigt ihn, wenn er sich so dahinschleppt, sondern sein Bewegungsapparat, der eben nicht will wie er, »nur nicht umfallen, nur nicht«. Celibidache sieht, als vorsichtiger Pfadfinder inmitten des Tuttis, fast teilnahmslos aus, manchmal mit Spuren von miesepetrigem Verdruß – Fossil, Dinosaurier, der letzte Mohikaner: In solchen Augenblicken stimmen die Klischees, die eigentlich nur vornehm den schwierigen Greis umschreiben.

Und seit dem bedrohlichen, bedenklichen Schwächeanfall im September 1994, als er Bruckners siebte Sinfonie nur noch mit sichtbarer, alle verwirrender Mühe zu Ende hat bringen und die E-Dur-Emphase des Finales noch so gerade hat durchhalten können, hilft ein Herzschrittmacher mit beim Alleingang des Alten.

Trotzdem, vielleicht auch gerade deshalb stimmen aber die anderen, die hymnischen und die poetischen Metaphern, die von den Harfenisten und Belkantisten des Feuilletons: »eine weise, weißhaarige, aufs Konzertpodium verschlagene männliche Pythia« (Klaus Geitel), der »künstlerische Anachoret« (Wolfgang Sandner), »der rumänische Kaspar Hauser, ein Pult-Byron, ein südländischer Don Juan« (Karl Schumann), als »dirigierender Michelangelo« eine »Mischung, die einen El Greco als einzig angemessenen Porträtisten erscheinen läßt« (Horst Koegler), der »Löwe mit der Silbermähne« *(Kurier am Abend)* und »der letzte Hohepriester der Kunst« *(Kölner Stadt-Anzeiger)*. Selbst die Alternative der Madrider Zeitung *ABC* paßt bis heute und steht immer noch unentschieden: »Menschenfresser oder Großväterchen?«

Endlich ist er vorne angekommen. Er begrüßt den Konzertmeister. Er stellt sich vor das Orchester, indem er sich einreiht, er will nur einer von ihnen sein, der erste Münchner Philharmoniker. Der Chef auf einer Höhe mit seiner Hundertschaft – das macht sich gut. Vor der Musik sind alle gleich, Demokratie auf philharmonisch. Ein schönes Bild. Manchen erscheint es als Fälschung.

Langsam ersteigt er seinen Sitz, einen rostfreien Vierbeiner mit rechteckigen Pedalen als Fußstütze, seinen Gral. Das Gerät trägt ihn sicher, und doch hat sein Aufstieg für Augenblicke etwas Bedrohliches. Die paar Zentimeter Erhebung machen ihm Mühe. Eine Thronbesteigung sieht anders aus. Und doch ist diese Prozedur nichts anderes: Hier nimmt ein Gebieter Platz.

Und was geht dem gebrechlichen Regenten in diesem Augenblick durch den immer noch schönen, immer noch imposanten Kopf über die, die, still geworden, hinter und, bei besonders dramatischem Zulauf, auch noch vor ihm sitzen: die Frommen und Frömmelnden seiner Anhängerschaft, die cooleren Sympathisanten, die Skeptiker und Widersacher, eben das bunte Auditorium der philharmonischen Konsumenten?

»Wenn Sie in ein Konzert gehen und die viele Plattenerfahrung mitschleppen, die Schimpfworte Ihrer Frau, die Güte Ihres Mannes und so weiter, dann sind Sie ein reicher Mann, sagt man. Nein, nein, dann sind Sie furchtbar arm. Wenn Sie in ein Konzert gehen, müssen Sie alles zu Hause lassen und hoffen. Und dann hören Sie sich das an. Und Sie werden sehen, es entstehen Sachen, oder sie entstehen nicht. Wenn sie entstehen, sind Sie frei. Wenn Sie wollen, daß was entsteht, ist weder, was entsteht, frei,

28

noch kommt es aus Ihnen. Schwer für uns Europäer, das zu verstehen. Aber Musik ist nichts anderes.« Celibidache sitzt also, wie der klapprige Karajan und der schwere alte Klemperer. »Der Dirigent steht«, schreibt Elias Canetti in *Masse und Macht*: »Die Aufrichtung des Menschen als alte Erinnerung ist in vielen Darstellungen der Macht noch von Bedeutung.« Aber auch im Sitzen hat Celibidache alles, was Canetti dem Machtfaktor Maestro nachsagt: Befehlsgewalt »über Leben und Tod der Stimmen«, ein »Führer« habe er zu sein und ein »Ohr« zu haben, »das die Luft nach Verbotenem absucht«. Und da »während der Aufführung die Welt aus nichts anderem bestehen soll als aus dem Werk«, sei der Dirigent »genauso lange der Herrscher der Welt«. Celibidache herrscht, auch wenn er sitzt.

Hier oben richtet er aus Tausenden von Bruckner-Noten klingende Kathedralen auf, gewaltiger und vor allem langsamer, als irgendeiner sonst das wagt oder kann in solch anmaßender Seelenruhe. Von hier läßt er, Adagio lamentoso, im Finale von Tschaikowskis *Pathétique* die orchestralen Mollkatarakte in ein Nichts fallen und zerfallen, und jedesmal ist es ein magischer Kollaps von absoluter Präzision und unerhörter Erschütterung.

Und hier hält er auch seine fürchterlichen Standpauken und seine gnadenlosen Gerichte, laut, mitunter anmaßend maßlos, mit schrillem Diskant und wild verzerrtem Gesicht.

Unvergessen seine erste Probe mit den Münchner Philharmonikern im Kongreßsaal des Deutschen Museums, *Tod und Verklärung* von Richard Strauss. Es war ein Jericho. Celibidache ließ das Orchester stimmen, als sei das ein wilder Haufen, eine Laienspielschar. Murren, undefinierbarer Wortwechsel irgendwo bei den Posaunen.

Celibidache schlägt ab: Was es gebe. Es gebe nichts. Ob er geredet habe, der Herr da. Nein. Ob der Herr Posaunist vielleicht rede, ohne es zu wissen. Celibidaches Stimme zieht an, im Blick bereits das höchste Strafmaß. Der Posaunist am Pranger, hilflos und knallrot. Am Ende ein Eklat, eine schlimme Kostprobe dessen, was noch oft folgen wird. Keiner, der dabei war, hat dieses erste Jüngste Gericht je wieder vergessen: das Debüt eines Terroristen, der nur das Gute, Große will.

Celibidache erzwingt von seinem Publikum eine kurze Bedenkzeit, er hat es nach wenigen Sekunden Meditation auf Empfang ein- und ruhiggestellt. Dann eine fast überraschend rasche Geste, Einsatz.

»Musik erleben: Ist es Freiheit? Was ist es? Jeder Mensch kann es erleben, und doch ist es nicht zu definieren. In jedem Konzert gibt es Leute, die genau dasselbe erfahren wie ich, und es gibt welche, die niemals Ende und Anfang in der Gleichzeitigkeit erleben. Damit werde ich in jedem Konzert konfrontiert.«

»Ein Dirigent ist übrigens noch längst kein Musiker, aber er kann auch ein Musiker sein. Ein Mensch, der Ordnung schafft im Orchester, daß die Instrumente zusammenspielen, daß keiner zu laut ist und eine gewisse musikalische Funktion entsteht – das ist noch keine Musik. Das ist erst die Voraussetzung, daß Musik entstehen kann.«

»Sobald er anfängt zu dirigieren, blüht er auf und kommt zu einer unwahrscheinlichen Agilität und Aktivität«, sagt der Sohn Serge Celibidache, »seine Frische in diesen Stunden ist phantastisch, seine Wachheit wirklich großartig. Aber nach dem letzten Ton sitzt da wieder ein alter Mann.« Genießt der die Macht über das Orchester? »Ich glaube nicht. Er genießt die Möglichkeit, Musik so zu machen, wie er es für richtig, für einzig richtig hält.

Er ist kein Machthaber, kein Machtmensch. Auf der Bühne, im Konzertsaal, empfindet er wirklich Glück, großes Glück, wie sonst wahrscheinlich nur im Bett, wenn er sich entspannt, alle Viere von sich streckt und sich dem Genuß hingibt, völlig gelöst sein zu können. Ja, im Bett macht ihn die völlige Entspannung glücklich, vor dem Orchester die totale Anspannung. Ich habe ihn einmal genau beobachtet, als ich bei der Probe hinter dem Orchester saß, beim ersten Ton passiert etwas mit ihm.«

Sergiu Celibidache führt den Dirigentenstab mit der rechten Hand, dirigiert aber auch links. »Der Taktstock kann Finessen ausdrücken, die die Arme wegen ihrer Schwerfälligkeit nicht vermitteln können. Ich habe Hunderte von Taktstöcken, aber es gibt für mich da keine nennenswerten Unterschiede. Nicht ein einziger Taktstock hat für mich die Bedeutung eines Talismans. Nein, wichtig ist nur, daß das Holz nicht zittert. Ich gebe allerdings zu, daß der Taktstock eine gewisse Rigidität in sich trägt.«

Er schlägt, heute zumindest, ohne Mätzchen, fast geometrisch genaue Figuren und Figurationen. Er setzt Zeichen von schöner, schnörkelloser Präzision. In der linken Hand entfalten sich die Finger manchmal wie die Blätter einer Blume, dann wieder ballt er sie zur Faust, oder er läßt Mittel- und Zeigefinger miteinander schnäbeln, oder alle fünf Finger spreizen sich im selben Augenblick, oder Daumen und Zeigefinger bilden einen rechten Winkel; das sieht dann oft aus wie eine Pistole im Anschlag. Kommt der Mittelfinger, wie beim Eins-zwei-drei-Abzählen, noch hinzu, hat die Geste eine schulmeisterhaftknöchrige Pingeligkeit.

»Was man mit der Rechten schlägt, muß man auch mit der Linken schlagen können. Nur dann sind sie unabhängig. Ich fange an: Beide Hände sind gleich. Jetzt will ich bei der ersten Geige etwas erreichen. Wenn ich nicht selbständig die linke Hand betätigen kann, kommt der Ausdruck nicht.«

»Ich habe musikalisch nur einen Feind: die Routine. Wenn ein Stück zuviel gespielt wird und ich merke, daß ich nicht mehr spontan reagiere, nehme ich mir die Partitur, die ich selber auswendig schreiben könnte, vor dem Schlafengehen vor und lese sie durch, als ob ich das noch nie gehört hätte. Gelingt es mir nicht, nehme ich sie mir am nächsten Abend wieder vor. Gelingt es mir aber, mich wie ein Kind zu verhalten, dann kann es eine wunderbare Aufführung werden.«

Manchmal, beispielsweise im Finale der fünften Sinfonie von Tschaikowski, zeichnet Celibidache das Stufencrescendo der Blechbläsertreppe körperlich nach: Die linke Hand markiert eine bestimmte Höhe, dann geht die rechte mit dem Taktstock höher, schon setzt die linke noch eins drauf, und endlich, beim Höhepunkt, hat er beide Hände über dem Kopf. In solchen Passagen visualisiert der Dirigent die Musik.

Immer dabei, immer unübersehbar aus der weiß gestärkten Manschette links hervorleuchtend: sein Armband. Er hängt daran – ein dickes, schweres Stück goldener Kette. Er besitzt es »seit etwa 1952«, und es stammt »von einem Menschen, den ich sehr geliebt habe«. Er hat sich daran gehalten, was als Wunsch mit dem Geschenk verbunden war: »Du sollst es immer tragen, auch wenn es dir nicht gefällt. Hart und treu« sei er geblieben bei allen »Versuchungen, wenn ich in Geldnot war: Es hat mir Glück gebracht«.

Manchmal, in den letzten Jahren seltener, tauscht Celibidache die Rollen beider Hände mitten im musikalischen Ablauf: fliegender Wechsel, der Taktstock geht von der rechten in die linke Hand über: »Das passiert ganz locker, das mache ich eher unbewußt, und es hat nichts zu bedeuten.« Aber es macht sich gut, es sieht nach was aus hinter seinem Rücken, vielleicht ist es eine der wenigen Kapriolen, die er aus seinem zirzensischen Repertoire von einst übernommen hat und immer mal wieder ausprobiert und vorführt.

Wenn ihn der Hafer sticht, wackelt er gelegentlich, sitzend, mit dem Hintern: auch dies letzte Zuckungen eines früher einmal in Ekstase ausflippenden Vorarbeiters. Noch seltener gelingt es ihm heute, von seinem Ruhesitz regelrecht abzuheben und sich, etwa im Delirium von Ravels *La Valse*, wirklich ein paar Zentimeter hoch mitzureißen.

Wenn Celibidache das Orchester durch eine Rossini-Ouvertüre quirlen oder in der Ouvertüre zu Mozarts *Don Giovanni* aus den d-Moll-Schauern in den graziösen, bei ihm altherrenhaft gezügelten D-Dur-Wirbel umschlagen läßt, propellern gelegentlich seine beiden Unterarme nach einem lustigen Rotationsprinzip; und im Menuett von Mozarts später Es-Dur-Sinfonie, wo die Holzbläser so hübsch alpenländlerisch dudeln, schaukelt sein Kopf in schalkhafter Synchronisation mit. Letzte Spurenelemente des dirigierenden Derwischs von einst.

»Dirigieren ist eine Möglichkeit, eine Chance, sich zu befreien.« Die »Bewunderung des Publikums gefällt«, natürlich, es gebe da aber »auch viel lobendes Getue: Celibidache ist ein großer Dirigent. Ich tue nichts. Ich schaffe lediglich die Bedingungen, daß die Orchestermusiker ihre Musikalität ausdrücken können. Hundert Orchestermusiker sind hundert verschiedene Menschen mit hundert verschiedenen Reaktionen auf ein und dieselbe Partitur. Diese Reaktionen müssen mit der Idee des Komponisten zusammengehen. Diesen Prozeß versucht

und steuert der Dirigent. Der Dirigent ist Testamentsvollstrecker des Komponisten und verhindert, wenn er
sein Metier versteht und die Materie durchschaut, Abweichungen. Diktator? Ich? Ein Tyrann? Nein, nie. Mozart ist der Diktator, der unbarmherzige, der sich von uns
nicht das Dis zum Cis verändern läßt, sondern auf dem
Dis besteht.«

»Wenn ein Bauer morgens singt, dann macht er reine
Musik. Er kümmert sich um nichts, weder um den Text
noch um die Noten. Er kümmert sich nur darum, wie
schön dieser Morgen ist. Hier liegt die größte Tiefe der
Kunst. Er hat die Werte transzendiert. Wann aber tritt
dieses Phänomen auf? Ich kann es nicht erklären. Was
war nach dem Konzert? Nichts. Was soll man erklären?
Nichts.«

»Es ist nicht möglich, mit den Möglichkeiten, welche
die Logik und die Sprache bieten, alles, was man erlebt
hat, zu objektivieren. Wenn jemand über die Sprache,
das Denken oder die Schrift zur Musik gelangen könnte,
wäre alles sehr leicht, und die Idioten beherrschten die
Welt. Die Schönheit ist der Köder. Alle gelangen über die
Schönheit zur Musik. Aber alle werden von der Kraft des
reinen Ego angetrieben, das sich wieder befreien will.
Alle diese Schwachköpfe, die das Tempo sprachlich erklären wollen: allegro ma non troppo. Was soll das heiß-
en? Welche Rolle spielen die Melodie, der Rhythmus, die
Harmonie in der Musik? Wenn ich jemanden auffordere:
Definieren Sie mir das Wasser! Unmöglich! Was ist Musik? Musik kann man nicht definieren. Das ist die Wahrheit.«

»Schauen wir uns mal das Niveau der Musiker an!
Versuch, mit Bernstein zu sprechen, sicher ein intelligen-
ter Mann. Er hatte überhaupt keine Ahnung. Ich sehe das
so! Aha, er sieht das so. Was sieht er so? Was soll das?

34

Mein Gott! Was für ein Schwachkopf! Wie sieht man das Meer?«

Dirigieren kann Leistungssport sein, »ist auch körperlich manchmal sehr anstrengend. Ich muß alle Fäden ziehen. In einem großbesetzten Orchester gibt es viele Linien, die gleichzeitig laufen. Nicht jeder Musiker im Orchester versteht, was ich mache. Viele unter den Münchner Philharmonikern sind nahe dran. Aber bei der großen Menge Menschen gibt es doch noch etliche, die ohne jeden Kontakt mit mir leben. Das ist normal, selbst in einer Familie, da gibt es das auch. Ich suche die Verbindung mit jedem einzelnen Musiker. Aber ich finde sie nicht zu jedem.«

Während der Konzerte kommuniziert er auch mittels Mimik. Auf und mit seinen Gesichtszügen ist er alles und alles auf einmal: Grock, Chaplin, Loriot, guter Onkel, böser Onkel. Da spielt er Burgtheater und Komödienstadl, Belami und Beelzebub, Charmeur und Kasperl. Er hat zwischen Haaransatz und Kinnlade mehr Register als eine Orgel Pfeifen.

»Er setzt seine Mimik nie bewußt ein«, glaubt der Sohn Serge, »er weiß gar nichts davon. Sein sprechendes Gesicht spricht von allein.«

Es kommt durchaus vor, daß sich eine ganze Programmhälfte hindurch der Vorhang vor seiner Gesichtsbühne nicht öffnet. Dann fällt es aus, das große Ein-Mann-Welttheater, dann sitzt da eine Squaw und guckt so versteinert, als distanziere sich Celibidache von der tönenden Umwelt und ihren menschlichen Mängeln; dann wirkt sein frostiger Blick wie die Gegendarstellung zu dem, was die Musik ihm (und eben nicht er der Musik!) an Schönheit, Poesie und Dramatik eigentlich abtrotzt. Manchmal genügt ein Akkord, vielleicht das erste Crescendo, irgendeine dutzendmal geprobte und geglückte Stelle, die jetzt verpatzt wird – aus, die Laune verhagelt, das Gesicht eine Maske.

»Wenn ich mich ärgere, spielt der Gesichtsausdruck eine enorme Rolle, da wird alles paralysiert. Wahrscheinlich eine negative Rolle. Von dem negativen Ausdruck lassen sich alle sehr beeinflussen. Der positive, wo ich Glück und absolute Freude ausstrahle – der geht unter.«

Bei der morgendlichen Probe nach dem ersten Auftritt während der US-Tournee im April 1989 in Los Angeles bedankt sich Celibidache »für das Konzert gestern abend: Aber wir können noch sehr viel besser spielen.« Die vierte Sinfonie von Brahms war ihm »zuwenig deutsch und zuwenig gesungen«. Er war sauer und seine Miene dito: »Es tut mir leid, daß ich so ausgesehen habe«, entschuldigt er sich für das grantige Image vor dem ganzen Orchester: »Ich hatte einfach zuwenig Selbstbeherrschung, um meinen Ärger zu verbergen.«

Genauso ungeniert, wie er eintrübt, verklärt er sich. Im ersten Satz von Ravels G-Dur-Klavierkonzert verschmelzen Harfenarpeggien mit Klaviergirlanden. Der italienische Pianist Arturo Benedetti Michelangeli und die koreanische Harfenistin Liu Han-An spielen sich diese klingenden Kostbarkeiten anmutig zu. Das wirkt wie von Elfenhand und ist selten so erlesen zu hören. In diesem Moment scheint Celibidache das Dirigieren zu vergessen. Auf seinem Gesicht wird ein Reigen seliger Geister sichtbar, er guckt traumverloren irgendwo nach oben. Er ist einfach weg – und schon im nächsten Augenblick wieder voll auf dem Quivive. Aufgepaßt, daß nur ja nichts wackelt, ein hellwacher Schwärmer.

»Ich teile die Dirigenten in zwei Kategorien ein«, sagt Horst Salomon, Hornist beim Israel Philharmonic Orchestra. »Die einen sind die Polizisten, die passen auf, daß alles zusammen ist, daß nicht einer zu früh kommt, daß

36

alle zusammen aufhören, und sowas. Und die anderen sind die Bildhauer, die gestalten. Celibidache gehört nach meiner Meinung zu beiden.«

Gelegentlich spitzt der modellierende Kontrolleur, wenn eine Passage ihm besonders, vielleicht überraschend gut gefallen hat, den Mund, als wollte er seine Hochachtung herauspfeifen, dann spielt er Schelm. Oft spielt er auch gar nichts. Wenn er – bei Bruckner besonders häufig – in langer, ohne jede Temporückung durchgehaltener Anspannung das Orchester ins Forte und von dort ins Fortissimo treibt, dann erlaubt sich der Sitzende kaum eine Bewegung und kaum eine Regung. Nur zum Schluß, bevor der Höhepunkt explodiert, holt er weit aus, sein Körper scheint sich aufzublähen, und mit beiden Armen schlägt er ein riesiges Rad.

Manchmal dirigiert der Dirigent überhaupt nicht, sondern hört nur zu. Dann gibt er sich, entspannt nach hinten gelehnt, der Musik als einem Fluß von Tönen hin, wo alles von selbst entsteht und vergeht, dann scheint selbst ihm ein Wunder zu sein, was die Münchner unter ihm fertiggebracht haben. »Wer soll euch das nachmachen?« fragt er hinterher, wahrhaft rhetorisch, die Philharmoniker und nickt sachte mit den Kopf, ein Hauch von Lächeln im Gesicht. Das ist seine Art, andere zu adeln.

»Er war kein Dirigent«, erinnert sich Andrés Carreres, langjähriger erster Flötist beim Spanischen Nationalorchester, »er war ein Maestro von der Art, wie man sie an den Fingern einer Hand abzählen kann. Als Maestro in diesem Sinne ist derjenige zu verstehen, der nicht nur ein Werk gut dirigiert, sondern dich auch dazu bringt, neue Facetten bei der Wiedergabe zu entdecken, weil du dir sagst: Dieses Solo habe ich über zehnmal gespielt und nicht gewußt, daß man es auch so interpretieren kann.

Und wenn jemand dich aus der Routine herausreißen und dazu bringen kann, dein Bestes zu geben, dann ist das ein Maestro.«

Über die denkbar sachteste Verschmelzung von, sagen wir, Oboe und fast unhörbar zartem Streicherklang ab Takt 251 im *Don Juan* von Richard Strauss kann Celibidache wie ein beschenktes Kind staunen und glücklich sein. Wenn der grandiose Peter Sadlo erst mit voller Schlagkraft auf die Pauke haut und nur wenig später die Schlegel sechzehn Takte lang ein dreifaches Piano nur so tröpfeln und tupfen läßt, dann ist er selig: Für solche Augenblicke eines vollkommenen, weil genauso erträumten Klanges hat er sein ganzes Musikerleben lang gearbeitet.

Aber dieses Wohlbehagen hat eine schlimme Kehrseite, er rächt sich böse, wenn irgendwer ihm sein (erträumtes) Glück durchkreuzt. Als bei einem der Madrider Gastkonzerte im März 1993, im Schlußsatz von Beethovens fünfter Sinfonie, der Trompeter Siegfried Göthel seine Töne offenbar nicht so traf, wie Celibidache es sich vorgestellt hatte, verlor der Dirigent augenblicklich Contenance und Anstand: Sein Gesicht erstarrte in bitterböser Verzerrung, das Werk war für ihn kaputt. Nach einem Minimum an Reverenz gegenüber dem begeisterten spanischen Publikum verzog sich der Alte wutschnaubend hinter die Kulissen und putzte in seinem Zimmer zuerst den Intendanten, dann den Orchestervorstand und zuletzt die gesamte Trompetergruppe runter: Göthel, vom Niedersächsischen Staatsorchester Hannover ausgeborgter Gastbläser, habe dieses Werk unter seiner, Celibidaches, Leitung niemals geprobt. Auf deutsch: Der Mann sei eine Fehlbesetzung, sein Einsatz an diesem Abend eine Unverschämtheit. Funkstille.

38

Nur: Celibidache irrte und mußte sich – die Gerüffelten bestanden darauf – bei dem Trompeter am nächsten Tag entschuldigen. Der aber war bis ins Tiefste verletzt und hatte, wahrhaft ein gestandener Mann seines Instruments, Tränen vergossen.

Mitte November 1992 gastiert im Münchner Gasteig die Sopranistin Jessye Norman, nach Stimmvolumen, Körperfülle und charismatischer Ausstrahlung die Diva, also die Göttliche, unter den Sopranistinnen von Weltrang. Eine, die hereinrauscht; eine, zu der man hinrauscht. Bunteste Spekulationen über den Preis des Luxusartikels Norman – sie forderte und erhielt für drei Auftritte (mit gleichem Programm: Richard Strauss, *Vier letzte Lieder*) 75 000 Dollar netto – grassierten durch die Münchner Musikszene und verklärten die drei Sonderkonzerte vollends zu Solitären, auch der Society – geradeso, als ob sich Sternstunden blind buchen und mit Geld garantieren ließen.

Fünf Jahre hatte der Philharmoniker-Intendant Norbert Thomas gebraucht, um das Gastspiel der Norman einzufädeln und durchzuführen. Das Treffen war ein Wunsch beider gewesen, einmal wenigstens wollten die Primadonna und der Maestro gemeinsame Sache machen. Der Schwarzmarkt der Billetts blühte.

Schon bei den Proben kracht es. Sie will anders als er und umgekehrt. Sie dreht auf: eine Wucht. Er dämpft ab: keine Röhre. Er will gebrochene Farben und herbstlichen Glanz. Man duelliert sich, erst mit Blicken, dann mit Vorwürfen. Auch das Orchester bekommt die schlechte Laune des Chefs zu spüren, »viele lange Gesichter«, beschreibt ein Musiker die Stimmung.

Die Norman singt königlich. »Sie wischte alles Kunstkrämertum mit dem ersten Einsatz der Stimme beiseite«, jubelt Klaus Geitel in der *Welt* sein hohes C der Begeisterung ins Blei: »Sie wies beiläufig nach: Es gibt eine Vergeistigung, gleichzeitig eine Versinnlichung der Kunst, die ist in ihrer Einzigartigkeit gar nicht mehr mit Geld aufzuwiegen.«

Der Gasteig tobt, Celibidache schäumt. Das Gipfeltreffen ist für ihn mißglückt, und alle müssen büßen: Dem Orchester gestattet er nur das unvermeidliche Minimum an Dankeszeichen für den Applaus, die Norman läßt er vergeblich um seine Rückkehr auf die Bühne bitten. Schließlich legt sie ihm eine Rose aufs Pult. Er läßt sich nicht mehr blicken.

Nach dem ersten Konzert haben die »Freunde und Förderer der Münchner Philharmoniker« in den gasteignahen Preysing-Keller geladen. Beide, Sängerin und Dirigent, hatten vorher zugesagt zu kommen, und tatsächlich kommen auch beide.

Zuerst Celibidache. Schon am Eingang, noch im Mantel, wettert er los: »Viel zuviel Stimme, alles laut, nur laut.« Das sei »kein deutscher romantischer Frühling« (entsprechend dem Titel des ersten Strauss-Liedes) gewesen, sondern »allenfalls ein mongolischer Frühling«. So etwas habe »die Janowitz viel besser gemacht«.

Die Norman und Celibidache sind nebeneinander am Kopfende der Tafel plaziert. Sie lassen sich nieder wie verkrachte Eheleute, getrennt von Tisch und Ton, sie sprechen den ganzen langen Abend kein Wort miteinander. Die Sängerin redet, durchaus aufgeräumt, mit ihrem linken Tischnachbarn, dem Münchner Oberbürgermeister Georg Kronawitter, oder sie plaudert putzmunter in der Runde herum. Der Maestro muffelt, fährt meist wortlos die Häppchen ein und stiert vor sich hin. Nicht gerade eine gehobene Stimmung für die zwei noch ausstehenden Konzerte. Man hat sich nichts mehr zu sagen, das Engagement wird bloß noch erledigt. Wort- und grußlos verläßt die Norman schließlich den Gasteig, sie hat die Nase voll.

»Sie ist eine Giraffe. Eine enorme Stimme, aber keinerlei Kultur.« Auch Wochen nach der Begegnung ist Celibidache gallig. »Sie hat keinen Sinn für Poesie. Sie hat intonationsmäßig falsch gesungen. Sie hat geschrien. Eine Stimme wie von einem anderen Planeten.« Und noch einmal: »War das etwa der Frühling von Hesse und Strauss? Nein, es war der Frühling in der Wüste Gobi.«

»Dirigenten sind sehr primitive Leute«

Celibidache kann so beleidigend aussehen, wie er Menschen mit Worten abzukanzeln und fertigzumachen versteht. Wenn seine schönen Augen schmal werden und die Mundpartie sich versteift und verklemmt, dann ist Schlimmes im Anzug. Celibidache kann stumm und noch während des Konzerts mit Blicken verreißen.

Aber dieses Gesicht ist auch die Güte selbst. In solchen sanften Augen-Blicken guckt Celibidache so, wie Sarastro singt. Dieser grandiose Schädel senkt sich herab, die tiefen Furchen entspannen sich. Alles hängt: die Mundwinkel, die Backen, die Tränensäcke. So könnte er, ohne weitere Maske, Nathan den Weisen spielen.

Und dann kann sich sein Gesicht auch noch in Schale werfen, und der Dirigent wird Elder Statesman. Der Lichtästhet Konrad Rufus Müller, zweifellos ein porträtierender Könner hinter der Rolleiflex, hat in seinem sehenswerten Bildband den Dirigenten optisch auf Diplomatenstatus geliftet: alles nobel, alles ff. Würde und Strenge, dazu, hin und wieder, feine Spuren jovialer Arroganz und altersweisen Charmes. Müller ist ein unauffälliger Arbeiter am Auslöser, und sicher hat sein Objekt selten gemerkt, wenn es im Fokus war. Aber fast immer sieht Celibidache so aus und drein und um sich, als habe er gewußt, wann der Verschluß klickt. Der Maestro als Model – auch diese Rolle beherrscht er spielend.

Celibidache sieht sich gerne so, wie Müller ihn mit der Kamera ausmalt – voll Edelsinn. Müllers Photos – Celibidache selbst schätzt sie sehr – passen zum Image, das er von sich mag. Er steht gern mit den sogenannten Großen der Welt auf einer Stufe und auf einem Parkett: Celibidache und die spanische Königin Sofia und der deutsche Bundeskanzler Helmut Kohl und der frühere Bundespräsident Richard von Weizsäcker und der ehemalige sowjetische Ministerpräsident Michail Gorbatschow. Vor keinem lebenden Kapellmeister hat Celibidache auch nur annähernd so viel Respekt wie vor den politischen Repräsentanten der Macht.

Konzertende. Begeisterung, die in Beifall explodiert und in den Nachhall der Töne platzt, kann die Musik noch nachträglich demolieren. »Solange er dirigiert«, schreibt Canetti über den Maestro und das Ritual, das ihn prägt, »dürfen sie [die Zuhörer] sich nicht bewegen. Sobald er zu Ende ist, sollen sie klatschen. Alle ihre Bewegungslust, die durch die Musik geweckt und gesteigert wird, soll sich bis zum Ende stauen, dann aber losbrechen. Die Größe des Sieges drückt sich im Maße des Beifalls aus. Für die klatschenden Hände verneigt er sich.«

Celibidache fühlt und zeigt sich nicht als Sieger. Er schlägt keine philharmonischen Schlachten mehr. Eher haben seine Konzerte die Würde von Feierstunden und manchmal die fragwürdige Weihe von Hochämtern. Und: klatscht man in der Kirche?

42

»Beifall«, sagt Celibidache, »ist sehr oft störend. Wenn wir gut gespielt haben und wenn das Publikum zeigt, daß es kapiert hat, was wir wollten, dann kann mich der Applaus sehr glücklich machen. Aber oft ist er nur eine leere, sehr leere Demonstration von irgendeiner leeren Begeisterung. Dann ist er mir natürlich überhaupt nicht willkommen.«

Klatschende Hände im Gasteig, laut Canetti die Siegerehrung. Auch sie verläuft bei Celibidache nach strengem Ritual. Von seinem Sitz aus läßt der Alte zunächst einmal das Orchester aufstehen und Platz nehmen, aufstehen und Platz nehmen. Erst nach dem dritten Aufstand des Tuttis schiebt und schraubt er sich langsam von seinem Sitz, hebt die Füße von den starren Pedalen, greift mit beiden Händen nach dem Geländer, das ihn auf drei Seiten seines Kaiserstuhls schützt, und windet sich endlich, gestützt auf irgendeinen nahe stehenden Geiger, nach unten. Händedruck mit dem Konzertmeister, vielleicht auch ein paar Worte, manchmal ein zufriedenes, selten ein glückliches Gesicht.

Dann endlich, nach ein paar trippeligen Schritten, die Drehung zum Publikum. Die Siegerehrung erfährt ihre klatschende Krönung. Celibidache läßt sich kaum etwas anmerken von dem, was er empfindet und in ihm vorgeht; vielleicht hebt er mal kurz eine Augenbraue, oder er senkt den weißen Kopf um ein paar Millimeter, Dank- und Grußadresse in einem. Meist aber sieht er unbewegt und unbeweglich hinab ins Auditorium – Sphinx, eine seiner besten Rollen.

Er traut diesen Bravos nicht, weil er, wie auch anders, weiß, wie leicht sie zu haben sind. Auf die alten Schlachtrösser der Wiener Klassik fährt jedes Publikum der Welt ab, dirigiert er Beethovens Fünfte – und das tut er, Tendenz steigend, zwischen Tokio und Buenos Aires geradezu unverdrossen –, dann gibt es kein Halten mehr in der Ekstase des Parketts: Nach dem Dauerlauf in C-Dur brechen die Dämme – ein Knaller, der nicht aufhört zu knallen. Typisch Celibidache, daß er dem Speck durchaus mißtraut, mit dem auch er Mäuse fängt:»Als Instrumentalist«, sagt er unumwunden,»ist Beethoven in der Fünften ein Amateur der billigsten Klasse. Der letzte Satz ist schlecht und voll falscher Modulationen. Auch in der *Eroica* ist der letzte Satz ein schlechter Witz... Und das Chorfinale der Neunten ist nichts als Salat, scheußlicher Salat. Aber man kann es machen und aushalten, wenn es deutsch ist, wenn es deutsch klingt.« 1987, während der USA-Tournee, predigt der Chef seinen Münchner Philharmonikern sein Vermächtnis:»Ich möchte, daß man von einem deutschen Stil im Orchester spricht und daß dieser Stil bleibt, auch wenn ich nicht mehr da bin.«

Deutsch – das ist für den Rumänen und Weltbürger Celibidache ein Musizier-, ein Klangideal, keine Sympathieerklärung an seine vieljährige Wahlheimat und sicher am wenigsten ein politisches Bekenntnis oder gar ein nationales Dogma.

Im Mai 1962 erschien in der Kopenhagener Zeitung *Aktuell* ein Interview mit Celibidache, in dem er auf die Frage nach dem»besten Musikpublikum« geantwortet hat: Das gebe es»in Deutschland, unglücklicherweise – man kann dort ja nicht leben, dieses neue Regime, mit der aggressiven Haltung. Ich glaube nicht, daß ich es ein Jahr lang in einer deutschen Stadt aushalten könnte.«

Dazu gab der Dirigent Mitte Juni 1962 folgende Erklärung gegenüber der Presse:

»Ich erfuhr leider erst am 1. Juni in Lissabon von einer Kopenhagener Meldung über ein Interview, das ich in einer dänischen Zeitung gegeben hatte. Heute befinde ich mich in Berlin, um folgendes klarzustellen:

1. Ich habe keine Äußerung getan, die sich in irgendeiner Weise auf das politische Leben in der Bundesrepublik bezieht.

2. Meine Erklärungen galten lediglich der jetzt in meiner Wahlheimat Deutschland gehandhabten Praxis des Kulturlebens, die in ihrem Niveau nicht die hohen Eigenschaften und Möglichkeiten der deutschen Kultur widerspiegelt.

Dazu stehe ich ausdrücklich, und diese Situation ist auch der Grund dafür, daß ich nicht in der Weise am deutschen Musikleben aktiv teilnehme, wie ich es von Herzen wünsche. Aus dieser Einstellung heraus fühle ich mich verletzt, daß man mir eine solche Erklärung überhaupt zutrauen kann. Sergiu Celibidache.«

Mehr als ein Vierteljahrhundert später ist der greise Dirigent mit dem Datum seines achtzigsten Geburtstags (am 28. Juni 1992) Ehrenbürger der Stadt München, und damit hat er erstmals einen deutschen Paß. All die Jahre seit seinem Abschied von Berlin 1955 ist er mit einem Ausweis der ehemaligen Viersektorenmetropole, der Mauer- und Frontstadt, durch die Welt gereist, nicht selten unter den besonders beschwerlichen und lästigen Umständen, die dieses Dokument international mit sich brachte. »Ich bin kein Deutscher, aber ein Berliner«, war lange sein Motto. Aber darüber wurde das letzte Wort gesprochen, als die Mauer fiel und die Münchner ihn zu einem der ihren kürten. »Die schönste und wichtigste Leistung, die mit den Münchner Philharmonikern gelungen ist, besteht darin, daß sie wieder deutsche Musiker geworden sind.«

Wenn sich im Gasteig der erste Sturm der Begeisterung gelegt hat und das ganze Orchester nach der durch einen Wink beider Hände übermittelten Order seines Chefs noch einmal aufgestanden ist und wieder Platz genommen hat, dann gibt es Zeugnisse, und es beginnt jene ebenso rührende wie schrullige Demo, mit der Celibidache die jeweiligen Primusse seiner philharmonischen Leistungsgesellschaft auszeichnet: Wer gut war, darf – auf gezielten Fingerzeig des Maestros hin – aufstehen und zum Dank für die Bravos seinen Diener machen. Wer sehr gut war, bekommt sogar Beifall vom Boß. Wer sich irrtümlich belobigt fühlt und erhebt, obwohl er gar nicht gemeint ist, muß sich unter Celibidaches unwirschem Fuchteln brav wieder setzen. Wer seinen Part summa cum laude gemeistert darf, darf auch zweimal aufstehen. Waren alle, nach Meinung ihres Oberlehrers, mangelhaft, streicht der Chef die Zensurparade ersatzlos. Dann müssen auch alle büßen.

Der Kritiker Joachim Kaiser hat die Zeremonie verächtlich »Hundenummer« genannt, und in ihrer ritualisierten Abfolge und ihrer schulmeisterlichen Choreographie wirkt sie nicht selten ähnlich aufgesetzt und grotesk wie die endlosen Schmatzereien, mit denen Leonard Bernstein verdiente Musiker, schlimmstenfalls gleich das ganze Orchester, küssend an seine verschwitzten Wangen drückte.

Unter den Münchner Philharmonikern ist der Dressurakt der Stehaufmännchen jedenfalls umstritten. Man fügt sich und macht mit, mehr nolens als volens. Celibidache kommentiert die Schaustellung so: »Ich habe gar keine Erklärung dafür, wen ich zuerst hole. Im übrigen gilt: Wer nicht drankommt, weil er es eben auch nicht verdient, hat was gegen die Geschichte. Da sind viel Eifersucht und Haß im Spiel. Dabei will ich nur die individuelle Leistung anspornen. Der Dirigent hat ja letztlich nichts, absolut nichts mehr geleistet als jeder einzelne Instrumentalist.«

46

Und wenn dann endlich auch diese Nummer und überhaupt das ganze Konzert nach den Vorstellungen des Chefdirigenten gelaufen ist, dann folgt noch das P.S. mit dem opernhaften Pathos. Dann tritt Celibidache nämlich noch einmal mitten vors Orchester, legt beide Hände an den Fingerspitzen zu einer betenden Dürer-Geste zusammen, führt sie mit geschlossenen Augen zur Stirn und senkt dazu andachtsvoll den Kopf.

Da steht nun der bestbezahlte Dirigent der Welt, der sie alle, alle überflügelt und ausgespielt hat. Mit 15 000 Mark Abendgage hat er in München angefangen, und kein Gastdirigent durfte hier höher entlöhnt werden, es sei denn, Celibidache stimmte persönlich zu. Doch dann, in einer der großen bajuwarischen Turbulenzen um Celibidaches Verbleiben, kam der Einspringer Lorin Maazel ans Philharmoniker-Pult, verlangte 25 000 Mark und erhielt sie auch. Und als Celibidache dann blieb, blieb er nur unter den Bedingungen, die dem Kollegen gewährt worden waren.

Seitdem kamen, fast Jahr für Jahr, 5 000 Mark dazu, und so ist er nun Spitzenverdiener: Jedes Konzert bringt ihm heute (Stand: Ende 1994) 45 000 Mark netto (für die Stadtkasse sind das rund 65 000 brutto). Er dirigiert viel, auf Tourneen greifen die Agenten noch tiefer in ihre Taschen, drei Millionen Mark hat er, ohne Abzüge, sicher im Säckel. Kein öffentlicher Arbeitgeber weltweit läßt sich seinen Maestro mehr kosten.

Und was sagt dieser andere Maestro über die Zunft der Maestros? »Dirigenten sind sehr primitive Leute und unter allen Musikern diejenigen, die am wenigsten Kultur haben.«

Celibidache verläßt den Saal. Wieder kein Abgang nach allen Regeln der Künstelei, sondern wieder ein Abschlepp. Die Menschen toben, als sei er ihnen jeden Preis wert. Die linke Tür auf der Gasteig-Bühne, Großer Saal, geht auf, draußen steht der Helfer und nimmt ihn in Empfang. Manchmal, wenn sie gar keine Ruhe geben, kommt Celibidache noch einmal wieder, und beim Comeback spendiert er ein Lächeln. Danke. Tür zu.

Was wird sein, wenn er mal nicht mehr ist? »Ein neuer Dirigent wird da sein, wir werden, wir müssen einen finden. Aber es wird, da bin ich mir sicher, keinen Nachfolger geben. Keiner wird Nachfolger sein können.«

Im Gasteig verlöschen langsam die Lichter.

König ohne Krone

Heimkehr eines vaterlandslosen Patrioten · Ewige Lichter in einer Szene von Goya · Tonleitern im Oberstübchen · Tiefer Diener vor dem eigenen Talent · Trio infernal · Don Juan erwacht · Höchste Ehre, streng vertraulich

Rundherum Revolution: Deutsche und Polen, Tschechen, Slowaken, Ungarn, die Völker der UdSSR – überall hatten die Menschen ihre Drangsaleure abgeschüttelt, das kommunistische System ausgehoben, die Diktaturen entmachtet, die Hochburgen der Unterdrükkung geschleift. Das Leipziger Montagsthema – »Wir sind das Volk« – hatte, in dezenten nationalen Nuancen und Variationen, in ganz Osteuropa Widerhall gefunden und Wirkung gezeigt. Die Welt war, Ende 1989, anders geworden.

Nur er, der dunkelrote Despot Nicolae Ceauşescu, herrschte, so jedenfalls mußte es scheinen, über eine Insel jenseits aller Revolten und Straßenschlachten, über ein für ihn traumhaftes Eiland an stalinistischem Personenkult und über Millionen, die hungerten, litten und dennoch ihm, nur ihm und seinem Clan, Hosianna singen mußten.

Vierundzwanzig Jahre lang hatte er sein Volk, die Rumänen, nun schon brutal unter der Knute, seine Allmacht klirrte vor totalitärer Eiseskälte. Kein Staatsstreich, kein Massenaufstand, kein heimtückischer Trick mutiger Verschwörer, wenn es sie denn gegeben hätte, konnten ihm offenbar etwas anhaben. Nein, alles und alle waren gnadenlos unter Kontrolle.

Jenseits der Grenzen, wo die alte Ordnung, die grausame, zusammengebrochen war unter der, wie Ceauşescu spottete, »Schwäche der Regierungen« und gewissen »sozialistischen Verirrungen«, mochte der Teufel oder, schlimmer noch: das Volk los sein – Rumänien, schwor der Tyrann, werde »auf ewig dem Kommunismus treu bleiben«.

Das Land wurde hermetisch abgedichtet gegen die Pest des Ungehorsams in den Bruderländern, der Telephonverkehr ins Ausland, auch ins einst befreundete, radikal gekappt, ein Großteil des Staates gleichsam unter Kriegsrecht gestellt.

Aus der westrumänischen Stadt Temesvar verbreiteten sich erste Nachrichten von friedlichen Demos an der Kirche und von Menschenmassen, aus denen nach Brot gerufen wurde: »Wir haben Hunger!« Dann, nachdem Armee und Geheimpolizei verstärkt worden waren, sikkerten Meldungen über ein fürchterliches Blutbad durch. Schließlich schnürte die Armee den Unruheherd mit einer Panzerkette ein und ab. Doch im Innern von Temesvar machten sich die Massen um so furchtloser Luft: »Weg mit Ceauşescu!« riefen Studenten in Sprechchören, »Hau ab!« und »Wir wollen Freiheit!«. Kleine Gruppen warfen die Fenster von Buchhandlungen ein und steckten die Bücher in Brand, die der verhaßte Staatschef verfaßt und zur Pflichtlektüre erklärt hatte.

Der Diktator glaubte immer noch, über alles hinwegsehen zu können. Im Gefühl von staatsmännischer und geheimpolizeilicher Überlegenheit hob er, allen blutigen Turbulenzen im Westen des Landes zum Trotz, zu einer lange geplanten Repräsentationsvisite mit gegenseitigen Wirtschaftsverhandlungen nach Teheran ab.

Doch nur wenige Tage später, noch vor der Wende zum Jahr 1990, war dann auch die letzte, vielleicht die gemeinste und sicher die größenwahnsinnigste Bastion des Stalinismus gefallen, und mittels Fernsehen verbreitete sich, den ganzen Tag über immer und immer wiederholt, die unglaubliche Nachricht mit ihrem harten, brutalen Kern: Staats- und Parteichef Ceauşescu, damals einundsiebzig, war nach seiner Teheranreise und einem mißglückten Fluchtversuch verhaftet, in einem Schnellprozeß zum Tode verurteilt, das Urteil »unverzüglich, um vier Uhr nachmittags, vollstreckt« worden. Kurzer Prozeß also, danach Bilder eines entgeistert dreinblickenden Tyrannen und Dokumente mit seiner Leiche – eine historische Zäsur in Reality-TV: Horrorfinale des Moskauer Kommunismus und seiner europäischen Statthalter und Satrapen.

Der Rumäne Sergiu Celibidache hielt sich zu dieser Zeit auf seiner französischen Mühle in Neuville auf, dort hat er das Geschehen pausen- und atemlos verfolgt, »mit Angst und auch mit negativen Gefühlen. Von Grund auf habe ich, bis auf den heutigen Tag, antikommunistisches Blut in mir. Ich habe in Rumänien keine Wunder erwartet. Schließlich hatte der Kommunismus nirgends Fuß gefaßt. Natürlich habe ich mich über das Ende der Schreckensherrschaft gefreut. Ceauşescu hatte zuletzt eine miserable Position. Er war schwachsinnig, und er gebärdete sich lächerlich, als er zum Schluß noch versuchte, wie ein Kind wegzurennen.«

Haben ihn, den polyglotten Weltbürger, die Geschichte und das Schicksal seiner Heimat interessiert, gar berührt in all den Jahren, in denen er Beobachter aus sicherer Ferne und sicherem Wohlstand war? »Eigentlich nicht. Ab und zu erfuhr ich durch die Familie, wie schlecht es drüben ging und wie trostlos alles aussah. Das hat mich schon getroffen.« Und er hat mit unendlich vielen Care-Paketen und Geldüberweisungen zu lindern versucht, still und ohne den lauten Pomp, mit dem Wohltäter häufig ihre Barmherzigkeit vermarkten. »Sonst hat mich alles kalt gelassen. Ceauşescu war widerlich, ich habe ihn gottlob niemals in meinem Leben persönlich getroffen. Er und seine Kommunisten haben nur gelogen und gemordet.«

Zwischen Weihnachten und Neujahr, als in Bukarest das System stürzte, hatte der Münchner Philharmoniker-Intendant Norbert Thomas im Bundeskanzleramt eine Art Jahresabschluß-Plausch. Ob in nächster Zeit ein wichtiger Repräsentant der Bundesrepublik ins nunmehr Ceauşescu-freie Rumänien zu reisen gedenke. Ja, der damals amtierende Außenminister Hans-Dietrich Genscher, wahrscheinlich Mitte Februar. Anfang Januar traf Thomas den Generalmusikdirektor Celibidache zu einer Art Jahreseröffnungs-Plausch. »Maestro, hätten Sie Zeit und Lust?« Celibidache hatte – gewiß, nach über zehn Jahren und vor allem, diesmal, mit seinem Münchner Orchester.

Mitte Januar 1990 fragt das Auswärtige Amt offiziell in München nach: Ob eine Reise nach Rumänien noch akut sei; wenn ja, werde man die Kosten übernehmen. Also: ja. Thomas und Orchestervorstand starten kurzfristig zu einer Probevisite ins Land mit den vielen noch frischen Wunden. Die Vorfreude der Rumänen auf den fast verloren geglaubten Sohn ist allgemein und allgemein riesig. Thomas: »Celibidache wird da wie ein Gott verehrt.«

Sechs Wochen später ist die Revolution vorbei. Aber das Paradies, das die Rumänen so ungeduldig herbeisehnen, ist noch weit, ganz weit weg. Bukarest, die Hauptstadt, traut dem Frieden so wenig wie den Herren der neuen Friedensbewegung. Der gerade erst ernannte Präsident Ion Iliescu nimmt für die Fahrt ins Ministerium einen Panzer; Petre Roman, der blutjunge Ministerpräsident der Postrevolution, ein in Frankreich promovierter Wasserbau-Ingenieur mit Managerqualitäten und entsprechendem Ehrgeiz, macht den Weg aus der Kaserne, wo er schläft, ins Büro nur im Schutz ergebener Militärs. Noch traut keiner dem anderen, und folglich traut sich niemand, ganz auf die Wende zu setzen. Das Land ist ausgeblutet und ausgepowert, die Hoffnung groß, aber noch schwach. »Ceauşescus Rumänien«, berichtet seinerzeit der *Spiegel*-Reporter Peter Schille, dieses »Familienunternehmen mit angeschlossenem Volk als Dienstpersonal, wird liquidiert.« Und wo liquidiert wird, fallen Schüsse, Bastionen, Tabus und alle Hemmungen, die Tragödien der Vergangenheit endlich auch wirklich Tragödien zu nennen, selbst in der Kultur.

Rumäniens deutschsprachige Tageszeitung *Neuer Weg* zieht ein erstes, desolates Resümee über den Niedergang der von Ceauşescu zwangsdirigierten Musikkultur: »Traditionen und Kontinuitäten zerschlissen, zerbrochen, zahlreiche Institutionen, Orchester und Konservatorien aufgelöst, unsere größten Künstler im Exil, das einst vorbildliche musikalische Unterrichtswesen zu einer traurigen Farce geworden. Rumänien ist an fast allen internationalen Institutionen und Gremien ausgeschieden und existiert praktisch auf der musikalischen Landkarte der Welt nicht mehr.« Wohl kaum die rechte Zeit, wohl kaum die rechte Stimmung für die satte, fast endlos aussingende Kantilene in E-Dur, für Spielgebote wie »sehr markig«, »zart« oder »gezogen« im Adagio der siebten Bruckner-Sinfonie, die aufs Reiseprogramm gesetzt wird. Oder legen Revolutionen, unglaublich fast, auch andere Saiten frei?

Celibidache entscheidet: »Dieses Volk braucht jetzt Musik, nicht in zwei, drei Jahren, wenn eine demokratische Regierung da ist.« Das bedeutet: Starterlaubnis.

Der Lufthansa-Airbus, mit dem Celibidache, das Orchester und die Begleiter fliegen, kann, so wird errechnet, noch zusätzlich sechs Tonnen Fracht aufnehmen. Die Philharmoniker rufen in München zu einer Spendenaktion auf und können sich bald vor Gaben nicht retten: Kleidung, Bücher, Lebensmittel, Waschmittel, Kosmetikmittel, Pillen, Salben, Säfte, Sekt, selbst Noten und Notenpapier: kleine Opfer kleiner Großherziger und jede Menge Großspenden aus der Industrie, etwa Babynahrung oder ein Röntgengerät.

Im Chorprobensaal des Münchner Gasteig stapeln sich bald dreißig Tonnen, ein Supermarkt westlicher Überfülle. Das Warenlager muß verpackt, das Verpackte auf die Straße gebracht werden. Der Bauch des Lufthansa-Jets ist natürlich längst voll, das bayerische Rote Kreuz beschafft zwei Laster zum Transport, die dann vierhundert Kilometer in zum Teil mörderischem Schneetreiben zurücklegen müssen.

Celibidache: »Wir werden nicht Trost bringen, nicht einmal zum Kunstgenuß anregen, dazu ist nicht die Ruhe da. Der Rumäne muß das Gefühl haben, daß er zu Europa gehört, daß er ernst genommen wird. Unsere Reise ist eine symbolische Geste. Nur viertausend Menschen werden uns hören können... Was bedeutet das für eine Stadt von vier Millionen Einwohnern?... Die Revolution in Rumänien ist noch nicht gewonnen. Es muß ein neues Rumänien aufgebaut werden, aber mit wem? Da fehlen zwei Generationen. Für die, die noch Hoffnung haben, soll unsere Reise ein Ansporn sein. Wir wollen signalisieren: Europa schaut auf Rumänien. Alles, was jetzt passiert, wird beachtet.«

So kehrt Celibidache zum erstenmal nach über zehn Jahren in sein Geburtsland zurück, in ein neues, zumindest in ein anderes Rumänien. Aber wie immer macht er sich und allen anderen nichts vor: Es ist nicht die Zeit für Triumphmärsche und ein großes patriotisches Crescendo ohnehin seine Sache nicht.

1970 war Celibidache mit dem Sinfonieorchester des Schwedischen Rundfunks daheim gewesen, später, 1978, hatte er in Bukarest mit dem Philharmonischen Orchester Dirigierkurse veranstaltet, veranstalten wollen. »Die Qualität der Leute, ihre Ausbildung und Ausstattung waren miserabel. Das Hochgefühl, das notwendig ist, um Musik zu machen und über Dirigieren zu reden, war völlig unentwickelt.« Er versuchte dennoch eine »sinnvolle Arbeit«, »völlig vergeblich«. Als zwei Söhne von einflußreichen Kommunisten bei der Selektion durchfielen, wurde das Ganze kurzerhand abgesagt: »Primitiver Mißbrauch politischer Macht, nichts anderes.«

Celibidache verließ das Land damals voll düsterer Bitternis. Wird es diesmal so ganz anders, wird es freier und wirklich offener sein?

»Heimat bedeutet mir sehr viel«

Winter, wenig über null Grad. Grau, naß, kalt. Die Wolken hängen tief, wie schmutzige Wattebäusche, über der Landebahn, als der Airbus am 13. Februar 1990 auf dem Bukarester Flughafen Otopeni aufsetzt. Celibidache hat jetzt doch Herzklopfen. Für ihn und seine Philharmoniker aus München beginnt sicher das bis dahin abenteuerlichste, auch gefährlichste Gastspiel, unheimlich viel Todernstes inklusive. Das Unternehmen selbst ist, im Gegensatz zu seinem guten Zweck, intern nicht unisono begrüßt worden. Auch unter der amtierenden Übergangsregierung hatte sich der Rauch über Bukarest noch nicht völlig verzogen, nicht alle Orchestermusiker sind für die gute

Tat nun auch im gleichen Atemzug risikofreudig, ja – lebensgefährlich wagemutig. Man schließt für die nicht-dienstliche Freizeit eigens eine zusätzliche Lebensversicherung ab. Schließlich hat in dem befreiten Land noch mancher falsche Demokrat seine Kalaschnikoff rasch zur Hand.

Ein Comeback. Großer Regen, großer Bahnhof in Otopeni. Beifall von den rund hundertfünfzig Mitgliedern des Empfangskomitees, als Celibidache auf der Gangway erscheint. »Die Minister wollten mich alle küssen, furchtbar. Eine widerliche Szene.« So, zugleich angeekelt und angehimmelt, steht er zum erstenmal nach elf Jahren wieder auf Mutterboden.

»Heimat bedeutet mir sehr viel. Aber ich war niemals ein Nationalist. Ich habe eine Heimat und bin glücklich darüber, aber die Politik hatte mich davon getrennt. Ich würde gerne, sehr gerne dort gelebt haben.« Der Mann im Exil hat oft gelitten: »Als ich hörte, daß alles weg war – die Häuser, wo ich gelebt, und die Schulen, in denen ich gelernt hatte –, da fühlte ich einen tiefen Schmerz. Jetzt bin ich ein alter Mann und spüre ein einfaches, doch tiefes Schuldgefühl: Was habe ich für Rumänien getan? Nichts. Was hat Rumänien mir gegeben? Alles.«

Fahrt vom Rollfeld gleich ins Hotel. Dort wartet der Opernchor und begrüßt den Dirigenten in seiner Muttersprache; jede Sängerin, jeder Sänger überreicht eine rote Nelke. Blumenkinder. Der Maestro ist gerührt. »Ateneul Ruman«, das schöne Athenäum der Stadt und deren Musikzentrale, wie durch ein Wunder von den Spuren des befreienden Aufstands verschont, gleicht einer festen Burg der Kultur inmitten einer böse verwundeten und nicht einmal oberflächlich vernarbten Kapitale.

Pfützen, Schlaglöcher, Dreckhaufen. Plastik vor den Fenstern, Pappkartons in den Türen. In den Gassen und

Häusernischen immer noch Blaubarette, die MP im Anschlag, einen Feind im Visier, von dem niemand weiß, ob es ihn überhaupt noch gibt. Mißtrauen, überall Mißtrauen und Angst. Die Leute ernst, manche verbittert. Den Namen Ceauşescu würgt man sich nicht einmal mehr als Kotzbrocken raus. In das Loch, das einen Geheimgang der Securitate, dieser geheimen Horrorpolizei, öffnet, gucken alle mit Abscheu, ein paar spucken hinein. Es war über Bukarest den ganzen Tag nicht wirklich hell, jetzt schwärzt sich das Schmuddelgrau zum Nachtdunkel ein.

Am Athenäum flackern – nur kurz – ein paar ewige Lichter. Das aus Deutschland eingeflogene Fernsehteam leuchtet mit seinen Spots die Szene mediengerecht aus und die intime Magie prompt kaputt. Ein Priester spricht ein Gebet, ein paar Frauen singen, Celibidache steht, trotz Regenschirm, pitschnaß und mit geschlossenen Augen vor dem Denkmal des Nationaldichters Mihai Eminescu. Er hält eine einzelne Kerze in der Hand – es gibt kein neueres Photo von ihm, wo Pathos und friedliche Trauer so gespensterhaft zur Deckung kommen. Auf dem Kranz, den er niederlegt, steht: »Für die Opfer der Freiheit.« »Die Szene könnte von Goya sein«, beschreibt der Zeuge und Kritiker Klaus Geitel in der *Welt* das unheimlich Malerische an diesem Moment.

Oben, in dem von Fallschirmjägern bewachten »Hotel Bukarest«, gleich neben Celibidaches Suite im ersten Stock, lagern in einem eigens und besonders bewachten Raum die persönlichen Geschenke des Dirigenten, die er auch persönlich an einundzwanzig Auserwählte übergeben will. Bei der Pressekonferenz werden die aus dem Westen mitgereisten Korrespondenten schon nach kurzer Zeit vor die Tür komplimentiert: »Es ist gegen meine Natur, über meine Gefühle zu reden«, sagt der heimgekehrte Maestro. Sicher, falsche Rührung liegt ihm fern.

59

Doch ein paarmal kommen ihm doch vaterländische Wendungen wie »wir Rumänen« oder »ein Rumäne bleibt immer ein Rumäne« über die Lippen. Diese Pressekonferenz gehöre »meinen Rumänen, die bleiben bitte noch eine halbe Stunde«. Der deutsche Troß zieht sich gehorsam zurück.

Hinter den nunmehr verschlossenen Türen will ein Rumäne wissen, was Celibidache von dem Nationalkomponisten George Enescu halte. Vermutlich erwartet der Fragesteller, daß der lebende den toten Landsmann in den siebten Himmel loben und eine Antwort voll patriotischem Weihrauch geben werde. Von wegen: »Das ist ein völlig mittelmäßiger, epigonaler Komponist.« Die Anwesenden tun sich sichtlich schwer mit diesem so undiplomatischen Urgestein.

Die »Filarmonica George Enescu«, also ein unter dem Namenspatronat eines völlig mittelmäßigen Epigonen aufspielender Klangkörper, hat Celibidache »bine ati venit« – herzlich willkommen – geheißen und den frisch ernannten Ehrendirigenten mit einer weißen Gipsbüste geehrt, die der Bildhauer Petru Jecza modelliert hat und die nun im Foyer des Athenäums steht – das Denkmal eines Denkmals.

Die beiden Lastwagen mit Medikamenten, Hospitalgeräten, Kleidungsstücken, Lebensmitteln und Naschzeug brechen nach Jassy auf, in den Nordosten des Landes. Sebastian Feldhofer von der Verwaltung der Philharmoniker und ein Dolmetscher fahren mit einem Mietwagen hinterher. In Jassy ist Sergiu Celibidache aufgewachsen und zur Schule gegangen. Im Februar 1990 hat noch kein größerer Hilfskonvoi die Provinz erreicht, Jassy ist Notstandsgebiet, und Celibidache hat ausdrücklich gewünscht, daß die Stadt mit Spenden aus München bedacht werde.

Die Straße verläuft durchweg eben, nicht weit vom Schwarzen Meer entfernt. An den Rändern liegen zahlreiche tote, totgefahrene Tiere, sogar Esel und ein Pferd. Der Straßenzustand gilt als ungewöhnlich gut, ist aber wie gewohnt schlecht. Trotzdem wird aggressiv gefahren, selbst bei diesem feuchten Wetter nur knapp über dem Nullpunkt.

Die Laster und der Mietwagen treffen sich, fast zeitgleich, vor Jassys orthodoxer Metropolitan-Kirche. Sebastian Feldhofer sei als Augenzeuge zitiert:

»Die Leute, die unsere Hilfsgüter in das Kirchengebäude trugen, liefen barfuß in Sandalen und blauen Arbeitsanzügen aus ganz dicker Baumwolle, aber ich hatte nicht den Eindruck, als ob sie frören, sie schienen diese Temperaturen gewohnt zu sein. Um die Lastwagen standen sehr viele Menschen herum, ich habe dann angefangen, an Kinder Schokolade zu verteilen, und es war ganz deutlich, daß diese so etwas noch nie gesehen hatten.«

»Später am Abend war ein großes Essen mit dem Bischof und den Priestern, dabei ist mir aufgefallen, daß die Mönche aßen und die Nonnen sie bedienten... Unsere Gastgeber bestanden darauf, daß ich mir in Roman in der Nähe von Jassy das Geburtshaus des Maestros ansähe, das jetzt eine Kindermusikschule ist, ein sehr herrschaftliches Haus, nicht eigentlich ein Schulgebäude. Insgesamt war die Ausstattung in einem sehr schlechten Zustand, der Flügel zum Beispiel hatte keine Beine mehr, sondern stand einfach auf einem Tisch.«

»Ich wollte Roman nicht wiedersehen«, sagt Celibidache. Wo einst idyllische, romantische kleine Häuser und Gärten waren, herrscht jetzt graue Öde. Die schönen Plätze sind weg, das Ganze ist von primitiven Sozialbauwohnungen ummauert und verschandelt. Es ist ge-

sichtslos.»Warum sollte ich meiner Erinnerung weh-
tun?«

Als das zweigeschossige, für die damaligen lokalen Verhältnisse recht großzügige Haus im Zentrum von Roman,
an der Ecke Hauptstraße und Strada Bazun, noch Sergius
Eltern- und Stammhaus war, standen dort zwei Klaviere,
beide bespielt und bespielbar: eines im Salon des Parterre,
ein zweites, qualitativ weniger hochwertiges und optisch
nicht mehr hochglänzend herausgeputztes auf dem Dachboden. Man hatte es dort hinaufbringen lassen, nachdem
der junge Sergiu unten nicht aufgehört hatte zu üben und
zu klimpern und den meisten Familienmitgliedern mit
seinen Dauerläufen über die Tastatur schlicht auf die Nerven gefallen war.

Hier oben also, in einem gleichsam exterritorialen
Oberstübchen, musizierte der Störenfried denn auch am
liebsten; hier konnte er so laut, so lang und so selbstherr-
lich in die Tasten greifen, wie er wollte. Manchmal sprang
der junge Solist am Ende eines Stückes vor Begeisterung
für sich selbst auf, stellte sich brav vor das Instrument und
verbeugte sich mit einem tiefen Diener vor dem Publikum, das es gar nicht gab. Früh übte sich der knirpsige
Maestro die schöne Pose ein.

Genauso hatte er es wohl bei den Auftritten der er-
wachsenen Großen gesehen, so hatte er auch über die
Konzertrituale reden hören, Musikmachen hatte wohl was
Feierliches.»Diese Zeremonie«, kommentiert der greise
Celibidache an die fünfundsiebzig Jahre später seine damalige Show auf dem Speicher,»war der Ausgleich dafür,
daß meine Eltern meiner Leidenschaft für das Klavier und
meinem Können darauf offensichtlich nie genügend Auf-
merksamkeit schenkten.«

Dabei mußte sich der Junge mit seinem Hang zum
Pianoforte durchaus nicht mutterseelenallein durch-

schlagen, und sicher nicht gegen den Willen der Eltern. Nein, sein Talent war klar, wurde daheim erkannt, geschätzt und gefördert. Er war vielleicht manchmal lästig, überhört wurde er nicht. »In seinem Elternhaus war damals eine durchaus freundliche Atmosphäre«, erinnert sich der Schulkamerad und spätere Agrarwissenschaftler Victor Angelescu.

Die musikalische Begabung hatte Sergiu offenbar von seinem Vater, einem Dilettanten von beachtlicher Begabung, geerbt, übrigens auch die prägnanten Züge des Gesichts, überhaupt den imposanten Schädel und die große, eindruckmachende Figur. Der Vater Demostene war bis fünfzig Offizier, danach Präfekt des Distriktes gewesen. Er hatte eine exotische Vorliebe für und ungewöhnliche Kenntnisse über Kanarienvögel. Im Speisezimmer der Celibidaches hing ein riesiger Käfig und diente der Familie zum Zeitvertreib und Studium.

Der Vater, in jedem Sinne das Familienoberhaupt, wurde sechsundneunzig Jahre alt und hat den späteren Überraschungserfolg seines ältesten Sohnes in Berlin, bei den dortigen Philharmonikern, noch erlebt. Als die rumänischen Zeitungen seinerzeit die Triumphe des Shooting-Stars aus Roman verbreiteten, rannte der Alte durch die ganze Stadt; als der Dirigent die ersten hundert Dollar Berliner Gage nach Hause überwies, flippte der Herr Papa total aus und hielt alle frei, die seinen Weg kreuzten.

Sergius Mutter Maria hatte Chemie studiert und in diesem Fach sogar promoviert, nie aber in diesem Beruf gearbeitet. Sie betreute statt dessen die große Familie. »Sie war für uns alle eine phantastische Mutter«, erinnert sich die Tochter Tania, »eine kleine, ruhige, ganz und gar unmusikalische Frau, die dennoch daheim der Musik ihre Rechte einräumte. Sie selbst spielte zwar viel, doch nur so leidlich das gutbürgerliche Fortepiano. Sie nahm uns auch mit ins Theater und förderte unser Interesse an allen kulturellen Dingen und Ereignissen.« Sie starb mit achtundachtzig.

Das älteste Kind war die Tochter Magda, zu der der zwei Jahre jüngere Sergiu nach eigenem Eingeständnis »niemals ein gutes oder auch nur entspanntes Verhältnis hatte«. Sie war, das gibt er zu, eine »hochintelligente Frau« (Doktor der Geschichte), hat nur in Rumänien gelebt und »war die einzige von uns, die – leider, leider – wirklich etwas für den Kommunismus übrig hatte«.

Zwei Jahre jünger als Sergiu war Tania, und sie besaß als einzige neben Sergiu eine wache, phantasievolle Musikalität. »Sie war«, sagt der Bruder in der Erinnerung, »wirklich sehr begabt am Klavier und hat meine musikalische Arbeit immer beobachtet und verfolgt.« Sie wanderte, verheiratet, nach Venezuela aus.

Wiederum zwei Jahre nach Tania kam der Bruder Radu zur Welt. Er hat nach dem Ingenieurstudium in seinem Beruf gearbeitet. Sergiu: »Ich bin ihm sehr dankbar, daß er niemals in die Kommunistische Partei Rumäniens eingetreten ist.« Als der Dirigent in Italien wohnte, hat er Radu mehrfach zu Gast gehabt. Radu starb wenige Wochen vor der Reise der Münchner Philharmoniker in das befreite Rumänien. Bruder Sergiu hatte für ihn eigens ein paar besondere, persönliche Sachen im Koffer; zu spät.

Noch zwei Jahre jünger, die letzte im Familienverbund, war die Schwester Sonia, die immer in ihrem Heimatland gelebt hat.

»Mein Vater hatte, solange ich mich erinnern kann, ein großes Ideal und Ziel«, erinnert sich Celibidache, »seine Kinder sollten in jedem Fall etwas ganz Besonderes werden.« Den musikalischen Überflieger hatte er dabei als Staatspräsidenten ausersehen – geblendet, ver-

64

mutlich, von der Politkarriere des polnischen Pianisten Ignacy Jan Paderewski, der zugleich gefeierter Klaviervirtuose und 1919 geachteter Ministerpräsident und Außenminister des unabhängigen polnischen Staates gewesen war – genau zu der Zeit, da Sergiu gerade anfing, sich auf dem Dachboden in Roman als Spielmann vor seinem eigenen Talent zu verbeugen.

Der ehrgeizige Herr Papa, der, laut Tania, »bei aller Strenge viel Güte zeigte und Sergiu stets bevorzugte«, stand, so sieht es der Dirigent heute, »immer in einer eher unterkühlten Distanz zu seinen Kindern«. Ihnen allen ließ er jedenfalls schon früh Ballettunterricht geben und stellte eine Klavierlehrerin als feste Arbeitnehmerin im Hause an, damit jeder regelmäßigen Unterricht erhalten konnte.

Die Musikpädagogin, der der alte Celibidache heute diese Berufsbezeichnung absprechen würde, hieß Sachelarie, ihr Sohn, Sergius Mitschüler und gelegentlicher Spielkamerad, Napoleon. Als Lehrerin war Frau Sachelarie »einfach miserabel. Sie las Zeitungen, während ich vorspielte. Da habe ich mir den Spaß gemacht, einfach drauflos zu improvisieren, und ihr gleichzeitig vorgegaukelt, das stünde so in den Noten. Sie war zu dumm, das überhaupt zu merken.« Sergiu erhielt Unterricht, bis er siebzehn war: »Ich habe nichts bei ihr gelernt. Sie hat aber auch ernsthaft gar nichts von mir erwartet. Selbst dazu war sie zu blöd.«

»Alles war schrecklich, miserabel, stupide«

Der Teenager Sergiu jazzte viel und mit Lust. Manchmal nahm er die kleine Schwester Tania bei der Hand, schloß die Tür und spielte nur für sie. Hin und wieder tanzten sie auch zusammen, »er hatte wirklich Elektrizität unter den Füßen«.

So unterhaltsam der kleine Charmeur auch sein konnte – die ersten Lebensjahre, fast bis zur Einschulung, blieb er stumm: »Ich weigerte mich zu sprechen, sowohl mit den Eltern als auch mit den Geschwistern.« Ein von den Eltern zu Rate gezogener Arzt stellte – hilf- und machtlos – lediglich fest, daß das Kind ganz offenbar bewußt den Mund hielt und sich so vorsätzlich der heimischen Offenheit und Öffentlichkeit entzog. Vielleicht sei er auch nicht ganz richtig im Kopf, hechelten die Lästerzungen. Der alte Celibidache deutet seine Verweigerungshaltung als »Trotzreaktion gegen die übermächtige Autorität des Vaters«.

»Er war sehr scheu, aber immer sehr stolz«, weiß sich Tania zu erinnern. »Er hatte eine Leichtigkeit, die ich nie besessen habe. Ich hielt immer große Stücke auf ihn und stand immer auf seiner Seite, wenn er Krach hatte mit unserer ältesten Schwester«, was häufig vorkam. Erst mit sechs oder sieben machte der renitente Knirps endlich den Mund auf.

Vom ersten Schultag an, das belegen alle Zeugen und Zeugnisse, war Sergiu Primus. Neben seiner Musikalität fiel seine Begabung zu zeichnen und zu malen auf. In den ersten Jahren auf dem Lyzeum legte er so liebevoll und biologisch sinnvoll eine Sammlung selbst gesuchter und selbst bestimmter Pilze an, daß er für die mykologische Kollektion in der Schule einen Preis erhielt.

Mit vierzehn gewann er, auf einem umgebauten Damenfahrrad, einen Radlerwettbewerb. Seit seinem achten Lebensjahr spielte er Fußball. Tania: »Eine richtige Leidenschaft.« Celibidache: »Ich war schnell und gut, besonders im Dribbeln. Ich schwitzte jedesmal fürchterlich, vor Anstrengung und vor Aufregung. Heute

66

schwitze ich beim Fußball noch genauso, aber vorm Fernseher.«

Bereits in der Volksschule freundete sich Sergiu mit Victor Angelescu an, beide hatten denselben Professor, der sie auf den Wechsel zum Lyzeum vorbereitete. Wenig später stieß, als Dritter im Bunde, der spätere Ingenieur Constantin Vitzu hinzu. Die drei bildeten das »trio infernal« der Schule, nichts und niemand war vor ihnen sicher. Im Physikunterricht hielten sie die Thermometer in die offene Flamme, bis zum Platzen. In der Pause schlugen sie den Mitschülern, gerade wenn die zubeißen wollten, die dick mit Marmelade beschmierten Brote ins Gesicht. Mitten im Unterricht klatschten sie mit der flachen Hand auf die großen gestärkten Kragen auf den Schuluniformen der vor ihnen sitzenden Klassenkameraden. Das Resultat: großes Geheul, lange Unterbrechung der Stunde, tierischer Spaß am Remmidemmi. Sie triezten ihren Erdkundelehrer bis zur Weißglut. »Ihr drei Ochsen«, maulte der dann regelmäßig los, »ihr werdet endlos lange Hörner kriegen und damit in Patagonien landen.«

Im Winter schlitterten sie stundenlang über das Natureis, und nicht selten brachen sie ein. Als die ersten Tonfilme anliefen, waren die drei Stammgäste im Kino. Am Ende der Vorstellung liefen sie dann auf dem schnellsten Wege zu Celibidaches nach Hause, Sergiu setzte sich sofort ans Klavier, spielte die Filmmelodien perfekt nach, machte Variationen dazu und Paraphrasen darüber. »Wir hatten viel Spaß.«

Noch heute, beim regelmäßigen Seniorentreff der drei rumänischen Exilanten, schnattern sie ihr Sündenregister durch, kichern wie Pennäler über ihre einstigen Schandtaten und schlagen sich dabei vor nostalgischer Schadenfreude über die Streiche von ehedem laut auf die Schenkel. Doch wenn Señor Vitzu und Señor Angelescu im Beisein

Dritter von ihrem alten Kumpel berichten, dann sprechen sie nur von »Maestro«, und ihr Schalk auf den Mienen weicht seriösem Respekt.

Der Betrieb auf dem Lyzeum in Jassy lief zweigleisig, aufgeteilt in die ungeraden Klassen 1, 3, 5, 7 und die entsprechenden geraden Ziffern. Auch alle Schüler wurden durchnumeriert, Sergiu Celibidache war als Nummer 98 registriert. Schuluniformen zu tragen war Pflicht und entsprechend verhaßt. Erstkläßler gingen ganz in Schwarz, danach wurde khakifarbenes Tuch getragen. Vitzu entwarf später ein mit silbernen Applikationen verziertes grünes Käppchen, das nach gewissen Anlaufschwierigkeiten unter der modischen Schülerschaft als Kopfbedeckung bald der unverzichtbare Renner in der Penne war.

Sergiu zeigte im Verlauf der Schulzeit eine immer stärkere Neigung zu und eine immer verblüffendere Fähigkeit in Mathematik. Der Vater engagierte, zwecks zusätzlicher Unterrichtung, einen Professor Meyer, der dem Filius Integral-, Sinus- und Kosinusrechnen beibrachte. »Nach kurzer Zeit wußte ich so viel, daß ich diesen Herrn Professor leicht ausspielen und noch leichter terrorisieren konnte.« Die Vorstellung fällt nicht schwer, daß er das mit Genuß besorgte.

Auf dem Polytechnikum in Jassy begann das Trio noch eine gemeinsame Studienzeit. Victor Angelescu belegte Agrar-, Constantin Vitzu Ingenieurswissenschaft, Sergiu Celibidache Mathematik und später noch Philosophie. Der Militärdienst unterbrach die Ausbildung nach zwei Jahren, die Freunde mußten sich, für viele Jahre, trennen. Studiosus Celibidache war siebzehn Jahre alt und am Ende der Militärzeit Kavallerieoffizier.

Hat der Soldat Sergiu Celibidache jemals wirklich strammgestanden vor ordenstrotzenden Befehlshabern?

68

»Es gab, natürlich, furchtbar viel Brüllerei«, natürlich drehte sich »alles um diesen idiotischen Gehorsam«, und sicher »war alles schrecklich, miserabel, stupide«. Und doch hat sich ihm diese Etappe in den Kasernen und hoch zu Roß »nicht besonders eingeprägt, auch nicht furchtbar negativ, jedenfalls nicht nachhaltig«. Vermutlich hat er die Erinnerung genialisch verdrängt.

Jassy war damals, aus Celibidaches heutiger Sicht, »die poetischste Stadt Rumäniens«. Sie lag mit der Eisenbahn rund zwei Fahrtstunden von Roman, dem Geburtsort, entfernt. Tania: »Eine Stadt voller Geschichte. Die Vornehmen schickten ihre Kinder nach Frankreich zur Bildung und Ausbildung, es gab an der Universität hervorragende Lehrer und sogar einen Jockey-Club, dessen alte Herren stets eine Rose im Knopfloch trugen.«

Und doch hat der Student Sergiu die sattesten und buntesten Erinnerungen an den – damals rumänischen, heute bulgarischen – Ort Balčik am Schwarzen Meer. »Hier war alles romantisch, alles wunderbar. Eine herrliche Sommerfrische, und wir haben von der Liebe gelebt.« Voilà, der Don Juan war erwacht und wurde aktiv.

Hier, in Balčik, hat der Genießer damals auch jene sagenhafte Dame kennengelernt, die ihm seinen Weg in die Welt und die Weltkarriere prophezeit hat – eine Jüdin, eine Seherin: Ilona Ehrenberg. Also sprach das Orakel: »Dein Land ist Deutschland, aber du wirst nicht in Deutschland wohnen. Nein, auch nicht in Amerika. Das ist kein Kontinent für dich. Deutschland wird das Land sein, wo du am meisten verstanden wirst. Du, geh nach Berlin, von dort aus wirst du die Welt erobern. Du wirst ein König ohne Krone sein.«

Celibidache heute: »Ich habe das alles sehr ernst genommen, was sie gesagt hat.« Mit dieser schillernden

Vision erfuhr seine Biographie jedenfalls ihr erstes großes, übersinnliches Tremolo.

Extravagant wie die Seherin war der Ort, wo sie wohnte: Balčik. Hier lebten damals schon viele Bulgaren. Die Türkensiedlung mutete türkischer an als die meisten Orte in der Türkei – ein Refugium von Fundamentalisten, die Sitten, Gebräuche und Gesetze hochhielten, hoch wie ein Minarett.

Für mitteleuropäische Besucher wie den jungen deutschen Kompositionsschüler Günter Bialas, der hier 1928 mit seiner rumänischen Freundin ein paar Sommermonate verbrachte, wirkte Balčik »geradezu unheimlich: überall nur Mauern, und nirgends konnte man richtig hinein«. Immerhin gab es noch einen echten Harem, »wie man ihn damals selbst in der Türkei wohl nicht mehr finden konnte«. Bialas traf dort einen armenischen Maler, der sich schon einen gewissen Namen gemacht und in Paris ausgestellt hatte: »Der sprach alle Dialekte dieser Gegend, und dem taten sich infolgedessen alle Türen und Tore auf.« Er wurde für Bialas der Wegbereiter ins Hinterland von Tausendundeiner Nacht.

Bialas erinnert sich noch nach weit über sechzig Jahren an die »Tatarensiedlung« und die »Zigeunersiedlung«: lauter Lehmhütten, keine Türen, keine Fenster, nur leere, oft dunkle Öffnungen. Der Maler Chant hat den jungen Musikeleven aus Berlin auch auf eine türkische Hochzeit mitgenommen, »wo Männer und Frauen getrennt feierten, es herrschte strengste Geschlechtertrennung«.

Mit dem ortskundigen Chant und dessen Freundin kam Bialas auch zu Ilona Ehrenberg. »Solche Frauen«, erinnert er sich, »gibt es nur auf dem Balkan, auch wenn sie überall in der Welt zu Hause sind und meist viele Sprachen sprechen.«

Madame hielt hof und unterhielt Salons. Sie war, was der heutige Sprachgebrauch »in« nennen würde und »auf der Höhe der Zeit« und des Ortes: sehr gebildet, nicht mehr ganz jung, »noch weniger aber alt«, immer noch »sehr fraulich« und, im schillerndsten Sinne des Wortes, eine Dame – sehr belesen, kosmopolitisch orientiert, durch religiöse Ideen, magischen Klimbim, Horoskope und allerlei spiritistischen Hokuspokus auf aparte Weise abgehoben vom nackten Boden der Tatsachen. Als Bialas sie das erstemal sah, turnte sie gerade auf einem Sessel, auf der Veranda ihres Hauses am Schwarzen Meer. Eine Scheherazade beim Fitneßtraining.

Schon der junge Sergiu Celibidache fühlte sich von derlei Außenseitern fasziniert. Buntes, fahrendes Volk, Zigeuner, vor allem Zigeunerinnen, »paranoide Leute«, wie er selbst einräumt, hatten es bereits dem kleinen Jungen angetan. Das Vielvölkergemisch am Schwarzen Meer bot ihm da reichlich Anschauungsmaterial, und er ließ sich gern blenden und bezaubern.

Von Ilona Ehrenberg schien er, aufs angenehmste, verhext, von ihrer Weissagung indes zunächst einmal verunsichert – das ferne Deutschland sein Traumziel? »Ich hatte keinerlei Vorstellung, was das alles bedeuten sollte«, räumt der greise Celibidache ein, »vielleicht Geistlicher, vielleicht Komponist, eventuell auch im hohen Norden, in Norwegen, wo die Luft so sauber und die Menschen so wunderbar protestantisch sind, saubere Leute überall, und sie gehen alle zusammen durchs Leben.«

In der Erinnerung an das Orakel, an Balčik und die kunterbunte Kulisse hält der Greis lange inne, senkt den Blick auf den Fußboden, als könnte er da eine Erklärung für das Unerklärliche finden: Ist er nicht gerade mit einem, seinem deutschen Orchester nach Rumänien gekommen, gefeiert wie ein Nationalheld, ist nicht alles wahr geworden, was die Norne damals in seiner Zukunft gelesen hat? Immer noch verwundert schaut er hoch: »Wieso sollte ich gerade in Deutschland mein Glück machen und König ohne Krone werden?«

Nicht sehr viel länger als ein Jahr hat Celibidache in Jassy studiert. Dann wollte er raus aus der Idylle, nicht länger nur Klavier spielen und Mathematik pauken. Es zog ihn nach Bukarest, in die Metropole. Der Vater sperrte sich gegen die Wanderlüste seines eigenwilligen Sohnes, der dadurch in seinen Augen im Begriff war, alle seine Lebenschancen aufs Spiel zu setzen.

So war der Konflikt mit dem Herrn Vater programmiert und der Eklat entsprechend hochdramatisch. Ohne Geld, ohne Fahrkarte und sogar ohne die einzige Krawatte, die er besaß und an der ihm als Zeichen wachsender Mannesreife so viel lag, reist er in die Landeshauptstadt. Dort hat er, als Mann am Klavier, in einer Tanzschule getingelt. Unter den herumhopsenden Kleinen war auch die fünfjährige Ioana, Töchterchen eines steinreichen Hausbesitzers und -verwalters mit riesigem Bart und ebensolchem Einfluß. Immerhin war Ioanas Großvater sogar Bürgermeister von Bukarest gewesen. Viele Jahre später sollte das zierliche Mädchen Sergius Frau werden.

Für den ruhelosen Stimmungsmacher Sergiu Celibidache erwies sich das Ballettinstitut nur als Transitstation auf dem Weg vom Elternhaus zum – noch fernen, nebulösen – Gral. Bei Freunden hörte er eines Tages im Radio ein Streichquartett des ihm unbekannten Komponisten Heinz Tiessen. Er war von dem Stück so begeistert, daß er sich gleich hinsetzte und ebenfalls ein Streichquartett schrieb. Die Noten schickte er an »Herrn Professor Tiessen, Radio Berlin«. Berlin – das war Deutschland, und Deutschland war das Land, das Ilona Ehrenberg ihm als das gelobte prophezeit hatte.

Ein paar Wochen vergingen, dann kam ein Telegramm:
»Sofort nach Berlin kommen!« Hals über Kopf verließ
Celibidache nach diesem Fernruf seine Heimat. So begann, was auch er nicht ahnen konnte, ein langes Abenteuer und ein legendäres Stück Interpretengeschichte: Celibidache startet seine verschlungene Weltkarriere, Rumänien wird für ihn Kindheitsgeschichte.

Im Februar 1990 kehrt er wieder zurück – er der greise
Maestro einer königlich gekrönten Laufbahn, Rumänien
ein Staat ohne kommunistische Willkürherrschaft, aber
auch noch ohne rosige Zukunft – ein Auftritt auf der
Weltbühne und zugleich auf heiklem Parkett.

Celibidache, beobachtet Beate Kayser in der Münchner
tz, »nimmt ein Bad im Rumänischen... Er diskutiert mit
Studenten, mit Musikern, einfach mit Landsleuten, und
die betrachten ihn als eine Art Heilsbringer, berühren
ihn, küssen ihn, überreichen Geschenke (selber geklebte
Photoalben mit alten Bildern von ihm, Basteleien, Blumen, Volkskunst). Viele wollen von ihm die Lösung des
Welträtsels...«

Während Celibidache in diesen Wintertagen daheim
geradezu patriotisch-missionarische Pflichten wahrnimmt,
messianische Erwartungen dämpfen und schließlich ja
auch Proben und Konzerte dirigieren muß, brechen seine
Philharmoniker, begleitet und beschützt von der ehemaligen Miliz (die jetzt Polizei heißt), zum Sightseeing
in die noch unbewältigte Vergangenheit des Landes auf –
eine Expedition ins Unglaubliche.

Da steht, nein: da klotzt und protzt der sogenannte
»Palast des Volkes«, das marmorne Kolosseum des
gestürzten Diktators Ceauşescu, fünfundzwanzigtausend
Quadratmeter Größenwahn, vierhundert Büroräume zur
Verwaltung von Irrsinn und Menschenverachtung, schon
»für eine Weltmacht zu groß, für ein notleidendes Drei-

undzwanzig-Millionen-Volk eine obszöne Provokation«, wie Dietrich Kühnel in der *Abendzeitung* kommentiert, »ein Walhall der Herrschsucht und der Angst der Unterdrücker vor ihrem Volk«, wie Wolfgang Schreiber sich in der *Süddeutschen Zeitung* entsetzt. Dann, weiter, in die Frühlingsstraße, zur einstigen Privatvilla der Ceauşescus: Nippes neben echten Impressionisten, ein Supermarkt voll Krempel und Kostbarkeiten. Neureich auf rumänisch, ein Museum todbringenden Biedersinns.

Der Celibidache-Besuch, landesweit als Ankunft eines dirigierenden Sankt Martin gefeiert und mißdeutet, ist tagelang, zum Teil live, Topthema in Hörfunk und Fernsehen. Die Zeitungen machen dafür auf ihren Frontseiten Platz, trotz der vielen tagespolitischen Aktualitäten über die Agonie des Ostblocks und trotz der vielen Fragezeichen, die dieser Kollaps aufwirft. »Knappe fünf Tage«, schreibt Lotte Thaler in der *FAZ*, war Celibidache »in Bukarest die zentrale Figur für die Kulturwelt, auf die sich alle Wünsche, Hoffnungen, ja Wunder-Erwartungen konzentrierten«. Christian Mandeal, der Dirigent der Bukarester Philharmoniker, verklärt seinen greisen Kollegen zum »Symbol des Wissens, Könnens und der musikalischen Begabung«. Kulturminister Andrei Plesu glorifiziert ihn gar zur »verkörperten Utopie«, der das Land so lange und so lange vergeblich entgegengefiebert habe.

Natürlich weiß auch gerade bei diesen Konzerten, dieser »Musik als Ausnahmezustand«, keiner, was im Publikum wie gewirkt hat und ob es bei dem Ganzen überhaupt um die Werke (darunter Brahms' erste, Bruckners siebte Sinfonie, Richard Strauss' *Don Juan*) und um deren Wiedergabe ging oder um Musik als Fanal und als Trost.

Das Fernsehen überträgt die Konzerte live, die Musiker verzichten auf die Erlöse aus den TV-Rechten – ein letztlich sechsstelliger DM-Betrag, der dem Land erspart

74

bleibt. Der beim Fernsehen unvermeidliche Kilowatt-
beschuß treibt die Temperaturen im ohnehin überheizten
Athenäum noch höher. Die Zuhörer – genaugenommen
finden nur rund tausend jedesmal Einlaß – hocken auch
auf Notsitzen und Klappstühlen: ein wunderbar polizei-
widriger Kunstgenuß. Sobald Celibidache auftaucht, erheben sich die Leute – Beifall, Rufe, viel stumme Freude.
Zum Auftakt des ersten Abends erklingt Verdis Ouvertüre zu *Die Macht des Schicksals*. Nomen scheint omen: Im
Parkett sitzen der neue Staatspräsident Ion Iliescu und der
neue Premierminister Petre Roman. Am Schluß des letzten Abends stehen die Leute auf und singen »Hoch soll er
leben« – in Rumänisch, natürlich, und, weniger natürlich,
in sauberem Ges-Dur.

In den landeseigenen Feuilletons geben patriotisches
Pathos und ein pseudoreligiöses Credo den Ton an. »Wenigstens für einige Stunden war man völlig überzeugt
davon, daß es auf dieser Welt doch Wege zum Absoluten
gibt«, schreibt Smaranda Oteanu in *Adevarul*, und Corne-
lius Antin urteilt in *Romania Libera*: »Mit seiner ganzen
Seele steht Celibidache dafür ein, daß er ein herausragen-
der Musiker vor seinem Orchester ist, ein Philosoph vor
der Welt und die Musik selbst vor Gott, vor dem Univer-
sum.«

»Für die Rumänen«, beschreibt Norbert Thomas, der
Philharmoniker-Intendant, später die Rolle des heim-
gekehrten Maestros, »ist er so etwas wie Václav Havel für
die Tschechen.« Mit einem entscheidenden Unterschied:
Als man bei dem Dirigenten im kleinen Zirkel vorspricht,
ob er vielleicht Staatspräsident des neuen Rumänien werden wolle, lehnt er höflich, mit feinem Lächeln, ab.

»Die Sache«, so der Dirigent, »war streng vertraulich.
Ich weiß bis heute nicht, ob sie wirklich ernst gemeint war.
Für mich war das ehrenvolle Angebot nicht einen Augen-

blick lang ein Thema.« Celibidache hat die Krone oder zumindest die Krönung seines Lebens ausgeschlagen. Ilona Ehrenberg hat recht behalten.

Berliner Ballade

Wortbruch als Staatsakt · Damenorchester aus Florida ·
Schinken im Kofferraum · Entree mit dem Tanzbein ·
Menschen mit riesigem Herzen · Der Hausgott Furtwängler ·
Reisen ins Ausland, Reibereien daheim · Auftritt Karajan,
Abgang Celibidache

Am 31. März 1992 bricht Sergiu Celibidache einen Eid, den berühmtesten, langlebigsten und unbarmherzigsten seiner neunundsiebzig Jahre. Fast ein halbes Jahrhundert hat er ihn gehalten und durchgehalten, verbissen und verbittert, wie nur so ein Radikaler wie er einen Schwur verhängen, durchtrotzen und vermutlich auch durchleiden konnte: Er kehrt zurück auf Berlins philharmonisches Podium, er springt über den eigenen Schatten seines gußeisernen Vetos: Nein, nie wieder hatte er am Ort seiner frühen, frenetischen Erfolge und seiner schweren, unvergessenen Schmach dirigieren wollen.

Der Wortbruch vollzieht sich im Gepränge eines Staatsaktes. Nachdem sich die Hundertschaft des Berliner Philharmonischen Orchesters auf der Bühne niedergelassen und eingestimmt hat, kommen über dem vielköpfigen Tutti die weißhaarigen Köpfe von zwei älteren Herren zum Vorschein: von Staatsoberhaupt Richard von Weizsäcker, damals Präsident der Bundesrepublik Deutschland und zugleich diplomatischer Anstifter zum Wortbruch, und, zunächst noch im Hintergrund abwartend, von Sergiu Celibidache, dem Oberhaupt der Münchner Philharmoniker.

Weizsäcker kündigt in seinem »herzlichen Willkommensgruß« einen »großen und weisen Dirigenten und

Musikpädagogen« an; hier, in Berlin, und jetzt, »bei diesem festlichen Augenblick«, fühle er, der führende Deutsche, sich »im Zentrum der Welt«. Dann rollt der erste Bundesrepublikaner den roten Teppich aus: »Es ist sein Orchester, in dessen Mitte er gelebt hat, er hat die Aufbauarbeit nach dem Kriege geleistet und das letzte Stück Brot mit dem Orchester geteilt.« Aber es ist eben auch dieses Orchester, das er in Acht und Bann verwünscht, von dem er sich verlassen, übergangen, erniedrigt und beleidigt gefühlt hatte.

Während der Präsident noch zum Entree seine Ouvertüre spricht, schiebt sich der Alte langsam von links in die Mitte dieses Orchesters, und die Beobachtung ist mehr als eine theatralische Pointe, daß sich auf seinem Gesicht nun, wo es ernst und wahr wird, doch Spuren einer stillen, stolzen Genugtuung zeigen und auch einer nostalgischen Rührung.

Natürlich gibt es zur Feier des Tages Standing ovations, und das erhabene Staunen, daß dieser Abend doch noch zustande gekommen und dieser Wortbruch doch noch zu arrangieren gewesen war, hallt nach im Tremolo der Feuilletons: »Triumphale Rückkehr eines Verwandelten« *(Süddeutsche Zeitung)* oder »Die Heimkehr des verlorenen Vaters« *(FAZ)*.

Insgesamt vierhundertvierzehnmal hatte Celibidache Berlins Philharmoniker geleitet, mit ihnen seinen raketenhaften Aufstieg vom rumänischen Nobody zum dirigierenden Darling der gevierteilten Hauptstadt geschafft. Zwischen dem Debüt am 29. August 1945 und dem Valet am 30. November 1954 hatte sich nicht nur die triumphalste Episode in der »erratischen Karriere« (Klaus Geitel) dieses Außenseiters abgespielt, sondern auch die folgenreichste, besser noch: die folgenschwerste. Denn am 30. November 1954 endete Celibidaches Traum von der großen Berliner philharmonischen Karriere, und es begann sein Trauma, böse ausgespielt und schnöde behandelt worden zu sein. Und dieser stille Schmerz und diese demütigende Verbitterung endeten, allen festlichen Schalmeien und feiertäglichen Fanfaren zum Trotz, auch nicht mit dem Comeback des Greises und dessen Ankunft auf dem großen Bahnhof, den die Berliner und Weizsäckers geladene Gäste ihm nun bereiten. Berlin bleibt auch nach dem 31. März 1992 für Celibidache ein Stachel im Fleisch, Berlin macht ihm lebenslänglich zu schaffen.

Die Präludien zur Wiedervereinigung von Philharmonischem Orchester und Celibidache dauerten eineinhalb Jahre. Am 9. November 1990 warf Weizsäcker den Köder aus: Er habe, ließ er den Dirigenten wissen, »mit großer Freude« vom Japanerfolg der Münchner Philharmoniker gehört. Dann trug er artig seine »herzliche Bitte« vor, ob der »verehrte Maestro« sich vielleicht »in der Lage sehen könnte«, sich trotz seiner Boykottschwüre noch einmal dem berühmtesten Klangkörper Deutschlands zu nähern. Dies, warb Weizsäcker geschickt, würde »ein wirkliches Fest für mich, für das Orchester, für Berlin und die gesamte musikalische Welt«.

Der Hofierte machte in seiner Antwort vom 22. November 1990 kurzen Prozeß: »Sehr geehrter Herr Bundespräsident! Für Ihre Einladung, die Berliner Philharmoniker nach langer Zeit wieder zu dirigieren, bedanke ich mich sehr herzlich. Es ist mir eine hohe Ehre, auf Ihre Einladung hin zuzusagen. Sergiu Celibidache.« Die große Wende in ein paar Zeilen.

Zeitpunkt und Ort, um die Zusage einzulösen, waren durchaus apart. Die Philharmonie an der Tiergartenstraße war im April 1992 geschlossen, der nicht zuletzt auch wegen seiner Akustik gerühmte Bau wurde von Asbest entseucht und entsorgt, das Konzert deshalb in das altehrwürdige Schauspielhaus am Gendarmenmarkt verlegt. Die Philharmonie, ehemalige Hochburg Karajans und seiner multimedialen Geschäftigkeit, bleibt Celibidache folglich verwehrt – oder erspart.

Das Datum – 31. März – war eigentlich von langer, langer Hand für einen Auftritt Leonard Bernsteins gebucht gewesen. Bernstein hatte sich bereit erklärt, an diesem (und dem folgenden) Abend eines jener Doppelkonzerte zu leiten, zu denen Weizsäcker jedes Jahr als Berliner Benefizveranstaltung einzuladen pflegte. Aber Bernstein war am 14. Oktober 1990 gestorben. Drei Wochen später wandte sich Weizsäcker an Celibidache. Der fühlte sich allerdings, wohl nicht zuletzt aus Hochachtung vor dem Amt, das dem Bittsteller seinen Rang gab, niemals als Lückenbüßer, die »hohe Ehre« nahm er ernst und meinte er ehrlich. Der Erlös wurde Kinderheimen in Rumänien zugedacht, was das Comeback des Rumänen Celibidache auch zu einer patriotischen Wohltat machte und den Wortbruch gleichsam aus sozialen Gründen legitimierte.

»Wir wollten ihn haben«, bemerkt der Berliner Orchestervorstand Rudolf Watzel. Watzels Kollege Helmut Stern, diesem Geiger mit kosmopolitischer Vergangenheit und von hoher Beredsamkeit, hatte Celibidache von München schon lange vorher ein generelles Ja übermittelt, eingelöst aber hatte er es bis dahin nicht. Erst als der Herr Bundespräsident um die leitende Hand anhält, sagt der Verweigerer zu.

Sechs Proben, das ist Celibidaches eiserne Bedingung für Berlin. Ein vermessenes Ansinnen, eine Unverschämtheit. Das einzige Stück auf dem vorgesehenen Programm, die siebte Sinfonie von Bruckner, haben sie, die routinierten Philharmoniker, nun wirklich drauf und gerade erst, unter Daniel Barenboim, für die Schallplatte eingespielt, in zwei Sitzungen. Drei, vier Proben sind unter den Arbeitsbedingungen der deutschen E-Musik-Szene schon gehobener Durchschnitt, sechs die Höhe. »Wir wollten ihn haben. Da muß man sich eben darauf einlassen« und kann ja auch durch ein Veto nicht gut den verehrten Herrn Bundespräsidenten desavouieren. »Wir wußten, was auf uns zukommt«, resümiert Watzel, »und wir haben's genossen.«

Doch Celibidache ist, wenn überhaupt, ein nicht leicht verdauliches Genußmittel mit nicht gerade alltäglichen Nebenwirkungen. »Es klingt wie ein Ochsenkarren, der aus dem Schlamm gezogen wird«, beschreibt Celibidache das Spiel der Kontrabässe nach Probenbeginn am 27. März 1992. Und das da wirke wie bei »einem Damenorchester aus Florida. Dünn, zu dünn«, herrscht er die ersten Geigen an. »Die Bläser sind unrein. Welches A haben Sie? Das ist zu hoch, ein Fluch des Immer-brillanter-werden-Müssens.« Celibidache probt nicht nur Bruckner, sondern auch seine berüchtigte Kunst der kalten Dusche.

Anfangen, abbrechen, anfangen, abbrechen. »Ein Marathon!« stöhnt ein Philharmoniker, »ein Interruptus«, scherzt ein anderer. Gis-G-Fis, jene Tonfolge, die die ersten Violinen am Anfang elf Takte lang tremolieren müssen, probt Celibidache eine halbe Stunde. Nicht einen »Urnebel« will er haben, von dem die Konzertführer an dieser Stelle gern faseln, kein Wischiwaschi. Statt dessen eine ganz klare, ganz präzise und ganz leise Zitterpartie.

»Ihr seid wunderbar«, läßt sich Celibidache am zweiten Probentag vernehmen, »sinfonisch aber negativ.« Am dritten Tag endlich ein Okay: »Das ist jetzt sinfonisch. Bloß keine falsche Dramatik, keine Forciertheit. Transparenz bleibt oberstes Gebot. Wir müssen uns immer gegenseitig hören können.« Dann will er, seine

Münchner Mannen kennen das, »deutsches Vibrato«. Berlins Philharmoniker scheinen ratlos: »Bitte schön, was wäre denn das?« Der Alte holt eine halbe Stunde zum Nachhilfeunterricht aus, wirbt für diese »große, individuelle Möglichkeit der Ausdrucksgestalt«. Aber für Bruckners »Flächenklang« müsse man es »auf ein Mindestmaß zurücknehmen«: »Einfachheit und Direktheit, das ist es. Sprechen Sie mit der Musik!« – sein kategorischer Imperativ. »Maestro, das ganze Orchester wird ruiniert«, wirft ein Bläser ein – scherzhaft, und tatsächlich darf gelacht werden. Irritiert sind die Musiker längst: »Von vielem Gewohnten müssen wir hier Abschied nehmen. Wir hören und entdecken das Werk tatsächlich neu.« Eine Tortur, doch pädagogisch wertvoll.

Celibidache wenig später: »Es trifft zu, daß ich meine Musiker gelehrt habe, aufeinander zu hören. Die einzelnen Instrumentengruppen sind in die Ganzheit des musikalischen Verlaufs eingebunden. Ist es etwa penibel, sechzehn Geigen eine Phrasierung so lange üben zu lassen, bis sie elastisch genug ist? Von den sechzehn Geigen kann ich doch wohl auch eine einheitliche Phrasierung verlangen. Aber was wissen Dirigenten vom Phrasieren? Das ist für viele nur eine Möglichkeit, sich in Szene zu setzen. Ich kenne Orchester, da phrasiert jeder, wie er will. Aber wer phrasiert, wie es die Phrase bedingt?«

Am vierten Probentag fällt die Nervosität allmählich von allen ab und erstmals das Wort »Vertrauen«; es kommt sogar über Celibidaches Lippen: Er bedankt sich. Unter seinen philharmonischen Zuhörern sitzen noch sechs aus seiner großen Zeit vor dem großen Bruch. »Ich bin sehr beruhigt, daß es noch eine Spontaneität gibt. Wie Sie reagieren! Dieses Direktumsetzen dessen, was ich Ihnen sage. Vieles ist ja ungewohnt für Sie, aber selbst wenn nicht alles klappt, wird es ein wunderbares Konzert werden. Berührt haben mich ganz besonders die alten Musiker von früher, die mich besucht haben. Diese großzügige Umarmung. Leider haben wir nicht mehr die Zeit, das Verhältnis so aufzubauen, wie es damals war.«

»Für die verlorenen Jahre« – es sind achtunddreißig – überreichen ihm die Philharmoniker eine *Fidelio*-Partitur. »Meine dritte«, sagt der Opern-Ächter und lächelt mit diskreter Süffisanz.

Auf die verlorenen Jahre kommt Celibidache später noch einmal zu sprechen. »Das meiste, was zwischen uns stand, war Politik«, sagt er, wohl wissend, daß es vor allem die Politik von Neidern, Kurzsichtigen und Opportunisten war. Der Name Karajan fällt nicht. Und in einem knappen Satz rührt Celibidache noch einmal an seine Amfortas-Wunde, die nicht heilt: »Nicht einmal zu Ihrem Jubiläum, dem hundertsten Geburtstag Ihres Orchesters 1982, war ich eingeladen. Das schmerzt.«

Danach lädt Celibidache die Musiker zu einem Gespräch ein; wer will, kann kommen. An die vier Dutzend kommen, der dirigierende Dozent und Prediger ist rasch in seinem Element. Was sie denn machen, anders machen sollten als bislang, fragen die in ihrer Selbstsicherheit angeschlagenen Philharmoniker. Antwort: »Sie spielen zuviel. Das ruiniert. Die ganze Konzertpraxis ist falsch und völlig desorientiert. Dieser hektische Geldbetrieb hat mit Kunst und Musik nichts mehr zu tun, sie werden verhindert. Ein vor allem seelischer Prozeß spielt sich ab. Der heutige Grundfehler: Alles tobt sich aus, alles bloß Effekt, Sensation« – »eine Katastrophe!«

In der diskreten Sprachregelung einer diplomatischen Note würde es nach diesen sechs Proben und zwei gemeinsamen Konzerten heißen: Man ist sich nähergekommen. Nahegekommen ist man sich nicht. Celibidache weiß das: Das Ziel seiner Wünsche bleibt Utopie, diese Philharmoniker sind nicht mehr die Philharmoniker aus den Gründerjahren seines Musikerdaseins. Es bleibt ein Rest. Die rührende, unendlich sehnsuchtsvolle Beziehung, die er zu der Stadt Berlin und zu den Berlinern pflegt und hochhält, stellt sich zu den Musikern letztlich nicht ein. Seine nostalgischen Gefühle stillt der Dirigent deshalb auch nicht im Schauspielhaus am Gendarmenmarkt, sondern bei privaten Stadtrundfahrten zu den Souvenirs von damals. Hier kann er ungetrübt in Erinnerung schwelgen.

»Die reichste Zeit meines Lebens«

Zum Comeback des einstigen Philharmoniker-Chefs ist aus England auch der Sohn Serge Celibidache eingeflogen, Abbild und Abgott des Vaters. Sightseeing in eigener Sache ist angesagt, gemeinsam lassen sich die beiden durch die Straßen der Stadt, die wieder Hauptstadt ist wie damals, chauffieren, und der Alte redet und zeigt und kommentiert und erklärt – Celibidache auf Spurensuche:

Kurfürstendamm, die linke, die rechte Seite, da das Café und diese Kneipe und hier die Schule, und da war dieser Saal und da jener. Auch das Geschäft ist noch da und auf, wo er damals seine Habseligkeiten erstanden und häufiger noch vor leeren Regalen gestanden und in langer Schlange angestanden hat. Nun läßt er halten, steigt aus, geht hinein und kauft, was es damals allenfalls auf dem Schwarzmarkt, nicht aber bei dieser Tante Emma zu kaufen gab: Massen von Schinken. Immer noch, bis heute, überfällt den greisen Maestro gelegentlich die Angst, nicht genug zu haben und nicht satt werden zu können, ein Alp aus jenen Tagen, da niemand genug hatte und keiner satt wurde, weder in Berlin noch anderswo im kriegszermalmten Deutschland.

Doch, wohin mit den Schinken? Die beiden Hamster-käufer wissen es nicht. Schließlich stehen nur noch die zwei Galaabende Weizsäckers aus, mit Bruckners Siebter, danach, beim Empfang, mit Lamm, Garnelen, Berliner Spezialitäten und Brüsseler Konfekt. Vater und Sohn aber sitzen auf Massen von gepökeltem Schwein. Fürs erste wird der Kofferraum Vorratskammer.

Dann, auf Celibidaches Anweisung hin, biegt der Wa-gen im Stadtteil Wilmersdorf endlich, zwischen dem heu-tigen Adenauerplatz und der Schaubühne, vom Kudamm aus in die Eisenzahnstraße ein. Jedesmal, wenn der Diri-gent in Berlin weilte, hat er hier vorfahren lassen, für eine Minute aus dem Wagen geschaut oder, wenn die Beine mitmachten, auch ein paar Schritte getan. Hier steht immer noch das Haus, in dem er auf ein paar Quadrat-metern gewohnt, gehungert, geliebt und von dem aus er angesetzt hat zu seinem längst legendären Hochsprung auf das Podium des Berliner Philharmonischen Orche-sters. Hier, beim Straßenbahnschaffner Tobian und des-sen Frau, in Untermiete und in – gelegentlich – anmuti-ger Armut, fing alles an. Hier steht Celibidaches Ge-dächtniskirche.

Ohne Geld und ohne Sprachkenntnisse – ein paar deutsche Brocken ausgenommen – war er 1936 mit dem Zug von Bukarest in der deutschen Hauptstadt einge-troffen: »ein Koffer von zwei Kilo, sonst nichts«, nur Noten und das Notwendigste. Das kurze, wohl auch kurz-weilige Intermezzo in Paris, wo er begeistert herumge-jazzt und viel »mit Negern musiziert« hatte, lag hinter, das Abenteuer Berlin vor ihm: Noch war das großdeut-sche Metropolis, wo Adolf Hitler gerade seine Olympi-schen Spiele inszenierte, nicht international geächtet, aber das Wetterleuchten war schon braun, der Zweite Weltkrieg bereits programmiert.

Doch der junge Celibidache sah die Menetekel nicht, oder er übersah sie. »Die damalige Politik«, sagt er heute, »war mir alles andere als sympathisch. Schließlich war Jassy, wo ich aufgewachsen bin, eine jüdische Stadt, und ich habe, wie man weiß, viel eher Jiddisch als Deutsch gesprochen.«

Berlin zog ihn damals magisch an. Da war das Telegramm von Heinz Tiessen, dem er sein Streichquartett geschickt und der ihm geantwortet hatte: »Sofort nach Berlin kommen!« Da war das Orakel von Balčik, die mysteriöse Ilona Ehrenberg, die ihm den Weg nach Deutschland gewiesen hatte: »Von Berlin aus wirst du die Welt erobern.« Berlin empfand Celibidache nicht als Hauptstadt der Bewegung in eine schließlich totale Katastrophe, sondern als Hauptstadt der deutschen Kultur. Für ihn, den lernwütigen Studiosus, war es das Mekka der Musik.

In Charlottenburg, wo er mit dem Zug ankam, ging er gleich auf den Kurfürstendamm, auch damals ein Laufsteg für alle Begehrlichkeiten. »Rauf und runter« ging er, »immer hin und her, vor jedem Schaufenster stand ich Ewigkeiten und guckte vor allem auf die Eßwaren. Ich konnte mir nichts, aber auch gar nichts kaufen. Ich hatte nichts.« Die erste Nacht verbrachte er »auf einer Bank, wie ein Penner«. Doch schon am nächsten Tag trat, aus heiterem Himmel, ein Glücksengel in seine malerische Asylantengeschichte, ausgerechnet vor einer Auslage mit Fleischwaren: »Vor einer Metzgerei fiel ich einer hübschen jungen Frau auf. Mit der ging ich mehrere Abende hintereinander tanzen.« Ein taktvolles Entree – der junge Beau hatte in Berlin über das Tanzbein Fuß gefaßt. Das fing ja gut an.

Wenige Tage später begab er sich mit seinem bescheidenen Handgepäck zu Tiessen nach Lichterfelde. Den Kontakt hatte der Berliner Tonsetzer Max Trapp ver-

mittelt, der an der Akademie der Künste unterrichtete.
Tiessen (1887–1971), gebürtiger Königsberger und gelernter Jurist, hatte als Assistent von Richard Strauss bescheidene Erfolge gehabt, vor allem mit der Komposition
von Schauspielmusiken Ansehen gewonnen und jahrelang
als Kritiker gearbeitet. 1930 war er von der Staatlichen
Hochschule für Musik zum Professor ernannt worden.
»Er hat von Anfang an mein Leben organisiert und mich
für die Aufnahmeprüfung vorbereitet«, erinnert sich Celibidache. »Er hat mir bei meinen Arbeiten eine enorme
Freiheit gelassen und doch eine sehr strenge Schulung
betrieben. Ich mußte ihm jede Woche etwas Neues vor-
legen, und darüber haben wir dann Tage und Nächte
diskutiert. Er selber war kein großer Komponist.«

Der lernbegierige Celibidache übernahm von Tiessen
auch die problematische Eigenheit des »Alles-für-sich-
Behaltens, obwohl das mit meiner Art und mit meinem
kämpferischen Geist gar nicht zusammenpaßte« (und
wohl auch deshalb von dem später so frank und frei argu-
mentierenden und provozierenden Maestro nicht lange
durchgehalten wurde). Celibidache über seinen Mentor:
»Wie immer er war – ich verdanke ihm alles.«

In nur wenigen Wochen beherrschte der Rumäne die
Sprache seines Gastlandes. »Ich habe ihm alle für ihn
wichtigen Bücher genannt«, erinnert sich Celibidaches
Berliner Kommilitone, der werdende Komponist Günter
Bialas, »er war ja überhaupt nicht auf das gefaßt und
vorbereitet, was in Deutschland bei einer akademischen
Prüfung verlangt wird. Es war schon erstaunlich, wie
schnell er sich in die komplizierte Materie von Harmonie-
lehre und Kontrapunkt eingelesen hat, und das in der für
ihn noch neuen, ungewohnten Sprache.« Er ließ sich an
der Universität immatrikulieren und belegte dort, »um
den vollen Studentenstatus zu erhalten«, Philosophie (bei

Nicolai Hartmann und Eduard Spranger) und Musikwissenschaft (bei Arnold Schering und Georg Schünemann): »Ich glaube, ich war ein beispielhafter Schüler.« Er paukte bis zu zwanzig Stunden am Tag, »es war die reichste Zeit meines Lebens«. Er schrieb an einer Dissertation über die Polyphonie des niederländischen Messe- und Motettenkomponisten Josquin Desprez. Die Doktorarbeit wurde weder veröffentlicht noch nach der Kapitulation irgendwo wieder aufgefunden – und geistert deshalb bis heute als dubioses Produkt durch die Frühgeschichte des Dirigenten. Das gleiche gilt für Celibidaches Doktorarbeit im Fach Philosophie, Thema: asiatische Denkweisen. Der Doktorand erklärt das Schicksal der beiden Arbeiten lakonisch: »Die konnten von mir nicht eingereicht werden, weil ich als Rumäne erst das hitlerfreundliche Regime in meiner Heimat hätte anerkennen müssen. Das aber kam für mich nicht in Frage. In den Wirren des Kriegsendes ist dann alles verlorengegangen.«

An der Musikhochschule wurde der Tiessen-Zögling mit vierundzwanzig anderen (von insgesamt hundertfünfzig) Bewerbern angenommen, ein Überflieger von damals bereits kecker Lust an Widerspruch und antiautoritärer Stänkerei: »Dort lehrten achtundzwanzig Professoren, und nur von dreien habe ich was gelernt. Die meisten standen außerhalb der Musik und waren Nieten.« Den Dozenten für Gehörbildung will er seinerzeit angemotzt haben: »Herr Professor, ich glaube, es wäre wohl besser, wenn ich Sie in diesem Fach unterrichten würde« – die nicht ganz unglaubwürdige Burschikosität eines von sich grandios überzeugten Lehrlings.

An die Gehörbildungsstunden bei dem Pädagogen Illing hat die Sopranistin Carla Henius noch eine lebhafte Erinnerung, die Auftritte des Studentenprimus Sergiu hat sie geradezu live vor Augen – Blick zurück im Spaß:

»Bei Illing trafen sich praktisch alle Schüler aus der Klasse von Gmeindl, also alle Kapellmeister in Ausbildung, daneben ein paar werdende Pianisten und ich. Illing kam notorisch zwanzig, fünfundzwanzig oder auch dreißig Minuten zu spät. Wir hingegen waren alle pünktlich zur Stelle. Dann hat sich der Celi immer ans Klavier gesetzt und irgendwas Pädagogisches veranstaltet. Beispielsweise stellte er eine Aufgabe. Er spielte einen stereotypen Rhythmus immer wieder, irgendeine Floskel, wieder und wieder. Man wußte nicht, was das eigentlich war: Dreiviertel, Zweihalbe, Siebenachtel und so fort. Er spielte das so lange, bis irgendwer die Sache herausgefunden hatte. Dann kam der nächste Test. Er spielte eine Folge von acht, neun Akkorden und sagte dann: Es ist jetzt ganz gleich, ob ihr das absolute Gehör habt oder nicht. Also fing er an, sagen wir, in Es-Dur oder d-Moll. Das hört ihr so ungefähr, kommentierte und kommandierte er, notiert euch das in eurem Kopf! Und weiter: Ich spiele jetzt die Tonika, dann mache ich eine Modulation nach a-Moll oder nach Des-Dur, ich mache diese Akkorde und Überleitungen fis-Moll, a-Moll, F-Dur. Er spielte das einmal, zweimal, ein drittes Mal. Jetzt, gab Celi Order, spielt das im Kopf mal rückwärts. Ihr müßt das Notenbild gleichsam vor euch, vor euren Augen haben. Ihr landet in fis-Moll. Wir durften uns keine Noten aufschreiben. So, jetzt spielt das rückwärts, klar? Jetzt transponiert ihr das eine kleine Terz tiefer und macht dasselbe wieder rückwärts!«

»Er konnte das wie nichts«, bestätigt Carla Henius über vierzig Jahre später unverändert respektvoll, »und ich habe es bei ihm und von ihm gelernt. Auf diese Weise habe ich das Rüstzeug erworben, später, als ich beispielsweise Arnold Schönbergs *Hängende Gärten* [Lieder, op. 15] zum erstenmal studierte, die Noten so zu lesen, daß ich das ganze Stück mit der Klavierbegleitung hinschreiben konnte.«

Celibidache war, wie auch anders, der exotische Star dieser ungewöhnlichen Exerzitien, und er genoß den Status ohne besondere Allüre. »Wir waren immer glücklich«, sagt Carla Henius, »wenn der olle Illing besonders spät kam. Illing war übrigens von derlei Aufgaben völlig überfordert. Kam er, wenn Celi dran war, setzte er sich einfach dazu und schien froh, faul sein zu können.«

Carla Henius, Celibidache und ein paar andere Studenten bildeten damals eine verschworene Clique, die jeden Tag alle Probleme der Tonkunst neu erfand und neu löste: ein Collegium musicum aus lauter Eggheads, die sich oft schon morgens um sieben zu einer Doppelstunde Hermeneutik trafen.

»Das Ganze«, urteilt Carla Henius, »war natürlich eine etwas spekulative Sache, philosophisch, würde ich sagen, und nicht unbedingt wissenschaftlich ernstzunehmen. Wahrscheinlich hat das philosophisch-spekulative Element bei dem Ganzen den Celi auch herausgefordert, so oft wie möglich die Rolle des Advocatus diaboli zu spielen. Das war unheimlich spannend und nebenbei äußerst unterhaltsam.

Hinterher haben wir uns dann auf dem Kudamm oder in der Nähe irgendein Café gesucht und dort, wenn das nötige Kleingeld zusammenkam, gemeinsam gefrühstückt. Was heißt gefrühstückt? Muckefuck, trockenes Brot, allenfalls Rübenkraut. Da saßen wir dann meist noch eine oder anderthalb Stunden in kleinem Kreis beieinander und haben uns die Köpfe heiß geredet.

Celi war eigentlich immer der Mittelpunkt: sehr provozierend, sehr ironisch, ein ganz scharfer und uns allen turmhoch überlegener Intellekt, der einen geradezu teuflischen Spaß daran fand, unsere Gedanken und gelegentlich auch unsere mystischen Neigungen zu konterkarieren. Am Anfang war er fraglos der Geist, der stets verneint, und uns allen eine ganze Studentengeneration voraus an Reife, Stil und Bildung. Der war fertig, profiliert und eigentlich sogar allen unseren Lehrern überlegen. Ich habe da großartige Erinnerungen, wie er haarscharfe Fragen stellte und allein dadurch die Professoren zum Stottern brachte. Wir mochten ihn alle persönlich sehr. Er hatte damals auch eine sehr, sehr hübsche Freundin, eine Tänzerin, mit der er sehr fürsorglich umging. Er war alles andere als ein Macho.

In seiner Haltung, gegen viele unserer Meinungen zu polemisieren und solche spekulativen und halbwissenschaftlichen Dinge, wie wir sie damals leidenschaftlich vertraten, in Frage zu stellen, sehe ich ihn immer noch vor mir. Ich war oft wahnsinnig wütend auf ihn. Er zerrupfte meine Träume. Wenn ich beispielsweise sagte, ich wollte später einmal Lieder in meinen Konzerten genauso singen, wie die Duse Theater gespielt hat, dann giftete er los: Triff doch erst einmal die Töne!

Ich habe mich damals jeden Tag sechs, sieben Stunden am Klavier ausgetobt und konnte beispielsweise Bachs *Wohltemperiertes* ganz auswendig. Darauf war ich natürlich sehr stolz. Aber Celi nahm das eher wie eine Selbstverständlichkeit hin, das war sozusagen die Basis unserer Beziehungen. Nur deshalb hat er überhaupt mit mir über musikalische Dinge geredet. Allenfalls wäre es weit unter seiner Würde gewesen, sich auf solche Gespräche einzulassen.«

Zu den wenigen gedruckten (aber damit nicht automatisch zuverlässigen und glaubwürdigen) Zeugnissen über das Greenhorn Celibidache in Berlin gehört das Buch *Jugend in Berlin*, das Nicolaus Sombart, der Sohn des Soziologen Werner Sombart, 1984 vorgelegt hat und in dem, nicht gerade bescheiden, ein »authentisches Porträt der Jahre 1933–1943« angekündigt wird und ein Kapitel Auskunft über den Studenten Celibidache verspricht. Die Zuverlässigkeit dieser Erinnerungen darf passagenweise angezweifelt werden, als höchstpersönliche Niederschrift von Stimmungen und Eindrücken hat Sombarts Rückblick aber durchaus seinen Wert.

Vater Sombart bewohnte in Grunewald zusammen mit seiner rumänischen Ehefrau Corina eine herrschaftliche Villa. Celibidache war hier häufig zu Gast, tafelte an Sonntagen im engen Kreis der Landsleute und fuhr mit der Familie – Autor Nicolaus hatte noch eine Schwester Ninnetta – sogar in die Sommerfrische. »Der Vater Werner Sombart war ein sehr ästhetischer Mensch. Es mußte schön gesprochen werden. Mein gebrochenes Deutsch war nicht schön. Ich muß für die Sombart-Kinder so eine gewisse Autorität gehabt haben«, erinnerte sich der Dirigent später. Nicolaus Sombart gab den Gesprächen mit Celibidache »den Charakter der Unterweisung« und plauderte über die Lebensgewohnheiten des gelegentlichen Gastes. Daß sie oft schon vor Sonnenaufgang aufgestanden seien und auf langen, einsamen Promenaden meditiert hätten. Celibidaches »Frühstück bestand aus Müsli und Milch, wie Celi sich überhaupt vegetarische Kost erbeten hatte«. So war der angehende Kapellmeister nach heutigem Sprachgebrauch ein Körnerfresser.

Eine besondere Rolle neben der Clique, neben den Sombarts, Tiessen und anderen Lehrern spielte für den Jungberliner Celibidache Martin Steinke, der noch in den sechziger Jahren die Abhandlung *Tao Chun – das Lebensgesetz* veröffentlicht hat, die, so Celibidache in einer Reverenz zu der Schrift, »auf dem Wege der immer enger werdenden Beziehungen der spezifisch europäischen Denkweise zu dem von ihr so grundverschiedenen Geist

des Fernen Ostens einen bedeutenden Markstein dar-
stellt«. Celibidache über das, was Steinke ihm bedeutet
hat: »Als ich nach Deutschland kam, habe ich einen deutschen Guru (eben Steinke) gehabt, der dreißig Jahre in
China gelebt hat und der in der Zendisziplin sehr gut
orientiert war. Durch ihn habe ich erfahren, wo die Grenzen des Denkens liegen, was in der Musik gedacht werden
kann und was nicht. Ich kann nur sagen, ohne Zen hätte
ich nicht dieses sonderbare Prinzip erlebt, daß im Anfang
das Ende liegt. Musik ist nichts anderes als die Materia-
lisierung dieses Prinzips.«

War Steinke die Offenbarung für den philosophieren-
den, meditierenden Celibidache, so bildeten die Tobians
in der Eisenzahnstraße 26a den Mittelpunkt seines All-
tags. Um sie drehten sich die wichtigen Banalitäten seiner
normalen Existenz: essen, schlafen, waschen, hamstern.
Die Tobians, ein kinderloses Ehepaar, waren »einfache,
aber wunderbare Leute«, wie ihr Untermieter lebens-
lang mit viel Wärme in Augen und Stimme beteuert hat,
»Menschen mit einem riesigen Herzen«: »Sie nahmen
mich wie einen Engel unter ihre Fittiche.« Neun Jahre,
über das Kriegsende hinweg, hat er dort gewohnt, »mein
Zimmer war so klein, daß ich mich aufs Bett setzen mußte,
wenn jemand hereinkam.«

Der junge rumänische Student erhielt in Berlin damals
keinerlei Lebensmittelkarte, »aber die Tobians haben das
auch so irgendwie gemacht und gemeistert«. Die bescheidene Bleibe unter ihrem Dach schätzte er als an-
heimelnde Trutzburg, in die er sich zurückziehen konnte
und die auch als Liebesnest diskret ihre Dienste tat.

»Ich habe dort wie ein moderner Sklave gelebt, also die
Musik, ein bißchen Brot und Sombart. Sonst hatte ich
keine Möglichkeit... Trotzdem war die Berliner Zeit die
reichste Zeit meines Lebens, obwohl ich nicht eine einzige

Mark gehabt habe. Mir hat das Geld nicht gefehlt. Irgendwie bin ich durchgekommen ohne Schaden. Ich war sehr beschränkt in der Zeit. Um sieben Uhr war ich in der Hochschule und ging abends um sechs Uhr wieder weg, mit einer Mittagspause von zwanzig Minuten, und auch die nicht immer, das kostete Geld. Nicht immer haben wir eine Mahlzeit gehabt.«

Gleichwohl haben nicht alle Zeugen von damals einen Bettelstudenten in Erinnerung. In Sombarts Reminiszenzen macht durchaus der Dandy Celibidache mit exotischem Flair in der Berliner Szene auf sich aufmerksam: »Kurze Tweedjacke mit überbreiten, steil abfallenden Schultern, dazu eine Flanellhose, die über den Knöcheln ganz eng zusammenlief. Hohe, schmale Hemdkragen mit bindfadenschmalen Krawatten. Die Schuhe zeichneten sich durch dicke Kreppsohlen aus.«

»Er schritt schon unerhört eindrucksvoll daher«, beschreibt der Kommilitone Bialas den Studenten bei dessen Promenade auf dem Kurfürstendamm: »Manchmal trug er links einen knallroten und rechts einen knallgelben Fausthandschuh, und fast jeder drehte sich nach ihm um.«

»Ich hatte einen Splitter im Kopf«

In der ersten Kriegsjahren begann Celibidache mit eigenen musikalischen Aktivitäten. Am Klavier begleitete er gelegentlich den Tänzer und Landsmann Cornea, der sich damals zeitweise in Berlin aufhielt. Einmal gastierten sie gemeinsam in Breslau. Cornea, so Bialas, »war ein Künstler im Stile Harald Kreutzbergs«. Celibidache hat nach dem kurzen Intermezzo »nie wieder etwas von ihm gehört«.

96

Hin und wieder, nicht zuletzt durch seine Bude beim Straßenbahner Tobian, dirigierte er Chöre, zu denen Eisen- und Straßenbahner sich zusammenschlossen. Auch stand er von Fall zu Fall einem aus Hochschülern gebildeten, in der Besetzung naturgemäß wechselnden Ensemble vor. Aber »er war eigentlich nix damals«, sagt der aus Gießen stammende Pianist und spätere Berliner Klavierprofessor Helmut Roloff: »Celi war nix, sogar mit seinem komischen Namen kamen die meisten Menschen nicht klar.«

Dem Studenten Roloff war der befremdliche Name erstmals in der U-Bahn aufgefallen, »auf einem Plakat«: »Da wurde ein Konzert unter seiner Leitung mit einem Kammer- oder Kirchenchor, ich glaube in Spandau, angekündigt. Ich weiß noch, daß ich den Namen ganz langsam vor mich hin buchstabierte, wahrscheinlich falsch.«

Im November 1943 trafen sich Roloff und Celibidache zum erstenmal. In der Neckarstadt Heilbronn war ein deutsch-rumänisches Musikfest angesetzt worden, bei dem Celibidache dirigieren und, unter anderem, mit einem Pianisten das 1937 erschienene *Concertino* des rumänischen Pianisten und Komponisten Dinu Lipatti (1917–1950) – Celibidache: »ein großartiger Klavierspieler und ein wunderbar tiefgründiger Musiker« – aufführen sollte. Der engagierte Solist sagte wegen Krankheit ab, Roloff kam durch seinen Wiesbadener Agenten als Ersatzmann ins Spiel.

Dirigent und Solist verabredeten sich bei Berliner Bekannten von Roloff, die in der Bayreuther Straße wohnten und – »welch unglaublicher Luxus in dieser Zeit der Zerstörung und des Mangels« (Roloff) – gleich mehrere Flügel besaßen. Dort studierten sie Lipattis Partitur und führten das Stück dann in Heilbronn auch auf. Roloff: »Damals haben wir uns regelrecht angefreundet, und auch in den Wirren des Kriegsendes sind unsere Beziehungen nie ganz abgerissen. Wann immer wir uns, meist zufällig, trafen, haben wir lange miteinander geredet.«

»Er hatte Flair«, so Roloff rückblickend, »die Leute waren begeistert. Schon von weitem machte seine Erscheinung Eindruck, und in Berlin war er fraglos das, was man heute einen Typ nennt. Bereits damals hat er auf seine Haare immer den allergrößten Wert gelegt, und man weiß ja: Haare spielen bei den Dirigenten eine Hauptrolle.«

Die Bombenangriffe auf Berlin nahmen zu, ein Crescendo des Grauens, das Celibidache hautnah erlebt hat: in Luftschutzkellern, in Bunkern und zwischen rauchenden Ruinen. Er hat, sagt er, »überall angefaßt und geholfen, wo Not am Mann war«, und Not am Mann war überall: »Ich war der einzige rumänische Student, der in Berlin bleiben durfte und nicht auf Anordnung der rumänischen Botschaft in den Krieg gegen die Sowjetunion eingezogen wurde.« Nachdem die Rote Armee im Sommer 1944 bis Rumänien vorgedrungen war, erklärte das Land Hitler-Deutschland den Krieg. Celibidache lebte von diesem Augenblick an offiziell als Feind unter Feindeshand, gespürt aber hat er freundliche Gesten und helfendes Mitgefühl: »Ich liebe die Berliner. Ich habe sie wahrlich in der Not, in größter Not erlebt, und ich kann mir keinen besseren Menschenschlag vorstellen. Sie haben im Krieg das letzte Stück Brot mit mir geteilt. Das ist doch einmalig. Was war ich denn 1944? Ein dreckiger Rumäne. Und doch – wo es um Leben und Tod ging, da haben sie mich geschützt, ernährt und gewaschen.«

Kurz vor dem Zusammenbruch hatte Celibidache »die Möglichkeit, Berlin zu verlassen, aber dafür hätte ich meine Kompositionen in Berlin lassen müssen. Da waren ein paar Rumänen, die einen Wagen hatten, die wollten nach dem Westen.« Aber ohne seine Partituren wollte der Studiosus nirgendwohin. Er blieb – sein Glück.

Solange das Berliner Musikleben noch Lebenszeichen von sich gab (und das tat es erstaunlich lange), besuchte Celibidache Konzerte: Irgendwo waren immer ein paar Freikarten aufzutreiben, notfalls verschafften ihm Lehrer und Gönner Einlaß durch die Hintertür. Auf die Abende mit dem Berliner Philharmonischen Orchester war er besonders versessen. Dort hörte er erstmals Wilhelm Furtwängler, den philharmonischen Chef, seinen späteren, lebenslangen, zur Ikone verklärten Hausgott. Die Oper hingegen, »mit der Inkompatibilität der beiden Disziplinen Wort und Musik, war mir schon damals fremd. Sie interessierte mich nicht, absolut nicht.«

Furtwängler bildet, bis heute, »das Heiligtum meiner Erinnerungen«. Beide Dirigenten wurden im Nachkriegs-Berlin »eng aneinander gekettet«, schreibt Klaus Lang, der dem Verhältnis dieser beiden damals so Ungleichen 1988 eine umfang- und unverändert aufschlußreiche Dokumentation und eine ebenso knappe wie erhellende Generalformel gewidmet hat: »Sie waren Freunde, zerstritten sich und fanden den Weg nicht mehr zueinander.«

Es gibt in der Dirigentengeschichte des 20. Jahrhunderts wohl kaum eine spannendere, dramatischere und letztlich auch tragischere Konstellation als die Beziehung zwischen Celibidache und Furtwängler. Aus ihr wucherte der Stachel, der Celibidache für den Rest seines Lebens beschäftigen und quälen wird; aus ihr rührte aber auch ein musikalisches, nachschöpferisches Ideal, das den namenlosen Celibidache über Nacht zu einem Idol erhob.

Celibidache ging, wenn immer möglich, in Furtwänglers Proben. Robert Schumann, vierte Sinfonie. »Er schrie, kreischte, er führte sich wie ein Wahnsinniger auf.

Was machen Sie? Was soll das? brüllte er ins Orchester. Das ist doch alles falsch, Sie schaffen nicht den richtigen Ausdruck! Es war der reine Terror. Ich war schon naß. Furtwängler sagte überhaupt nichts Konkretes.« Als der Zuhörer Celibidache ihn darauf ansprach, war die Antwort: »Ich weiß, wie's klingen soll, aber ich weiß nicht, wie, also mit welchen Mitteln, man das macht.«

Furtwängler habe »mit einer ihm unbewußten Naivität und kindlichen Reinheit hingehört und aus dem Gehörten heraus musiziert.« Er sei »ein Schöpfer« gewesen, »er war Bach«. Furtwängler habe »ein Ohr« für die »Komplexität der Erscheinungen« gehabt, »und ein Ohr wäre noch nicht einmal das Entscheidende, es war ein geistiges Ohr, offen für alle Nebenerscheinungen. Und er ließ nicht los, bis das alles da war. Erschien es immer? Nein. Er war über viele seiner Konzerte unglücklich.« Und wieder und immer wieder erzählt Celibidache den kurzen Dialog, als er von seinem Vorbild wissen will: »Herr Doktor, wie schnell geht das?« und die sibyllinische Antwort erhält: »Es hängt davon ab, wie es klingt.« Furtwänglers knappe Replik wird später zu Celibidaches Credo.

Fast eine groteske, eine kitschige Pointe: Mitten in der großdeutschen Götterdämmerung, als auch die letzten braunen Gibichungenhallen einstürzen und die Welt nur von deutschen Morden spricht, erfährt der werdende Dirigent, der »dreckige Rumäne«, das, was der greise Dirigent bis heute als sein Ideal ausgibt: »deutsches Musizieren«.

Das Kriegsende erlebt Celibidache »in einer Ruine, da war ich versteckt. Die Russen waren auf Rumänen, die ihnen ja lange getrotzt hatten und ihre Feinde gewesen waren, besonders scharf. Da hatte man keine Chance.« Zweimal, behauptete Celibidache später in einem Interview, sei er auch verletzt worden, »einen Splitter hatte ich im Kopf«.

Am 30. April 1945 beging Adolf Hitler Selbstmord, am 4. Mai ergab sich das moribunde Berlin, vier Tage später erfolgte die bedingungslose Kapitulation. Schon am 13. Mai gab es, ein Mirakel der besonderen Art, ein erstes Konzert, bei dem Mitglieder der Philharmoniker mit anderen Instrumentalisten unter der Leitung von Hans von Benda im Schöneberger Rathaus aufspielten. Den Menschen stand der Sinn nicht nur nach Frieden, Schwarzbrot, Pellkartoffeln und Lullen, sondern auch nach sinfonischem Labsal.

Das stolze, traditionsreiche hauptstädtische Orchester, das Philharmonische, bestand praktisch nicht mehr, Furt-wänglers famose Mannschaft war ohne Mannen. An die dreißig Mitglieder waren umgekommen oder hatten sich das Leben genommen. Die große, traditionsreiche haupt-städtische Philharmonie, des Orchesters Mutterhaus in der Bernburger Straße, glich nach dem Bombardement vom 29. Januar 1944 einem Trümmerhaufen. In dem Buch *Schauplatz Berlin* hat Ruth Andreas-Friedrich die makabre Szenerie festgehalten: »Wo einst Bruno Walter musizierte, liegt zwischen Schutt und Gemäuer ein toter Schimmel. Aufgedunsen der Leib, mit schwarzen, ver-steinerten Augen. Grausiges Stilleben unter zerbroche-nen Arkaden.«

Die Instrumente und das Notenarchiv der Philharmo-niker waren in die Nähe der bayerischen Stadt Kulmbach ausgelagert worden, wo Ahnungslose sie bei einer großen Siegesfeier abfackelten. Furtwängler, der Chefdirigent, weilte in der Schweiz und hatte ein (schließlich zwei Jahre währendes) Entnazifizierungsverfahren zu erwarten. Der zerschlagene Klangkörper war also kopflos, mittellos, brotlos. Nur leblos war er nicht.

Die Philharmoniker nahmen, per Fahrrad oder auf langen Fußmärschen durch die Stadt, Kontakt zueinander auf, suchten nach Noten, Instrumenten, Sitzgelegenheiten für sich und die Zuhörer, nach Beleuchtungskörpern, Heizmaterial, Proberäumen. Sie begannen Verhandlungen mit den Besatzungsmächten. In dem wie durch ein Wunder fast unversehrt gebliebenen Titania-Palast, einem ehemaligen Großkino in der Steglitzer Straße, fand sich eine provisorische neue Philharmonie. Sogar ein Interimschef wurde ernannt: Leo Borchard.

Borchard, 1899 in Rußland geboren und von dem Pianisten Eduard Erdmann sowie dem Geiger Joseph Joachim geschult, war der Mann der Stunde – dieser Stunde 0,1 der Berliner philharmonischen Neuzeit. Immerhin ein gelernter, unter Bruno Walter und Otto Klemperer als Korrepetitor erfahrener Kapellmeister mit (seit Januar 1933) einschlägiger Praxis am Pult der Philharmoniker und, damals weitaus wichtiger noch, ein politisch absolut unbelasteter Zeitgenosse, der sich im Berliner Untergrund durchaus als Widerständler gegen das Nazi-Regime erwiesen hatte. Zudem war Borchard – wie das ganze Orchester – ein Virtuose der Improvisation und ein Zupacker, ein Macher. Er organisierte noch im Kapitulationsmonat Mai 1945 eine einigermaßen kontinuierliche Vorbereitungsarbeit, am 26. Mai leitete er das erste Konzert, das offiziell wieder unter dem Signum »Berliner Philharmonisches Orchester« stattfand.

Der Neuanfang war gemacht, Musik stand wieder auf der kulturellen Tagesordnung. Den ganzen Sommer hindurch hatten die Philharmoniker in verschiedenen Stadtbezirken ihre Auftritte, so in Zehlendorf oder im Park Argentinische Allee 30, dem Haus am Waldsee. Im Juni bezog das Orchester seine Geschäftsräume

in Dahlem, nun war also auch wieder eine ordnungs-
gemäße Verwaltung in Amt und höchst bescheidenen
Würden.

Unter dem 31. Juli 1945 registrierte die amerikanische
»Information Control Section« (ICS) in ihren wöchentlichen »Berliner Berichten« eine Programmsitzung der
Philharmoniker. Teilnehmer waren Offiziere der britischen und amerikanischen ICS, des Welfare und des
Special Service sowie Borchard und der Geschäftsführer
des Orchesters.

»Ein Achtwochenprogramm wurde verabschiedet...
Eines der beiden wöchentlichen Konzerte ist für die
Truppen, das andere für die Zivilbevölkerung bestimmt.
Das Orchester hatte bereits ernste Transportschwierig-
keiten zu überwinden. Kesselpauken, Kontrabässe und
ähnliche Instrumente mußten mit solch verschiedenen
und primitiven Hilfsmitteln transportiert werden wie
Kinderwagen, Schubkarren, alten Mauleseln und Roll-
schuhen... Hans von Benda, der Leiter des Berliner Kam-
merorchesters, darf bis zur Klärung der gegen ihn vor-
gebrachten politischen Anschuldigungen nicht dirigieren.
Das Orchester wird am 11. August in Zehlendorf unter
einem Gastdirigenten spielen« – einem »talentierten und
politisch unbescholtenen Rumänen namens Celibidache«.
Auf einmal tauchte er also in einem hochpolitischen Protokoll auf, der noch Namenlose mit dem exotischen Namen. Aber noch ahnte niemand wie – als Phönix aus dem
Nichts.

Es war eigentlich ein stiller, ein ganz unauffälliger,
ganz zufälliger Eintritt in die Dirigentengeschichte des
20. Jahrhunderts. Verkrochen hatte sich der junge Rumäne unter dem Dach der Eisenzahnstraße, verkrochen
vor den Wirren der Endzeit-Katastrophe und einer frag-
würdigen, ungewissen Zukunft. Nun, auf einmal, stand

der Name Celibidache auf offiziellem Papier, auf Papier der Alliierten, auf Wertpapier also. Und doch konnte auch er nicht ahnen, was niemand ahnen konnte: Daß er innerhalb weniger Tage des August 1945 vom Nobody zu Furtwänglers Statthalter und vom Studiosus zum Maestro aufsteigen würde.

Die sowjetische Besatzungsmacht veranstaltete zur künftigen Leitung des Berliner Rundfunk-Sinfonieorchesters einen Dirigentenwettbewerb. Celibidache zögerte noch, ob er daran teilnehmen sollte: »Geh hin!« riet ihm Tiessen, und bis heute heult Celibidache diesen Imperativ in hochdramatischem Gekreische nach: »Geeeh hiiiin!« Günter Bialas erinnert sich, daß Celibidache später gern eine aparte – für ihn durchaus charakteristische – Variante der damaligen Situation aufgetischt habe: Daß er nämlich von seiner, Celibidaches, unerwarteten Berufung geträumt und nur deshalb an dem Wettbewerb teilgenommen habe. Jedenfalls wurde der Träumer mit der ersten Brahms-Sinfonie und Strawinskys *Feuervogel*-Suite Sieger des Concours.

Der 23. August 1945 wird für Celibidache zu einem entscheidenden Datum, Leo Borchard tragisches Opfer eines Irrtums. Drei Tage zuvor hatte Borchard noch die Philharmoniker geleitet, sein zweiundzwanzigstes Konzert immerhin nach dem Neuanfang. Am Abend des Unglückstages war Borchard bei einem englischen Oberst zum Abendmahl geladen. Kurz vor dreiundzwanzig Uhr, also knapp vor der allgemeinen Ausgangssperre, wurde die Tafel aufgehoben, Borchard startete in den Ostteil der Stadt. An der Sektorengrenze mußte, nach noch ganz aktueller Anordnung der US-Army, gestoppt werden. Der Wagen des Obersts hielt sich nicht daran, ein amerikanischer Grenzsoldat schoß und traf Borchard in den Kopf. Der war sofort tot.

»Borchard«, resümiert der ehemalige Philharmoniker Hans-Peter Schmitz über vierzig Jahre nach dem Ereignis, »war alles andere als eine imponierende Dirigentenerscheinung. Sein Verdienst war, gleich nach der Kapitulation dagewesen zu sein und gehandelt zu haben. Letztlich ist sein Tod, so makaber das auch klingen mag, für das Orchester ein außerordentlicher Glücksfall gewesen.«

Am 28. August 1945 hielten die Philharmoniker ihre Trauerfeier für Borchard ab. Am Abend des nächsten Tages gaben sie ein seit langem programmiertes Konzert. Statt Borchard dirigierte Celibidache: Gioachino Rossinis Ouvertüre zu *Der Barbier von Sevilla*, das Fagottkonzert von Carl Maria von Weber, von Antonín Dvořák die *Sinfonie aus der Neuen Welt* – ein Titel von symbolischer Bedeutung. Denn mit diesem Konzert startete Sergiu Celibidache in eine neue, in die große philharmonische Welt. Es war eine wundersame Ouvertüre, gleichsam aus dem Stand, zu einer wundersamen Laufbahn, die mit einem Paukenschlag in Deutschland einsetzte und nach einem halben Jahrhundert wieder in Deutschland enden wird.

»Zehn Mann wußten die Wahrheit«

»Zum erstenmal war ich richtig aufgeregt«, gesteht der greise Celibidache im Rückblick auf das für ihn historische Datum, um dann aber sofort knapp zu bilanzieren: »Es ist alles wunderbar gegangen. Ich war zufrieden, und das Orchester wohl auch.«

Die dramatische Zeitspanne zwischen Borchards Tod und Celibidaches Debüt wurde im siebenundzwanzigsten Wochenreport der ICS vergleichsweise undramatisch

protokolliert: »Die vergangene Woche war für die Berliner Philharmoniker wichtig. Robert Heger, der die von Leo Borchard hinterlassene Lücke schließen sollte, wurde fristlos entlassen. Er war Parteimitglied, und er hatte – eventuelle mildernde Umstände einmal außer acht gelassen – während des Nazi-Regimes zweifellos Hochkonjunktur. Da alle unsere Versuche, irgendeinen der großen deutschen Dirigenten aus Deutschland oder aus dem Ausland zu bekommen, fehlschlugen, wurde beschlossen, die Sache von einem neuen Angelpunkt aus anzugehen. Das Orchester wurde sofort um entsprechende Stellungnahmen gebeten. Gesucht wurde ein junger Mann mit Talent, Energie und dem nötigen Schwung für den Wiederaufbau dieses heruntergewirtschafteten Orchesters. Diesen Namen fand man direkt in Berlin.«
Man fand Sergiu Celibidache.

»Ihm ist die musikalische Leitung für einen Zeitraum von drei Monaten angeboten worden, wobei er voll verantwortlich ist, mit dem Recht, Einstellungen und Entlassungen vorzunehmen. Nicht nur das Orchester hat diesen Wechsel auf das äußerste unterstützt, sondern auch die britische ICS und die Kammer der Kunstschaffenden haben ihre Zustimmung bekundet.«

Celibidache hatte bei der Berliner Dirigentenkür durchaus Mitbewerber. »Es waren schon etwa zehn oder elf Kandidaten da, und die konnten sie alle wegschmeißen«, erinnert sich der Komponist Werner Eisbrenner an die Prozedur. »Plötzlich kommt einer rein, stellt sein Fahrrad in die Ecke und stellt sich vor. Er sagt, also entschuldigen Sie bitte vielmals (er hatte sich verspätet) ..., ging nach oben zum Orchester und sprach erst mit dem Konzertmeister und dann mit den ganzen ersten Geigen, zweiten Geigen, Bratschen, Celli, die um ihn herumsaßen, leise. Man verstand nichts davon, nur, er gab Anweisungen... Dann schlug der runter... und dann kam etwas, da war etwas da, und jeder sagte, ja, ja, natürlich, das ist er.«

Unerschrocken war Celibidache ins kalte Wasser gesprungen, unermüdlich forderte er jetzt sich und das Orchester heraus. »Der neue Dirigent«, vermerkte der ICS-Report unter dem 12. Oktober 1945, »wird gerade eingehend geprüft. Er wird seine Lizenz wahrscheinlich in etwa einer Woche erhalten.« Zwei Wochen später: »Sergiu Celibidache ist bei der Überprüfung nicht beanstandet worden.«

Am Sonntag, den 14. Oktober 1945, dirigierte der Neue im Titania-Palast das erste philharmonische Konzert in offizieller Cheffunktion. »Offensichtlich begleiten ihn alle guten Wünsche des Orchesters, der Militärbehörden, der Kammer usw.«, so der ICS-Report Nr. 28. In Nr. 30 ziehen die Besatzerprotokollanten ein erstes Resümee: »Die allgemeine Reaktion auf das erste öffentliche Konzert unter seiner Leitung ist folgendes: A) die Presse: Die Aufnahme war geteilt. Einige Zeitungen waren freundlich, andere übten scharfe Kritik. Ein Grund dafür war möglicherweise das schwache Programm. B) die Öffentlichkeit: Im allgemeinen konnte dieses deutsche Publikum lediglich als wohlwollend bezeichnet werden. Auf der anderen Seite waren die GIs hellauf begeistert. C) die Musiker: Die meisten der bekannteren Musiker – die konkurrierenden Dirigenten ausgenommen – schätzten Celibidaches Arbeitsweise; seine Sorgfalt bei der Erarbeitung von Details, sein Temperament, seine genaue Kenntnis der Partituren und seine Orchesterführung hinterließen einen tiefen Eindruck. – Allgemein kann man sagen, daß alles sehr gut gelaufen ist, wenn auch sein erstes Konzert keine weltweite Sensation auslöste. Es zeigte viele gute Ansätze.«

Diese Beurteilung sollte, auch wenn sie nur das Gewicht einer Fußnote von kulturbeflissenen Militärs hat, immerhin als Korrektiv zu gern kolportierten Hymnen gesehen werden: Celibidache ist in Berlin durchaus nicht von der philharmonischen Startrampe aus direkt in jenen Himmel aufgefahren, der voller Geigen hängt. Er mußte sich Applaus und Anerkennung durchaus erarbeiten. Insoweit hat es ein Wunder Celibidache aus dem Stand nicht gegeben.

Die großen Ereignisse mit entsprechender Resonanz ließen indes nicht lange auf sich warten. »Als Lizenzträger Nummer 1«, wie noch der alte Celibidache stolz anmerkt, wurde die Berufung des Dirigenten am 1. Dezember 1945 auch militärverwaltungsmäßig abgesegnet: »Damit war ich verantwortlich für die gesamten politischen Aktivitäten im Orchester.« Die Lizenz, eine Formsache von höchster Wichtigkeit, wurde ihm am 2. Dezember von US-General Ramson während einer Probe ausgehändigt, der damalige Berliner Oberbürgermeister Arthur Werner stand dabei, hatte nichts zu sagen und sagte auch nichts.

»Die Philharmoniker fingen an, sich auf mich einzustellen. Es war eine harte Schule. Eigentlich mußten wir immer bis zu viermal dasselbe Programm machen, für die Engländer, Amerikaner, Franzosen und Deutschen.«

Am 6. Januar 1946 dirigiert Celibidache mit den Philharmonikern erstmals eines seiner lebenslangen Lieblingswerke, die *Pathétique* von Tschaikowski. Der Erfolg ist – wahrscheinlich wirklich erstmals – grandios, das Publikum aus dem Häuschen, der Triumph vollkommen. »Die Leute«, das Bild sieht Philharmoniker-Flötist Schmitz bis heute vor sich, »waren wie im Taumel und durch und durch betroffen, hingerissen, erschlagen von der Wucht dieser Musik. Alles atemstockend.«

Von der Begeisterung über die *Pathétique*-Begeisterung beflügelt, wählten die Philharmoniker im Februar 1946 Celibidache zum Ständigen Dirigenten bis zur Rückkehr Wilhelm Furtwänglers. Am 6. Mai verlassen sie – Nachkriegspremiere! – gemeinsam das geteilte Berlin und gastieren in Leipzig, wenig später unternehmen sie eine regelrechte Kurztournee durch Nord- und Nordwestdeutschland, wenn auch nur mit wenig mehr als vierzig Mitgliedern, weil die Sowjets für die volle Besetzung kein Durchreisevisum erteilten. Man reiste entweder in britischen Armeebussen oder im Sonderzug der Amerikaner.

In der ersten Saison nach Kriegsschluß stampft Celibidache einhundertacht Konzerte aus dem Podium – »eine Leistung«, resümiert Schmitz, »die man eigentlich gar nicht fassen kann. Für ihn war doch jedes Stück zumindest in der konzertanten Praxis eine Uraufführung, etwas völlig Neues. Einhundertacht Konzerte! Und alles auswendig!«

Am 10. März 1946 schwebte Furtwängler auf dem Flugfeld Adlershorst zum erstenmal seit seinem Gang ins schweizerische Exil in Berlin ein. »Berlin ruft Wilhelm Furtwängler«, hatte ein paar Wochen zuvor die *Berliner Zeitung* getitelt, der Ruf wurde nun erhört. Am Abend des Ankunftstages dirigierte Celibidache die Philharmoniker. Es gibt keinen Zeugen, der sich für einen Furtwängler-Besuch dieses Konzerts verbürgen könnte. Fest steht dagegen, daß die beiden, der neue und der immer noch sehnsüchtig erwartete alte Chef, sich bei dieser Gelegenheit kennengelernt und wohl auch ausgesprochen haben. Danach, genau am 4. April 1946, setzt dann jene hochinteressante Korrespondenz ein, deren Furtwängler-Anteil – zweiundzwanzig Briefe an Celibidache, der letzte vom 21. Oktober 1952 – Klaus Lang in seiner verdienstvollen Sammlung veröffentlicht, interpretiert und kommentiert hat.

Celibidache seinerseits hat eine Edition oder auch nur eine Einsicht seiner Briefe an Furtwängler ein für allemal abgelehnt. »Die Veröffentlichung dieser Briefe«, sagt ihr Schreiber heute, »hätte sehr viele Schwächen Furtwänglers decouvriert, und das will ich nicht. Sie sind schonungslos gegenüber Furtwängler. Es wäre niemandem damit gedient, am wenigsten diesem großen, schwierigen Mann. Es ergibt sich aus diesen Briefen, daß er oft furchtbar gelogen hat.« Die interessierte Musikwelt muß Celibidaches Entscheid – mit Bedauern – respektieren.

In der Eisenzahnstraße wohnte der Herr Chefdirigent, bei aller Anhänglichkeit, nun doch nicht länger standesgemäß. Er bezog eine Villa im Grunewald, gab aber gleichzeitig seine Unterkunft bei den Tobians nicht auf: »Ich konnte und wollte mich von diesen herzlichen Menschen nicht trennen.«

Jetzt verdiente Celibidache erstmals Geld, viel Geld – und das in Dollars, einer damals geradezu unbezahlbaren Währung. Die Grunewald-Villa blieb gleichwohl spärlich eingerichtet, es gab keinerlei Möbel; die Gäste, unter ihnen viele amerikanische Militärs, saßen auf Treppen und Teppichen; es wurde viel getanzt. Man walzerte sich warm, weil der Brennstoff oft aus war und die Heizung kalt blieb. Der Hausherr selbst spielte dann am Flügel Barpianist. »In eiskalter Bude«, mokierte sich seinerzeit das *Montagsecho*, und »mit unzureichend gefülltem Magen arbeitet er vom frühen Morgen bis in die späte Nacht.«

Dennoch galt Celibidaches Haus bald als eine der führenden Tanzdielen Berlins und als Wallfahrtsort schöner Damen. Von den »rassigen Zügen des jungen Meisters, vor dem (er möge verzeihen!) Frauen zu erblassen pflegen«, schwärmte eine Journalistin im damaligen *Telegraf* über den Star »mit diesem den Kontrast blendendweißer Zähne und brauner Gesichtsfarbe unterstreichenden Lächeln«, und sie vergaß auch nicht den diskreten Hinweis: »Celibidache ist unbeweibt. Er ist ebenso gern allein wie in Gesellschaft.« Zweifellos war die Gesellschaft des Unbeweibten auch beliebter Gesprächs- und Klatschstoff.

Die Hilfsbereitschaft des für damalige Verhältnisse zweifellos wohlhabenden Dirigenten wurde unter den Philharmonikern rasch bekannt und dankbar anerkannt. Celibidache beschaffte Medikamente, die allenfalls über die Besatzungsmächte zu kriegen waren; er organisierte Lebensmittel, stellte seinen Kartoffelvorrat auch anderen zur Verfügung und teilte seine Briketts. Er schickte Geld und unerschwingliche Luxusgüter amerikanischer Herkunft ins Elternhaus nach Rumänien, er schenkte den Tobians zwei Fahrkarten für eine Urlaubsreise nach Venedig. In dieser Zeit, sagt Celibidache heute, habe er auch »eine kleine Sammlung mit Bildern von Paul Klee für ein paar hundert Dollar kaufen können, eine einmalige Gelegenheit«. Genutzt hat er sie nicht: »Ich wollte die schäbige Situation der Menschen, die wirklich arm waren, nicht für mich ausschlachten.«

Am 4. Dezember 1946 erscheint in der *Welt* eines der wenigen Dokumente, in denen Celibidache als Autor öffentlich die Situation des Orchesters und seines Leiters umriß. Auszug: »Was es bedeutet, ein Orchester wie die Philharmoniker förmlich aus dem Nichts heraus wiedererstehen zu lassen, kann man nicht in wenigen Sätzen abtun... Ein Teil der Solisten konnte bis heute noch nicht zurück verpflichtet werden. Noch vor Monaten konnten wir keine Noten für Beethovens Dritte beschaffen – es dauerte bis September... Heute fehlt es vor allem an den erforderlichen Subventionen, es fehlt an Geld. Die Gehälter sind zu gering, die Ernährung macht Schwierigkeiten, und die Frage der Heizung ist ein Problem. – Man wirft uns vor, wir spielten zuviel Klassiker, aber wir müssen Klassiker bringen. Nicht alle unsere Freunde fühlen sich durch Werke moderner Komponisten gleich stark angezogen. Wir brauchen volle Häuser... Wir haben alle großen Solisten und Dirigenten der Welt eingeladen, nach Berlin zu kommen, mit uns zu arbeiten, und hoffen, daß unsere Rufe nach Amerika, England und in die Sowjetunion, nach Frankreich und Italien nicht ungehört bleiben.«

Am 21. Dezember 1946 dirigierte Celibidache die Philharmoniker bei der deutschen Erstaufführung der siebten Sinfonie von Dmitri Schostakowitsch, der sogenannten *Leningrader*, die heute zu den populärsten Werken des Petersburger Komponisten zählt. In einem Gespräch mit dem Musikschriftsteller Friedrich Herzfeld, damals im *Tagesspiegel* ausgewertet, hat der Dirigent Auskunft gegeben über das Stück, und Herzfeld steuerte ein paar lebendige Beobachtungen bei: »Die Besessenheit, mit der sich Celibidache dem neuen Werk über den heroischen Kampf des Sowjetvolks gegen die Hitlerpest hingibt, ist die beste Antwort auf alle unsere Fragen... Die glühende Überzeugung Celibidaches ist von der Einsicht getragen«, daß Schostakowitsch durch »das heroische Schicksal seiner Vaterstadt« angeregt worden sei. Celibidache halte die Sinfonie daher auch für eine der »monumentalsten Bekundungen unserer Zeit in Tönen« und schätze sie zugleich als »ein in die Zukunft führendes Werk der Musik«. Nach dem Konzert, das dem Philharmoniker-Chef auch im Ausland, Ost wie West, Respekt und große Resonanz eingebracht hat, hielt der sowjetische Stadtkommandant eine kurze Dankesrede; es gab viele Blumensträuße, der Zuhörer Wilhelm Furtwängler kam nach vorn an die Rampe und begrüßte seinen erfolgreichen Stellvertreter.

Für Celibidache – und der wird es bis heute nicht müde, wieder und wieder zu versichern – ist es »stets absolute Ehrenpflicht und menschliche Selbstverständlichkeit gewesen, die Philharmoniker nur bis zu dem Tag als Chef zu leiten, da Furtwängler endgültig und endgültig entnazifiziert auf seinen Stammplatz zurück durfte«. Aber das Verfahren, das den Vergötterten offiziell vom Vorwurf braunen Sympathisantentums freisprechen mußte, schleppte und schleppte sich hin.

Mit den wachsenden Erfolgen Celibidaches wurde in den Berliner Musikkreisen allerdings auch immer unverhohlener über den jungen Ehrgeizling getuschelt, »der Furtwängler kaputtmachen will und auf nichts anderes sinnt«, wie der alte Celibidache es im Rückblick formuliert: »Dieses Image hat mich belastet, weil es völlig falsch war. Zehn Mann im Orchester wußten die Wahrheit, sie wußten, daß es mir nur ums Gegenteil ging.« Auch Elisabeth Furtwängler »hat mich gehaßt in diesen Jahren. Sie hatte die fixe Idee, ich würde gegen ihren Mann intrigieren. Nichts lag mir ferner als das.«

Schon im Juni 1946 hatte Celibidache mit mehreren Orchestermitgliedern eine Petition an den »sehr geehrten Herrn Doktor« unterzeichnet, »nunmehr die künstlerische Leitung des Orchesters wieder zu übernehmen«; beigefügt war eine »Vorläufige Vereinbarung« über die Wiederaufnahme von Konzerten.

Doch sosehr Celibidache den Dirigenten, Musiker, Künstler Furtwängler auch verehrte – mit dem Menschen Furtwängler hatte er durchaus seine liebe Not. »Er war charakterlich sehr wankelmütig. Er konnte nicht vertragen, daß auch andere was konnten. Aber er hatte keinen Ich-Wahn.« Celibidache behauptet, der ältere Kollege habe ihn öffentlich als »Kameltreiber« bezeichnet – als exotischen Emporkömmling aus dem Balkan also, der es in Berlin mit der philharmonischen Herde über Nacht zu Ruhm gebracht hat.

Furtwänglers Entnazifizierungsprozeß lief im Dezember 1946 schlecht an, die Entscheidung wurde auf die lange Bank geschoben. Celibidache setzte sich mit Furtwängler zusammen, um so das Procedere eines Verhörs vor der Kammer durchzuspielen und durchzuproben: »Wir haben stunden- und tagelang regelrechte Rollenspiele einstudiert, ich habe die Fragen gestellt und am Anfang auch selbst die Antworten formuliert, weil er so furchtbar ungeschickt war und sich überhaupt nicht in seine Rolle versetzen konnte.« Er habe, berichtete Celibidache gegenüber Klaus Lang, »wie ein Wahnsinniger gekämpft, daß Furtwängler entnazifiziert wurde. Und das war mein Stolz, ihm zu sagen, Herr Doktor, hier dies ist Ihr Orchester. Nie habe ich die Absicht gehabt, mit ihm zu konkurrieren, nie im Leben.«

Celibidaches Loyalität – sie zu bezweifeln gibt es weder Grund noch Beleg – dürfte kaum verhindert haben, daß Furtwängler den wachsenden Ruhm und die unüberhörbare Zustimmung für den Jüngeren auch mit einem – durchaus menschlichen – Unbehagen beobachtet hat. Immerhin saß er in der Schweiz weit weg vom Brennpunkt Berlin und war oft auf Informationen aus zweiter, womöglich parteiischer Hand angewiesen. Und der Draufgänger Celibidache drehte ja auch mächtig auf: In der Saison 1946/47, als Furtwängler immer noch auf der Kippe zwischen Be- und Entlastung stand, dirigierte er sage und schreibe einhundertachtundzwanzig Konzerte – ein Pensum von fast unmenschlichem Kraftaufwand und mit warnenden Folgen: Ein ernster Kollaps zeigte Celibidache die Grenze auch seiner Belastbarkeit.

Ende April 1947 wird Furtwängler, den die Alliierten bis dahin auf ihrer schwarzen Liste geführt hatten, freigesprochen. »Furtwänglers Entlastung bestätigt«, meldete am 30. April der *Tagesspiegel.* »Ganz und gar«, beteuerte die Ehefrau Elisabeth Furtwängler später, habe sich Celibidache in dieser Angelegenheit für ihren Mann eingesetzt, er sei »der vornehmste und anständigste Partner« gewesen, »den man sich überhaupt vorstellen kann«. Die Ära des interimistischen Alleinherrschers Celibidache schien damit in Berlin ihrem Ende entgegenzugehen, »der Doktor« kam zurück: Am 21. Mai 1947 beendeten die Philharmoniker eine Zwanzig-Konzerte-Tournee durch Westdeutschland, zwei Tage später stand Furtwängler nach mehr als zwei Jahren erstmals wieder vor dem Orchester. Wiedersehensfreude, Umarmungen, auf dem Programm reiner Beethoven, natürlich Schwarzmarktpreise für die Billetts, dann, am Pfingstmontag, natürlich endloser Jubel und, als Dessert, Hymnen in den Feuilletons. Alles schien wieder wie früher – und wurde doch ganz anders.

Furtwängler weigerte sich, den früheren Rang eines Chefdirigenten zu bekleiden, nicht wegen Celibidache, sondern aus privaten Interessen. Er machte zwar Konzerttermine und -reisen aus, aber er mied alle sonstige Bindung: Er wollte weiter in der Schweiz leben und sich dort intensiv mit der Komposition seiner gewaltigen zweiten Sinfonie beschäftigen; außerdem hatte er Ambitionen in Wien (und bei den dortigen Philharmonikern), bei den Salzburger Festspielen und in den Londoner Studios von EMI. Überdies war ihm der politische Status von Berlin mit den vier Sektoren nicht gerade geheuer.

So machte er, fürs erste, mit Celibidache gemeinsame philharmonische Sache. Man sprach Termine, Programme, Solisten ab; wenn auch nicht immer in schönster Harmonie, so doch in grundsätzlichem und sachdienlichem Einverständnis. Mochte sich Celibidache auch nie auf den Berliner Thron gedrängt haben, so gab es für ihn, den genialischen Aufsteiger und frenetisch Umjubelten, auch keinen Grund, mir nichts dir nichts abzudanken. »Wilhelm«, sagte einmal die Witwe Furtwängler, »hat sich ja sehr gut mit ihm verstanden und war seinem Vertreter außerordentlich dankbar... Furtwängler spürte auch gleich..., daß das Orchester Celibidache sehr schätzte... [Er] wußte, dieser Mann wird mit diesem Orchester und all seinen Schwierigkeiten fertig.«

Das Berliner Publikum, wahrscheinlich auch der größere Teil des Orchesters, wähnte sich in dem frommen Trugschluß, nun habe man eben halt zwei hervorragende Dirigenten, und mit diesem Duo könne es auch lange gutgehen. Doppelt gemoppelt halte besser.

»Sie spielen wie ein Provinzorchester«

Irrtum. Mangelnde Absprache zwischen Celibidache und Furtwängler über die genauen Kompetenzen führte unweigerlich zu Reibereien und Unstimmigkeiten. Innerhalb des Orchesters bildeten sich Cliquen und Fraktionen, pro und kontra den einen wie den anderen. Zweifellos geriet Celibidache, der Maestro am Ort, immer gefährlicher in die Schußlinie. Da formierten sich Aufwiegler gegen die musikalischen Vorlieben des Rumänen, da taten sich Veteranen zusammen, die dem immer noch jungen Spund mangelnde Reife ankreideten und den saloppen Umgangston nicht durchgehen lassen wollten. Es knisterte unüberhörbar.

»Er hatte, das wissen wir doch, eine Vorliebe fürs Duftige, für die elegante Bravour und das flimmernde Kolorit bei Debussy, Ravel, bei Strawinskys *Feuervogel* oder auch in den Sinfonien Tschaikowskis«, erinnert sich der Philharmoniker-Flötist Schmitz. »Und da saßen einfach viele aus der Zeit vor dem Zweiten Weltkrieg, alte, verdiente, aber letztlich lernunwillige Kollegen, die immer und überall dem satten Orgelklang und dem vollen Registerstil nachtrauerten, den sie einst bei Brahms unter Furtwängler geschätzt hatten.«

Aber es ging nicht nur um Klang und Kolorit, es ging auch um scheinbar einfache, dabei höchst diffizile Probleme im philharmonischen Alltag. Erstklassiger Nachwuchs war rar, die Kluft des Krieges überall spürbar. Es fehlte an Geld, neue Kräfte anzustellen. Es fehlte vor allem an der Bereitschaft, für Jüngere, so man sie an der Hand hatte, Platz zu machen. Die Altgedienten saßen Celibidaches Appell, gefälligst in Pension zu gehen, stur durch. Andere, vor allem die anerkannten und selbstverliebten Virtuosen ihres Instruments, mokierten sich immer häufiger und offener über den Probendrill. Das Geraune der Unzufriedenen über den angeblich selbstherrlichen, eigenwilligen Potentaten aus Rumänien schwoll zum Rumoren – ein gefährliches Crescendo mit Folgen: Die Opposition meldete ständigen Stimmengewinn, Celibidache geriet ins Abseits.

Seine Aktivitäten ließen nach, zumindest in Berlin. Das Publikum stand weiter fest zu ihm, wenn auch die enthusiastische Zuneigung der Aufbruchsphase auf ein Normalmaß an Beifall und Popularität schrumpfte.

In den Zeitungen mehrten sich die Konzertkritiken, in denen der Jubel für den Newcomer deutlichem Unbehagen Platz machen mußte. »Zweifelhafte Interpretation«, überschrieb die *Berliner Zeitung* am 1. Mai 1947 ihre Rezension, untertitelte mit dem zwielichtigen Hinweis »Sergiu Celibidaches doppeltes Gesicht« und schrieb im folgenden: »Da Celibidaches künstlerische Persönlichkeit uns überzeugt hat, sind wir auch bereit, dieses Interesse in Geduld so lange wachzuhalten, bis die von uns schon mehrfach konstatierte Krise, in der sich Celibidache seit Monaten befindet, von ihm überwunden worden ist.« Anzeichen dieser Krise, in der Diagnose des Blattes: »abwegige Auffassungen«, »Tempi labiler als tragbar«, »Unsicherheit«: »Wo war die aufflutende Lichtfülle, die überwältigende Strahlkraft in Beethovens siebter Sinfonie: Hat er das Gefühl für Grenzen verloren?«

Am 19. September 1948 zerzauste der *Sonntag* sogar Celibidaches Tschaikowski (fünfte Sinfonie): »Das Auskosten des Gefühls wurde zum Verhängnis. In der Überbetonung wirkte das Sentimentale aufdringlich, in der Zerdehnung die Lyrik verweichlicht, in der Überspannung der Effekt theatralisch. Ein Taumel der Zügellosigkeit kennzeichnete schon die äußere Haltung, die aus tanzenden Knien heraus und mit Gebärden und Mienenspiel die Orgien der Gefühlsentladungen mitschauspielerte. Es wäre schade um die außerordentliche Begabung Celibidaches, wenn sie ihre Selbstbeherrschung nicht wieder gewönne.«

Während sich in Berlin die Begeisterung für Celibidache normalisierte, wuchs sein Renommee im Ausland: Der erfolgreiche Furtwängler-Stellvertreter kursierte als Geheimtip an der Börse des langsam wieder erstarkenden internationalen Musikbetriebs. Am 8. April 1948 stand Celibidache erstmals vor dem London Philharmonic Orchestra, im November desselben Jahres teilte er sich mit Furtwängler und den Berlinern in eine Englandtournee. Das britische Publikum war Celibidache zwar zugetan, doch das Presseecho nur mäßig. Der *Daily Telegraph* beispielsweise nörgelte: »Das Orchester wurde von Sergiu Celibidache dirigiert, dessen Vorliebe für übertriebene Klangeffekte und eigenwillige Tempi zwar in Ravels *Rap-*

sodie espagnole malerisch wirkten, dagegen in Mozarts *Prager Sinfonie* bedauerlich waren und ihr jede Vitalität nahmen.«

1949 gastiert der Rumäne in Wien, Frankreich, Italien, 1950/51 läßt er sich in Südamerika feiern, im Jahr darauf gelingt ihm dort ein grandioses Dakapo. Immerhin ist es der Deutschen Presse-Agentur (dpa) unter dem 31. Mai 1951 und der Registratur 164 ku schon eine Neunzeilenmeldung wert, daß der Dirigent »in Mexico-City schwer erkrankt« sei und sich »einer schwierigen Halsoperation unterziehen« müsse: »Nach zufriedenstellendem Verlauf des Eingriffs sei die akute Lebensgefahr überwunden.«

Der Globetrotter fing an, Weltstar zu werden – als ob er spürte, daß genau das, eine frühe Form des Kulturtourismus in der Super Constellation, bald nicht mehr eine gloriose Kür *neben* Berlin, sondern schicksalhaft seine Pflicht *außerhalb* Berlins sein würde.

Noch strahlte sein Berliner Image, allen Schönheitsflecken zum Trotz. Unter der Nummer 56/1947 widmete »Interpress« Celibidache im August 1947 bereits eine für den Abdruck oder die Auswertung in anderen Medien gedachte Biographie: Sechsundsiebzig Schreibmaschinenzeilen immerhin, schon damals voll wolkigem Staunen über »heißblütiges Musiziertemperament« und die »Magie, die von seinem Taktstock ausgeht«. Schlußsatz: »Wir können also Ungewöhnliches, Überdurchschnittliches von ihm erwarten.«

Celibidaches Erfolgsstory wurde zunehmend über Berlin hinaus registriert und veröffentlichungsreif. Im August 1951 räumte die Rundfunkzeitschrift *Hör zu!* dem »hochgewachsenen Rumänen« mit dem »blassen, dunkelhäutigen [!] Gesicht«, den »brennenden Augen« und dem »lodernden Temperament« ein Porträt ein – sicheres

Indiz für wachsende Popularität auch bei der Radiokundschaft. Im Februar 1953 besingt ihn sogar – Debüt unter dem Regenbogen – die Damenpostille *Frau im Spiegel* nach allen Regeln der Kitschkunst:»Junger Dämon« mit »verzehrendem Feuer«, »ein Lächeln, vor dem die Frauen (berechtigterweise) in die Knie sinken«. Wenn er im Rundfunk Tschaikowski dirigiere, so das Finale des Vierspalters,»scheint das Gehäuse unter der übermächtigen Spannung zu zerspringen. Und die davor sitzen, beten ihn an!«

Im Januar 1949 hatte Celibidache am Internationalen Musikinstitut Zehlendorf einen Dirigierkurs übernommen, sein Hang zur Pädagogik schlug also wieder durch, der Zulauf war beachtlich. Der Elan, mit den Philharmonikern zu arbeiten, schien dagegen zu ermatten, wobei die nunmehr deutlich wachsende Zahl von Gastdirigenten der ersten Klasse Celibidache auch vom Druck ständiger eigener Auftritte entlastete. Er machte sich ein wenig rarer, und das nahmen ihm Berlins Musikwächter nun auch wieder krumm. »Das künstlerische Leben des Orchesters stagniert«, schalt der *Tagesspiegel*. Noch schlimmere Schelte erschien unter der Schlagzeile »Celibidaches Rückschritte«: »Seine schnellen Erfolge scheinen ihn derart verwöhnt zu haben, daß er sich nicht mehr die Zeit zu intensiver Probenarbeit nimmt.«

Für den Probenfanatiker und leidenschaftlichen Orchestererzieher Celibidache mußte das eine bittere, vielleicht die bitterste Pille sein. Von nun an konnte er jedenfalls in der veröffentlichten Meinung Berlins nicht mehr mit dem bis dahin fast gängigen Unisono der Hochachtung rechnen, sein glänzendes Image erfuhr Blessuren und wurde stumpfer. In der Saison 1949/50 dirigierte er die Philharmoniker nur noch dreißigmal, 1950/51 neunmal, 1951/52 sechsmal. Ein Abschied auf Raten.

Am Berliner Horizont war inzwischen ein dritter Dirigent aufgetaucht, einer, der in der Provinz die Klinken geputzt und sich durch artige Opernhäuser (und eilige NSDAP-Mitgliedschaft) hochgedient und hochgedienert hatte – Herbert von Karajan. Er war weder Celibidache noch Furtwängler recht geheuer, vielleicht weil beide erkennen mußten, daß dieser durchstartende Publikumsliebling in einem Berliner Kapellmeister-Trio als musikalische Potenz, kombiniert mit Ehrgeiz, Ellenbogen, Schläue und Charisma, nicht zu unterschätzen war.

Furtwängler am 18. Februar 1950 brieflich an Celibidache: »Ka. selbst scheint sich übrigens technisch noch verbessert zu haben, geistig ist er derselbe geblieben. Sie soll er, wie man mir sagte, darauf hingewiesen haben, daß ich in Berlin gegen Sie intrigieren würde. Ich hoffe, daß Sie diesen Unsinn nicht glauben, und kann Sie nur bitten, wenn Ihnen irgend etwas an meinem Verhalten nicht eindeutig klar ist, mich offen zu fragen.«

Mittlerweile ging die Berliner Presse mit beiden Philharmoniker-Chefs nicht gerade sanft um, Celibidache wurde, bei allen begeisterten Rezensionen, sogar regelrecht angepöbelt. Am 29. März 1951 giftete die *National-Zeitung*: »Wenn... dieser hochbegabte Musiker noch Wert darauf legt, als Dirigent ernst genommen zu werden, dann sollte er seine albernen Grimassenschneidereien, seine akrobatischen Verrenkungen und sein zischendes Fauchen aufgeben. Zu seinem Glück sind die Berliner Philharmoniker ein so hervorragend diszipliniertes Orchester, daß sie trotz dieser zügellosen Clownerien berückend schön spielen.«

Von derlei Clownerien und Journalistengeifer schien Furtwängler in seinem Verhältnis und Verhalten gegenüber Celibidache wenig beeinflußt. Er wollte, nachdem Karajan ihm in Wien mehr oder weniger offen den Kampf angesagt und übel mitgespielt hatte, eine Thronbesteigung dieses Konkurrenten in Berlin verhindern. Blockieren wollte (konnte?) er ihn nicht: Karajan dürfe gastieren, signalisierte er dem Orchester.

Doch den – von Furtwängler vertrösteten, von Celibidache genervten – Philharmonikern riß allmählich der Geduldsfaden. Sie drohten – fein verschlüsselt in der Form, hart in der Konsequenz – mit einer engeren Bindung an den dritten Mann. In dieser Situation konnte Furtwängler nur daran gelegen sein, Celibidache und die Philharmoniker wieder ungetrübt aufeinander einzuschwören. Dieser Zweck heiligte einen Trick: Furtwängler kündigte an, er werde künftig wieder vollverantwortlicher Chef des Orchesters, Celibidache sollte gleichzeitig eine Art erster Haus- und Hauptdirigent sein, mit fester Stagione von sechs bis acht Wochen. Der Schachzug schien alle Betroffenen zu befrieden.

Doch es kam in Berlin weder zu einer längeren, festen Gastspielzeit Celibidaches noch zu einer echten, tragfähigen und langlebigen Aussöhnung mit dem Orchester. Der Nothelfer aus dem Katastrophenjahr 1945 ließ sich immer seltener blicken, die Zeitungen fingen bereits an, ihm nostalgisch nachzuweinen – und das nicht mit Krokodilstränen: »Weg zum Gipfel«, jubelte der *Telegraf*, einen »stürmischen, unbestrittenen und ausdauernden Erfolg« vermeldete sogar der sonst krittelige Hans Heinz Stuckenschmidt, den Celibidache seinerseits als »Dummkopf Nummer 1« tituliert, »der von nichts, aber auch gar nichts eine Ahnung gehabt« hätte.

Nun half wirklich nichts mehr – kein kollegialer Schulterschluß, kein Süßholz vor dem Orchester, kein Lobgesang in den Gazetten. In einem kakophonischen Knäuel von Gerüchten und Intrigen lebten sich Philharmoniker und Celibidache sowie Celibidache und Furtwängler immer verbitterter auseinander. Die Scheidung war abzusehen: getrennt von Tisch und Podium.

Die Frage der Schuld an dem Zerwürfnis, schon häufig gestellt und immer wieder anders beantwortet, läßt sich bis heute nicht eindeutig klären. Zeitzeuge Schmitz glaubt, »daß die Spannungen eher von Furtwängler ausgegangen« seien, »Erfolgsneid«. Auch Elisabeth Furtwängler räumt (1985 Klaus Lang gegenüber) ein, »daß sich wahrscheinlich Furtwängler schuldig gemacht hat. Auch da wurde viel gestänkert, und er ist auch reingefallen und hat eine Sekunde oder ganz kurz geglaubt, daß der Celi zu ihm nicht korrekt war, wie er es wirklich war bis zum Schluß.«

Vorspiel zur Götterdämmerung. In einem ausführlichen Brief vom 8. Dezember 1951, gerichtet an den philharmonischen Vertrauensmann Fritz Peppermüller, brach Furtwängler mit Celibidache, auch wenn er ihn als Dirigenten weiterhin zu schätzen vorgab. Nach diesem Schreiben voll Wut über angebliche Celibidache-Äußerungen zum miserablen Zustand des Orchesters und der deutschen Musikverhältnisse generell sowie gespickt mit Spott über die Südamerikaerfolge des jüngeren Kollegen war das Tischtuch zerschnitten. Was nun folgte, war nur noch Geplänkel, wenn auch vielleicht in guter Absicht.

Spätestens bei der letzten Tourneeplanung der Philharmoniker mußte sich Celibidache böse übergangen und bitter ausgespielt fühlen. So durfte Hans Knappertsbusch das Orchester in der Schweiz dirigieren, für ihn, den jahrelangen Vordermann und Vorarbeiter, blieb Bad Pyrmont. Ein Affront. Innerhalb der Musiker schrumpften die Fürsprecher und Sympathisanten Celibidaches zu einer machtlosen Clique, und das Fähnlein dieser wenigen Aufrechten hing schlaff. Schließlich sagte sich auch Furtwängler, der Übervater, menschlich von Celibidache los.

Am 2. April 1952 schrieb Furtwängler an den kommissarischen Philharmoniker-Intendanten Ernst Fischer: »Ich möchte empfehlen, Celibidache und Karajan durchwegs so viele Konzerte einzuräumen, als sie haben wollen und soweit die Zeit dazu da ist.« Doch was gönnerhaft klang, war in Wahrheit nicht ohne Bosheit: Celibidache, mit der Orchestermehrheit über Kreuz, trudelte längst im Abwind, Karajan, der kommende Medienstar, setzte gerade zum Steilflug an. Im März 1952 hatte Furtwängler bereits parteiisch zensiert: »Karajan, dessen Name größer ist als der von C.«. »Auch Wilhelm war vollkommen klar, daß Karajan sein Nachfolger würde«, beteuerte später Elisabeth Furtwängler zur leidigsten und leidvollsten aller Fragen, die Celibidaches grandiose und schmerzhaft endende Berliner Ballade aufgeworfen hat.

Ein neuerliches Schreiben an Peppermüller offenbarte allerdings auch Enttäuschung auf seiten Furtwänglers: »Celibidache schrieb mir einen Brief; er macht es uns allerdings schwer, ihn zu verstehen. Ich habe ihm geschrieben ohne jeden Hintergedanken, offen, als Freund. Er antwortet wie eine beleidigte Primadonna.«

Doch noch war nicht aller Tage Abend. Celibidache, der Verbitterte und scheinbar schon Abtrünnige, kehrte zurück: »Ovationen für Celibidache«, jubelte es plötzlich, im Oktober 1952, wieder auf den Kulturseiten. »Irgendwie hat er noch Heimatrecht unter ihnen«, schrieb das *Volksblatt* zum philharmonischen Comeback. »Ich will nicht das zweite, ich will das beste Orchester der Welt führen, soll er gesagt haben«, verbreitete die *Berliner Morgenpost*. Wenn er es gesagt haben sollte – war er ein Träumer, Traumtänzer, Idealist, Utopist?

Im Dezember 1952 treffen sich Celibidache und Furtwängler, der Beethovens Neunte dirigiert, in Turin zum letztenmal. Man plaudert, und also redet man aneinander vorbei und über die Probleme hinweg. Nach Furtwänglers Konzert läßt sich Celibidache nicht mehr blicken. Die beiden sehen sich nie wieder.

Celibidache ist in Berlin keinesweg Unperson; er gastiert noch, selten zwar, aber durchaus mit wieder erstarkter Autorität und Resonanz. Sogar Skeptiker Stukkenschmidt sieht ihn im Oktober 1953 »gereift und verinnerlicht. Seine Gestik ist heute von Affektion befreit und durchaus Klangsymbol geworden. Der Musiker in ihm hat den Virtuosen überwunden.« Celibidache wird mit dem Berliner Kunstpreis für Musik ausgezeichnet. Fast zur selben Zeit tritt Herbert von Karajan erstmals seit 1938 vor die Philharmoniker – kein sensationeller Erfolg, kein Mirakel aus den Händen des »Wunders Karajan«. Insoweit mag die Partie immer noch offen scheinen.

1953 mehren sich die Anzeichen, daß es um Furtwänglers Gesundheit nicht zum besten steht. Dennoch ist der Chef aktiv wie kaum je zuvor. Seine Schwerhörigkeit nimmt zu, es kommt immer häufiger zu Problemen und Mißverständnissen bei der Arbeit. Am 20. September 1954 gibt der Angeschlagene im Titania-Palast sein letztes philharmonisches Konzert. Drei Tage später tritt am selben Ort und vor demselben Tutti Herbert von Karajan auf. Stabwechsel. Auch Machtwechsel? Der Rest klingt nach tragischer, dramatischer Seifenoper.

Im November 1954 probt Celibidache mit den Philharmonikern das *Deutsche Requiem* von Brahms. Es geht hoch her. Von den allseits kolportierten Nachrichten um Furtwänglers schlechten Zustand, von dem Getuschel um die Nachfolge und vom Verhalten der undurchsichtigen, unentschlossenen Rolle der Berliner Kulturbürokratie verunsichert, legt sich Celibidache mit dem Orchester an, heftiger und unbeherrschter als jemals zuvor in den neun

Jahren. Die Musiker beschweren sich über die »ungewöhnlich nervöse, gereizte, geradezu aggressive Art des Herrn Celibidache«, die Fetzen fliegen. »Seine geistigen Kräfte waren in diesen Tagen kein Regulativ mehr«, sagt, fast entschuldigend, Flötist Hans-Peter Schmitz nach fast einem halben Jahrhundert, und er hat dabei immer noch Celibidaches böses Machtwort im Ohr: »Meine Herren, Sie spielen ja wie ein Provinzorchester.« Woraufhin der gewiefte Karajan wenig später vom gleichen Podium herab Balsam verbreitet: »Meine Herren, Sie sind ein wunderbares Orchester.«

Die beiden *Requiem*-Abende mit dem noch jungen Dietrich Fischer-Dieskau und der erfahrenen Elisabeth Grümmer werden Triumphe. Schon zwei Tage später steht der gefeierte Celibidache wieder, zur Doppelsoiree, vor dem Orchester: Maurice Ravel, Béla Bartók und, als Rarität und Hommage, die *Visionen* des Lehrers Heinz Tiessen. Im Anschluß an das erste Konzert überreicht Kultursenator Joachim Tiburtius dem Dirigenten im Auftrag von Bundespräsident Theodor Heuss das Große Verdienstkreuz des Verdienstordens der Bundesrepublik Deutschland für seine »Verdienste um den Wiederaufbau des Berliner Philharmonischen Orchesters nach 1945«.

»Ich muß mich fügen«

Der Mohr hat seine Schuldigkeit getan. Vierundzwanzig Stunden nach der Verleihungszeremonie wiederholt Celibidache sein Programm: An diesem Abend des 29. November 1954 steht er – schon ahnungsvoll? noch hoffnungsvoll? – für die nächsten achtunddreißig Jahre zum letztenmal vor den Philharmonikern.

126

Am 30. November 1954 stirbt Wilhelm Furtwängler. Am 13. Dezember sprechen sich die Orchestermitglieder und der Philharmoniker-Intendant Gerhart von Westerman in einer Resolution mehrheitlich für Herbert von Karajan als neuen, später lebenslangen Chefdirigenten aus.

Abgang Celibidache, 42. Vierhundertvierzehn philharmonische Konzerte hat er dirigiert, mehr als Hans von Bülow, der Orchestergründer. Jetzt, wo er das Weite, das Weltweite sucht, fliegen noch Steine hinter ihm her. Westerman, der nie gut auf ihn zu sprechen gewesen war, läßt in einem Rapport bei Tiburtius kein gutes Haar an dem Schwierigen: Der sei kein Deutscher, in Klassik und Romantik nicht recht zu Hause, im Ausland sehr umstritten: »Ob ein Künstler, der von Nerven derart zerrissen ist, in der Lage wäre, als Orchestererzieher aufzutreten, ist mehr als fraglich.« Der englische Karajan-Biograph Roger Vaughan verbreitet 1986, Celibidache habe bei Furtwänglers Beisetzung »die Dreistigkeit besessen anzumerken, Furtwänglers Tod sei wahrscheinlich im rechten Moment eingetreten, da dieser praktisch taub gewesen sei«. Celibidache: »Infam und lächerlich zugleich.«

Als im Oktober 1963 Hans Scharouns neue Philharmonie eingeweiht wird, schickt das Orchester dem Mann des Wiederaufbaus und Neubeginns eine gedruckte Einladung nebst Zahlkarte für den Einlaß. 1982, zur Centenarfeier des Orchesters, wird er gar nicht mehr erst eingeladen. Die Kluft scheint unüberbrückbar. Auf beiden Seiten trägt man nach und trägt schwer an der einstigen Scheidung.

Und dann, im Frühjahr 1992, kommt er doch. Karajan, der Beihelfer der Berliner Celibidache-Blockade, ist tot, sein insoweit unbelasteter Nachfolger Claudio Abbado gibt sich offen: »Der Mann gehört hierhin und kein anderer!« Und – der Mann wird, ehrenhalber, zum Professor ernannt, der »Berliner Celibidache«, wie der Regierende Bürgermeister Eberhard Diepgen in seiner Laudatio sagt, »der unauflöslich mit der Geschichte unserer Stadt verbunden ist... Sie haben Mut gestiftet und Optimismus verbreitet, indem Sie Musik erklingen ließen. Die Berliner ahnten, daß es sich wieder zu leben lohnt... Das wird Berlin Ihnen nie vergessen. Wir ehren den musikalischen Weisen und Freund Berlins...« Diese Töne wie von der Friedensglocke haben dem Geehrten sicher gutgetan.

Berlin – ein Kapitel für sich, der Lebensabschnitt mit dem phänomenalen Start aus dem Nichts und dem bitteren Rollback der großen Hoffnungen. »Ja, ja«, sagt der Alte, auf die lange, leidige Geschichte angesprochen, nur: »Ja, ja«, und mit einer ganz feinen Spur spöttischer Skepsis im Gesicht, vielleicht mehr aufgesetzt als echt, läßt sich der greise Celibidache müde in einen strohgeflochtenen Sessel auf seinem französischen Landgut fallen. Mit einem merkwürdigen Gemisch aus detaillierter Erinnerung und pauschalem Vergessen, aus nachtragendem Groll und gnädigem Pardon hakt er ab, was Berlin in seinem Leben bedeutet hat: die Ankunft des »dreckigen Rumänen« mit einer Handvoll Habseligkeiten; Tiessen, der verehrte Lehrer; Steinke, der verehrte Guru; die herzlich verehrten Tobians; die Philharmoniker; der Senkrechtstart; die ersten Triumphe; Furtwängler, der verehrteste Dirigent unter den Dirigenten; Karajan; die Enttäuschung; Acht und Bann des Orchesters; Weizsäcker; das Comeback: »Berlin wird mich nie loslassen.« Dann langes, ganz langes Schweigen.

Sie haben ihn, im Frühjahr 1992, noch einmal gefeiert, den »Schwierigen und Unzeitgemäßen«, den »Verstiegenen, Bescheidenen, Verächter, Apologeten« *(Tagesspiegel)*:

128

»Ein Mann«, schreibt die Münchner *AZ* bildhaft, »hat halt seine wahre Geliebte... wiedergefunden – und ein verpaßtes Glück in zwei seligen Stunden gelebt.« Und Klaus Geitel bemerkt zur Bruckner-Feier in der *Welt*: »Es wurde in Andachtshaltung gespielt. Es wurde in Andachtshaltung empfangen. Nun ist der letzte Mauerrest in Berlin gefallen.«

Wahre Geliebte? Andachtshaltung? Jedenfalls nicht bei Celibidache. Mit grantiger Aufsässigkeit schnellt der Berliner Ehrenprofessor denn doch in seinem Sessel nach vorn: »Nein, das ist nichts mehr. Dieses Orchester war ein großes Orchester, das ist vorbei. Es fehlen die Dirigenten, die auf den Klang eingehen. Abbado ist schwach, ein besserer Dilettant. Furtwängler ist vorbei, er hat nichts hinterlassen. Kein junger deutscher Dirigent hat dessen Reichtum des Ausdrucks übernommen, wahrscheinlich hat das überhaupt keiner verstanden. Der junge Karajan hatte Ahnung davon, aber dem waren die rasche Karriere und die vielen Schallplatten wichtiger. Ich habe ihn nie bekämpft.«

In Salzburg haben sie sich, sagt Celibidache, einmal getroffen und »drei Stunden lang eine blutige Diskussion geführt«. Ende vom Lied, im O-Ton Celibidaches: »Herr von Karajan, von dem, was sich unter Furtwängler beim Übergang des dritten Satzes ins Finale der vierten Schumann-Sinfonie wirklich musikalisch ereignet hat, davon können Sie nicht einmal träumen, weil Sie davon überhaupt keine Ahnung haben.«

Nach dem letzten der beiden Weizsäcker-Konzerte im Frühjahr 1992 hat sich Celibidache von allen Berliner Philharmonikern mit Handschlag verabschiedet, die betagten, seine wenigen noch lebenden Ehemaligen, hat er umarmt. »Menschlich war manches großartig, musikalisch allenfalls mittelmäßig. Die Philharmoniker sind entsetzlich heruntergekommen. Ein rein technisiertes Orchester heute, nichts anderes. Ich will nicht mehr darüber reden.«

Monate später, in Fernost auf Tournee mit seinen Münchnern, redet er doch noch mal darüber, ungefragt und unverfroren. »Ich habe die Berliner Philharmoniker nur auf Wunsch des Bundespräsidenten wieder dirigiert«, äußert er sich auf einer Pressekonferenz in Tokio. »Ich lebe in seinem Land. Ich esse sein Brot. Ich muß mich fügen.«

Dpa tickert das Verdikt um die Welt. Das Bundespräsidialamt in Bonn ist konsterniert und schweigt. Celibidache ist ganz der Alte und schweigt ebenfalls. Er hat das musikalische Berlin damit wohl endgültig zu seinen Akten gelegt.

Der fliehende Holländer

Eine Nase für Delikatessen · Bischof am Bett · Lehrjahre,
Wanderjahre · Das Ende im Anfang · Schiefer Turm auf
der Insel des Seligen · Damenwahl · Hochzeit, Vaterschaft ·
Der Mann ohne

Sind das nun Piranhas oder die Töchter des Landes?« Mit einem feinen Gemisch aus genießerischer Süffisanz und altherrenhaftem Schelmentum, wie nur er es über seine leicht nach unten verzogenen Lippen bringt, stellt Sergiu Celibidache die Frage. Piranhas sind für ihn, wie für jeden Kenner des Landes, nicht nur die berüchtigten reißzähnigen Raubfische, die ihre Opfer in Sekundenschnelle skelettieren, sondern auch gewisse Damen von womöglich vergleichbarer Schärfe und Fleischeslust.

Amüsiert schaut er drein und um sich an diesem Sonntagmittag, Charmeur und Schmecklecker auch noch mit fast achtzig. Die Augen, listig und lustig, wandern mit sichtlichem Behagen hinüber zu den Objekten, denen seine Neugier gilt; wo sich seine Füße schwertun, spielt er eben mit Blicken Flaneur.

Er nimmt Maß, taxiert ab: lange, hohe Beine; oben, sehr hoch oben in pralle, manchmal wurstig enge und knallbunte Miniröcke gewickelt oder gepfercht, noch höher ansehnliche Rundungen, in den hautnahen Stoffen millimetergenau abgemalt oder ausschnittweise ins Freie gewölbt. Eine Augenweide, an der er sich nicht sattsehen kann, eine delikate Choreographie südamerikanischer Weiblichkeit. Es ist Mai (1992), alles sieht sommerlich aus, offen und locker, auch wenn es südlich des Äquators kalendarisch längst herbstet.

Die zu den sehenswerten Fesseln, Waden, Kniekehlen und Oberschenkeln gehörenden Damen, eindeutig Töchter und nicht Profigespielinnen des Landes, reihen sich vor einem gigantischen Buffet auf. Brunch bei »Leopoldo«. Ein pittoreskes Ambiente. Vor der dottergelben Exvilla in einem der noblen Vororte von São Paulo ist über die weitläufige Terrasse ein marktplatzgroßer Baldachin gespannt. Man tafelt open air, mit Blick in die subtropische Überfülle des Gartens. Die Töchter des Landes greifen nach den Früchten des Landes und des Meeres; Palmenherzen, Mangos, Fische zuhauf. Von allem herrscht Überfluß.

Auch Sergiu Celibidache läßt es sich gutgehen. Keiner achtet auf Kalorien und Cholesterin, er am wenigsten. Er langt zu. Allein die Süßspeisen sind ihm jede Sünde wert, und Ioana, Ehefrau und Kontrollorgan, ist weit weg, daheim in Paris. Er reist diesmal gleichsam als Solist, begleitet von seinem Orchester, den Münchner Philharmonikern. Man hat gerade die Hälfte einer mehrwöchigen Südamerikatournee hinter sich. Abends, in São Paulo, wird er wieder mal *Don Juan* von Richard Strauss dirigieren, jetzt, sonnenbeschirmt bei »Leopoldo«, spielt er ihn lieber. Conte e Contessa Carlo Lovatelli haben zum Mittagsmahl geladen, in eine standesgemäße Gesellschaft. Herrschaften unter sich. Vom Elend der Slums ist weit und breit nichts zu sehen und zu spüren. Die Millionen Unterentwickelten bleiben, wie auch anders, außen vor. Der Maestro sonnt sich in der Rolle des Ehrengastes, links und rechts rahmen ihn je zwei Bildschöne. Mit ihnen plaudert er, für ihn selbstverständlich, in der Landessprache. Da sitzt ein Genußmensch mit wachem Kopf.

Gegen zwei – die Runde verdaut in entspannter Konversation – fährt draußen eine dunkle Limousine vor. Celibidache bricht auf. Ein gedrungener Mann – quicke Schweinsaugen, unglaubliche Knollennase mit wuchtiger Warze drauf, viel zu enges Jackett, etwas zu kurze Hose – öffnet ihm den Wagenschlag: Constantino Cury, Vizepräsident beim FC São Paulo. Seine Mannschaft spielt an diesem Sonntag im Estádio do Morumbi gegen Botafogo. Wieder ist Celibidache Ehrengast, diesmal in der Präsidentenloge. Wieder verfolgt er fasziniert Beine, diesmal Kickerbeine.

»Rapido! Rapido!« Der Angriff läuft ihm nicht schnell genug. Nein, das sei einfach nicht mehr so elegant wie früher. Ja, tolle Pässe. Aber die Abwehr, die Abwehr, vor Jahren noch viel virtuoser. Abschätzig läßt er beide Hände sinken. Auf dem Rasen gehe es heute zu wie auf den Konzertpodien – die goldenen Jahre seien vorbei, »viel Mittelmaß, allenfalls noch Mittelmaß«.

Der knubbelnasige Cury schreit, im Chor mit seinesgleichen, so laut, daß er Celibidaches Mäkeleien nicht mitkriegt. Hin und wieder schlägt er dem Dirigenten con brio auf die Schenkel: Wäre doch gelacht, Señor Maestro, wenn wir – wir! – nicht gewinnen würden. 35. Minute: 1:0, 40. Minute: 2:0, 8. Minute der zweiten Halbzeit: 3:0. Außerdem zwei Lattenschüsse. Klarer Sieg für die Cury-Elf. Es gibt Bier aus Büchsen und viel Gebrüll aus vollem Halse.

Früher – vor einem Vierteljahrhundert, danach immer mal wieder – ist Celibidache auch schon in diesem Land gewesen, auch schon in Chile, wo im Mai 1992 die Tournee ihren Ausgang genommen hat. »Chile ist nicht mehr wie früher«, sagt Celibidache – ist er es wohl noch? In Buenos Aires hat er, schnell mal über den Daumen geschätzt, seinerzeit »wenigstens zwölf große Liebschaften«

gehabt. Aber keine der Verflossenen kommt zum Wiedersehen in sein Künstlerzimmer: Auch sie sind, wenn sie überhaupt noch leben, nicht mehr wie früher, vielleicht bleiben sie weg, weil sie in seiner Erinnerung als blutjunge Töchter des Landes überleben wollen. Er aber ist enttäuscht.

Ein Intermezzo mag ihn ein wenig schadlos halten. Von der Frau eines deutschen Botschafters hat er sich auf dem Flughafen eben erst mit vielen Küssen und reichlich Getuchtel verabschiedet: »Jetzt habe ich schon wieder eine Frau unglücklich gemacht«, kommentiert er das diskrete Rencontre.

Morgens, beim Frühstück im Hotel »Ca' d'oro« (Celibidache nimmt es fast immer unter seinen Musikern ein), streift eine junge Münchner Philharmonikerin an seinem Tisch vorbei, eine Hand voll Backwaren, die andere balanciert eine Schale mit Obst: »Guten Morgen, Maestro!« Celibidache greift nach dem kleinen Finger, den sie bei ihrem Handling kokett abspreizt, und küßt ihn: »Ein wunderbares Parfüm.« Immer noch nimmt er mit Genuß Witterung auf, immer noch hat er eine Nase für die Delikatessen des Lebens.

Fußball ist stets seine Passion gewesen. Er kennt viele der Großen, der Prominenten persönlich, vielleicht hat er mehr Ballvirtuosen live erlebt, beobachtet und verfolgt als Pultvirtuosen. Die Strategie eines Franz Beckenbauer dürfte ihn genauso beschäftigt und erregt haben wie seine eigene, wenn es um den Zusammenklang im Orchester geht. Leichtes Spiel ist für ihn weder das eine noch das andere. Als die Münchner Journalistin Beate Kayser den in einem ihrer Sessel thronenden Maestro darauf hinweist, genau da habe auch schon Beckenbauer gesessen, macht er hochachtungsvolle Miene, und Flachs ist das nicht.

Wie war das doch noch mit Di Stefano, dem Maestro von Real Madrid? Celibidache, zu Gast in der spanischen Hauptstadt, wollte ihn endlich mal leibhaftig sehen, als Ballartist im Bernabeu-Stadion. Doch die Begegnung fand früher statt und an ganz anderer Stelle, Freunde hatten das Treffen arrangiert. Der Fußballer wurde in das Teatro Real geschleust, wo Celibidache die Erste von Brahms probte. Plötzlich – Celibidache war gerade in den langsamen Satz versunken – erschien der Star des Weltfußballs auf dem Schlagzeugerpodest und flüsterte: »Phantastisch, Junge!«

Kaum waren in der Coda Horn und Solovioline verklungen, überraschte Celibidache das Orchester mit dem Satz: »Unter uns ist ein großer Künstler. Kommen Sie her, Maestro!« Die Musiker drehten sich auf einen Schlag um, große Überraschung, Ovationen. Celibidache inszenierte einen Stabwechsel an Di Stefano, der mit dem Taktstock ein wenig ungelenk zu hantieren anfing. Doch schon kamen aus dem Orchester die ersten zaghaften Anklänge an »Hola Madrid«, und wenig später haute das volle Tutti den Schlachtruf von Real Madrid auf die Pauke: »Auf geht's, Madrid!«

Auf ging's dann, am nächsten Tag, tatsächlich: Auf dem Rasen des Bernabeu trat, vor leeren Rängen, ein handverlesenes Quartett an: Di Stefano, Celibidache, zwei Journalisten. Di Stefano führte ein paar seiner Kunststückchen vor, Celibidache machte es ihm, nicht ganz ohne Erfolg und Routine, nach. Happy-End des Rollentausches: Celibidache gab ein Interview zum Thema Sport und Fußball. Damals, »ja damals«. Natürlich weiß der beinahe Achtzigjährige das meiste von damals noch: alle Endspiele um die Fußball-Weltmeisterschaft, toll der Pelé und Maradona und Bayern München und Beckenbauer.

3:0 also für den FC São Paulo. Schlußpfiff. Vizepräsident Constantino Cury springt auf; seine linke Pranke mit den rauhen Wurstfingern geht, caramba!, auf Celibidaches Schulter nieder, der strahlt ein paar Sekunden mit: So ein Tag – erst die Töchter, dann die Söhne des Landes. Doch als er wieder mühsam in die schwarze Limousine gestiegen ist, die ihn nun noch zu einem offiziösen Empfang rollen wird, wirkt er fast abwesend, eine – auch nostalgische – Müdigkeit läßt plötzlich sein sonst so vehementes, vitales Mienenspiel erschlaffen, als käme ihm erst jetzt zu Bewußtsein, daß es ein halbes Menschenleben her ist, wie er hier, auf südamerikanischem Boden, von neuem anfing: Berlin war passé, die Welt stand ihm offen – nolens volens die ganze Welt, und er war der fliegende, vor Berlin und der Erinnerung fliehende Holländer.

Immer wieder, wenn er jetzt, als abgeklärter Greis und angehimmelter Guru, mit den Münchner Philharmonikern auf Tournee ist, holt ihn seine Vergangenheit ein. Anfang Juli 1993 gastiert er im spanischen Granada: »Ich erinnere mich vage daran, daß ich hier war. Ich erinnere mich, daß die akustischen Verhältnisse des Saales fragwürdig waren.« Mehr weiß er nicht mehr?

Damals, 1976, waren die akustischen Verhältnisse tatsächlich fragwürdig. Spät in der Nacht landete Celibidache mit dem Radio-Sinfonieorchester Stuttgart in Granada. Ein Charterflug, Ankunft eine Stunde nach Mitternacht. Zwanzig Stunden später war bereits das Konzert angesetzt. Celibidache wollte sofort den Saal inspizieren. »Mein Gott, Maestro, laßt uns doch bitte ins Hotel gehen!« flehte der Agent Alfonso Ajon. »Nein, wir gehen erst dorthin, wo wir spielen werden.« Also Fahrt mit dem Taxi. Schwache Beleuchtung im Saal. Celibidache setzte sich aufs Podium. Schweigen, Kopfschütteln, Schweigen.

Dann: »Nein, Alfonso, heute abend werden wir hier nicht spielen.« Wie, bitte?

»Hier ist schließlich auch Herr von Karajan aufgetreten.« Ein leichtfertigerer Einwand war kaum denkbar. »Wir geben das Konzert nur, wenn hier umgebaut wird.« Zu diesem Zeitpunkt waren es noch neunzehn Stunden bis Konzertbeginn, und Granada schlief.

Der Agent Ajon improvisierte stehenden Fußes. Er organisierte Holz und trommelte Tischler zusammen: »Hier müssen vierzehn und dort zwanzig Zentimeter drangezimmert werden«, gab Celibidache Order, »ich bezahle das alles aus meiner Tasche. Aber es muß die ganze Nacht gearbeitet werden.« Die Bühne wurde erweitert, das Konzert fand planmäßig statt. »Ach ja«, räumt der Dirigent viele Jahre später ein, »das weiß ich doch noch. Ich war aber trotz der Umbauten mit der Akustik nicht zufrieden. Kein gutes Konzert.«

»Ein Mörder an der Musik, eine Schande«

Ungefähr zur selben Zeit gastierte Celibidache in Madrid beim Spanischen Nationalorchester. Nach dem Konzert kam der Chef des Ensembles, Rafael Frühbeck de Burgos, strahlend auf den Kollegen zu: »Maestro, wunderbar! Ein traumhafter Abend!« Celibidache: »Dummkopf! Sie haben doch die Verantwortung für dieses Orchester. Und das kann einfach nicht spielen. Das war ein entsetzliches Konzert. Ich komme nicht wieder.« Celibidache hantierte immer wieder nicht nur mit dem Taktstock, sondern auch mit dem Damoklesschwert. Sein P.S. dazu heute: »Ich hatte vollkommen recht, es war furchtbar. Und wer ist schon dieser Frühbeck de Burgos? Ein Allesmacher, ein Nichtskönner. Noch so einer.«

Spanien war, seitdem der berlinflüchtige Dirigent auf Reisen ging, weil er reisen mußte, früh ein Celibidache-Land. »Hier ist er heute mehr als Karajan zu dessen Lebzeiten«, meint sein langjähriger Impresario Ajon. Und auch das hat Ajon noch in Erinnerung: »Celibidache konnte damals allein ein ganzes Spanferkel essen, und die Berge von Meeresfrüchten, die in ihn hineinpaßten, waren unvorstellbar.«

Ende der fünfziger Jahre war in Madrid ein Treffen rumänischer Emigranten angesetzt, Celibidache als Gast avisiert. Man erwartete Machthaber und Würdenträger. Aus Amerika wurde eigens ein rumänischer Bischof eingeflogen. Auf dem musikalischen Programm stand, unter anderem, das *Concertino* des Rumänen Dinu Lipatti. Solist, weil in dem Stück bewährt, Helmut Roloff aus Berlin. Er erinnert sich an den Eklat nur allzu gut: »Noch bevor ich zur Probe erschien, hatte sich Celibidache mit dem Orchester verkracht und grollend in sein Hotel verzogen. Seine Landsleute liefen wie aufgescheuchte Hühner herum und versuchten, ihn zu besänftigen. Er lag ausgestreckt auf seinem Bett, es ging zu wie auf einem balkanischen Basar. Probé, probé! raunzte Celibidache immer wieder in die aufgeregte Versammlung der Erlauchten: schlecht, schlecht. Auch der Bischof aus Amerika stand mit Mütze und vollem Ornat am Bett des Maestros und probierte mit seelsorgerischer Fürsprache, den Vergrätzten umzustimmen, vergeblich.« Das Konzert fand nicht statt.

Mitte November 1988 starten die Münchner Philharmoniker nach Israel – auch ein Land, das Celibidache in seiner Laufbahn als Globetrotter immer wieder berührt hat und das ihn jedesmal auch gerührt hat. Im März 1954 hatte er eine Reihe von Konzerten mit dem Israel Philharmonic Orchestra gegeben. Zum Purin-Fest, in Erinne-

rung an die vom alttestamentarischen Buch Esther über-
lieferte Rettung persischer Juden, veranstaltete das Orchester einen von vielerlei Darbietungen eingerahmten
und begleiteten Ball. Damals schon saß Celibidache unter
den Honoratioren, gleich neben dem Justizminister des
noch jungen Staates. Der Konzertmeister Henry Haftel
trat als Primaballerina auf und drehte mit seinen kurzen,
behaarten Beinen Pirouetten. Der Saal brüllte, Celibidache war sichtlich in Laune. Die letzten Gäste gingen um
vier Uhr morgens. Wenige Tage später fand eine neue
Riesenparty statt, diesmal mit Celibidache als Anlaß und
Mittelpunkt.

1966 war der Gefeierte, den das Land rasch, geradezu
stürmisch zu einem seiner Stargäste auserkoren hatte,
zurückgekehrt, dann noch einmal 1970. Es gab seinerzeit
lange, durchaus ernsthafte Verhandlungen über die Chefposition an dem staatlichen Prestigeorchester. Sie schei-
terten, und das nicht nur, wie so oft, an den üblichen, weil
unüblich strengen Probenforderungen.

Stellvertretend für seinen Vater, der als Präfekt in Jassy,
wie sich der Sohn erinnert, viele Juden vor der »Eisernen
Garde«, einer hitlernahen faschistischen Formation, ge-
rettet, ihnen Unterkunft und auch Fluchtmöglichkeiten
verschafft hatte, empfing Sergiu in Israel eine hohe Aus-
zeichnung, eine Reverenz aus Dankbarkeit.

So, geehrt und verehrt, von Staats wegen, von den
Musikern, dem Publikum, den Damen – ein Leben wie
ein Sonnenkönig hätte es sein können, mit Programmen
nach Wahl, ganzen Spanferkeln und zahllosen Weiber-
geschichten, und manchmal war es das auch: Celibidache
global; der Mann, der sein bitteres Berliner Abenteuer
hinter sich und alle Abenteuer einer schillernden Laufbahn, quer durch die Kontinente, vor sich hatte. Aber der
Glamour über der Biographie täuscht; Beifall, der ihm

fast überall reichlich entgegenschlug, war noch lange kein Garant für künstlerische Befriedigung und menschliche Befriedung. Natürlich war es eine Flucht gewesen aus Berlin. Die Philharmoniker hatten ihn gedemütigt und vor die Tür verwünscht. Furtwängler war tot, Karajan unhaltbar im Kommen, das fulminante Presto, das Celibidache aus den Trümmern der Hauptstadt aufgewirbelt hatte in die Beletage seines Standes, mit einem Paukenschlag abgebrochen. Der junge Maestro wurde Vagabund mit Taktstock, und das nicht aus freien Stücken. Unter dem Druck der Verhältnisse, die ihn gewiß offener, weltoffener gemacht haben als aller Applaus auf dem Berliner Sockel, mußte er fortan, für viele Jahre, Kärrnerarbeit tun, sich mit Orchestern in sklerotischem Zustand herumschlagen und an seinem hohen Ideal der schönen Vollkommenheit leiden, weil er es kaum je realisieren konnte.

Kein noch so spontaner Jubel in der Mailänder Scala oder der Accademia di Santa Cecilia in Rom, keine noch so ansehnliche Erfolgsbilanz an der Spitze des Sinfonieorchesters des Westdeutschen Rundfunks Köln, der Bamberger Sinfoniker oder der Königlichen Kapelle Kopenhagen kann darüber hinwegtäuschen: Sergiu Celibidache mußte sich oft, schrecklich oft, unter seinen eigenen Prämissen arrangieren, der Hardliner einer narzißtisch verfeinerten Orchesterkultur mußte sich mit Klangkörpern abgeben, die für ihn Fremkörper waren und blieben. Erst jetzt, mit den Wanderjahren, begannen nämlich auch seine Lehrjahre.

Auch wenn vieles »furchtbar« war, unter dem Celibidache, in der Erinnerung des alten Mannes, »sehr oft und sehr intensiv gelitten« hat – der Dirigent ist überzeugt davon, daß er sich und sein Musikideal nie unter Wert verkauft hat. Er war keinen Augenblick lang ein Populist auf dem Podium. Aber verdrängt hat er, und reden will er nicht viel und willig über diese Zeit, und sicher darf er mildernde Umstände beanspruchen, wenn die Turbulenzen jener Jahre das Ordnen und Zuordnen heute erschweren.

Doch so viel gesteht er sich ein: »Die Menschen, wo immer ich auch hinkam, waren hinreißend und unglaublich interessant. Mit den Orchestern hatte ich mich abgefunden. Manchmal mußte ich mich bei den Proben qualvoll beeilen, weil die Orchester ad hoc zusammengestellt und oft schon nach drei Abenden wieder aufgelöst wurden.«

»Er rüttelte damals unsere Musikwelt auf«, erinnert sich der chilenische Musiker Daniel Quiroga, »auch wenn er uns zur Verzweiflung trieb. Er laugte die Orchestermitglieder aus. Ich habe ihn einmal am Ende eines Konzerts, nach den Ovationen, gesehen, wie er in seiner Garderobe mit der Faust gegen die Wand geschlagen hat«, weil alles nicht so gelaufen war, wie er es gewollt hatte. Krach war an der Tagesordnung, von Krach ist die Rede, wo immer Erinnerungen an den genialischen Globetrotter Celibidache wachgerufen werden. Ein südamerikanischer Oboer fühlte sich einmal von dem herrisch auftrumpfenden Celibidache geradezu körperlich bedroht, so daß er während der Probe seine Pistole aus der Tasche zog und gegen die Decke schoß.

Nach dem Abgang in Berlin nahm Celibidache in Rom seinen neuen, für fast zwanzig Jahre festen Wohnsitz, auch wenn fest nicht eine ständige oder auch nur häufige Anwesenheit meint. Italien bot ihm zunächst das wichtigste und offenste Betätigungsfeld. Die Ernüchterung, die der Wechsel von der erlesenen Berliner Philharmoniker-Kultur zur handfesteren Aufspielkultur italienischer Klangkörper bei dem Klang- und Perfektionsfanatiker auslöste, muß schlimm gewesen sein. Aber er hatte keine andere Wahl. Genau in jene ersten Jahre der zahlreichen Italienaktivitäten fällt ein Schlüsselerlebnis, das den Dirigenten Celibidache fortan prägt und sein musikalisches Weltbild entscheidend bestimmt. »Ich war zweiundvierzig, wir hatten in San Marco in Venedig Probe. Nichts hat geklappt, grauenvoll. Ich wollte alles hinschmeißen. Monteverdi, Gabrieli, Giovannni Croce – das war das wunderbare Programm, und dafür hatte ich einen äußerst miserablen Chor und ein noch miserableres Orchester. Ich fürchtete für die Aufführung schon das Schlimmste. Aber beim Konzert geschah ein Wunder, und das kann ich kaum beschreiben und noch viel weniger erklären, sonst wäre es ja auch kein Wunder. An diesem Abend habe ich erstmals das Ende im Anfang erlebt.« Da also ist er zum erstenmal, der rätselhafte und für ihn fortan leitmotivische Satz, damals hat er seine ganz private Erfahrung gemacht und daraus sein Credo formuliert. Es läßt ihn nun nie wieder los.

Die Rolle des Reisenden war nicht neu für Celibidache. Schon während der letzten Jahre seiner Berliner Zeit hatte er sich als flügge erwiesen, »der Celi«, spotteten nicht wenige, »hat seinen wichtigsten Arbeitsplatz in der Super Constellation«. Er galt damals geradezu als Vorbote des kommenden künstlerischen Jet-Tourismus. 1948 hatte er in England debütiert, 1949 in Österreich, Frankreich, Italien. 1950 trat er erstmals, und gleich mit Bombenerfolg und einer Einladung zum Dakapo in der Tasche, in Mittel- und Südamerika auf. Angeblich, so deutete er, ohne weitere Klarstellung, in einem Interview mit Klaus Lang an, hat man ihm damals »praktisch die Krone Toscaninis angeboten, als ich 1949 noch in Berlin war. Ich habe nein gesagt.«

Ende Februar 1955 reiste das Berliner Philharmonische Orchester unter seinem inzwischen fest engagierten neuen Chefdirigenten Herbert von Karajan und unter dem Patronat des Bundeskanzlers Konrad Adenauer erstmals seit Kriegsende in die USA. Vor der Carnegie Hall protestierten Mitglieder jüdischer Organisationen: »No harmony with Nazis« oder »They helped Hitler murder millions«, man warnte das Publikum vor »tonight's bloody concert« – grelle Begleitmusik zu Karajans letztlich grandiosem Entree in die Neue Welt.

Groteske Fußnote zu diesem Ereignis: Ausgerechnet Karajans Erzrivale Sergiu Celibidache wurde vom Ost-Berliner *Aufbau* in die Diskussion und Berichterstattung über das US-Debüt des Alt-PG Karajan einbezogen. Jedenfalls druckte der *Aufbau* am 18. März 1955 einen einspaltigen Kasten »Wir bedauern«. Die *Aufbau*-Redakteure bedauerten wie folgt:

»Infolge einer unrichtigen Information ist in unserem Aufsatz, in dem wir uns mit dem Gastspiel des Berliner Philharmonischen Orchesters in New York auseinandersetzten, der Dirigent Sergiu Celibidache auf die gleiche politische Stufe mit Herbert von Karajan gestellt worden.

Wie wir erfahren, liegt dazu keinerlei Veranlassung vor. Celibidache, der heute bereits mehrfach in Israel Gastspiele gegeben hat – was ohne genaue Nachprüfung seiner Vergangenheit dort sicherlich nicht möglich gewesen wäre –, kann unter keinen Umständen als ein Nazi bezeichnet werden. Als Dirigent spielte er im Hitler-Reich überhaupt keine Rolle und war fast noch Anfänger, als er 1945 die Berliner Philharmoniker übernahm. Seine politische Unschuld hat ihm damals – neben seiner musikalischen Begabung – sehr den Weg geebnet.

Angesichts dieser Tatsachen nehmen wir keinen Anstand zu erklären, daß wir einer irrigen Nachricht zum Opfer gefallen sind, und bedauern dies.«

Und noch ein aparter Nachtrag zur Berliner Geschichte des Dirigenten: Am 7. Oktober 1957 kehrte Celibidache an den Startplatz seiner Laufbahn zurück, nicht zu den Philharmonikern allerdings, sondern zum Radio-Sinfonieorchester (damals RIAS), das für diesen Tag ein Festkonzert zum siebzigsten Geburtstag von Celibidaches Lehrer Heinz Tiessen angesetzt hatte. Die Geburtstagsfeier wurde, wie kaum anders zu erwarten, zu einer Wiedersehensfeier: »Beifallsstürme« registrierte der *Tagesspiegel* und »eine Gemeinschaft zwischen Künstler und Publikum, wie sie nicht schöner, nicht fruchtbarer zu wünschen ist«. »Wiederkommen! Wiederkommen!« skandierten die Fans. Vergeblich – Episode, abgehakt, nie wieder Berlin. Der Bann galt lange.

Ende Oktober 1957 beginnt Celibidache eine Kurztournee durch Nordrhein-Westfalen mit dem Sinfonieorchester des Westdeutschen Rundfunks Köln, das damals keinen festen Chefdirigenten, dafür aber um so mehr illustre Gäste am Pult hat. Was Celibidache hier demonstriert habe, urteilt das Dortmunder *Westdeutsche Tageblatt*, gehöre »in die Reihe der ganz großen Leistungen in der Geschichte des Dirigierens«, und die *Welt* prophezeit, »daß sich an die Spur dieser Reise ein neuer großer Erfolg, ein neuer Celibidache-Mythos heften wird«.

Während der Probenarbeit mit den Kölnern wackeln im Funkhaus allerdings auch die Wände – ein Wechselbad aus Lob und Tadel in Form nobelster Komplimente und furiosester Verwünschungen läßt die ganze Anstalt erzittern, eben noch fliegen Handküsse vom Maestro ins Tutti, und schon fliegen auch schon wieder die Fetzen. Vor allem bei der Einstudierung des Brahms-*Requiems* geraten die Herrschaften aneinander. Die Choristen fassen sich an die Köpfe:»Der ist verrückt.«Als der Bariton Hans Hotter für Celibidaches Geschmack zu opernhaft deklamiert und entsprechend gerüffelt wird, kommt es zum Eklat; das Publikum, sonst bei Celibidache-Proben stets willkommen, muß den Saal räumen.

Noch reicht der gegenseitige Respekt offenbar aus, um eine zweite Tournee zu vereinbaren, ein Jahr später, mit Abstechern nach Italien und einem Überraschungserfolg in der Mailänder Scala. Doch auf Dauer geht nichts mehr. Der damalige WDR-E-Musik-Chef Karl O. Koch gerät bis aufs Messer mit Celibidache aneinander und steht noch Jahre später ganz unter dem Eindruck des Ausbruchs dieses»wahnsinnigen Despoten«. Auch Celibidache erinnert sich natürlich:»Dieser Herr Koch war völlig verrückt und für nichts anzusprechen und zu gebrauchen. Ein Tauber war er, der eine Musikabteilung leitete, ein Mörder an der Musik. Eine Schande für Köln.« Also auch Episode, abgehakt, nie wieder WDR Köln.

Überraschenderweise fängt der umtriebige Dirigent in jener Zeit an, sich mit Bauplänen zu befassen. Braucht er doch einen festen, eigenen Ankerplatz?

Plötzlich entdeckt er jedenfalls seine alte, bekanntlich regelrecht geschulte und ausgebildete Neigung zu Mathematik und Architektur. Er probiert die Rolle des Bauherrn, und er hat von Anfang an auch einen bestimmten Bauplatz im Auge: Lipari, Insel im Tyrrhenischen Meer, südwestlich von Stromboli, die mit 37,6 Quadratkilometer Fläche größte der sieben Isole Eolie, der Äolischen Inseln, eine archäologische Fundgrube, ein Paradies für Touristen ohne den Rummel von Touristen. Ein Dorado für Eigenbrötler. Das Richtige für ihn.

Celibidache hat sich ganz spontan in den Ferienplatz Lipari verguckt, es ist Liebe auf den ersten Anblick –

»eine wunderbare Landschaft, ein herrliches Klima« –, und ganz durch Zufall. Vom italienischen Festland aus ist er, als Gast von Freunden, auf die Insel Panarea zum Badeurlaub gereist. »An einem Tag, da die Damen, Sie wissen schon, nicht ins Wasser gehen durften, wurde eine Schiffstour nach Lipari unternommen. Ich ging an Land, einen Berg hinauf, drehe mich um, und unter mir liegt das Schönste, das ich je in meinem Leben gesehen hatte.«

Da kommt ihm »die Idee«: Hier wolle er sich künftig »regelmäßig mit anderen Künstlern und Freunden nebst Familien treffen«. Er kauft den Grund und Boden und tauscht nun gern mal die Stellung vor dem Orchester mit der Position vor dem Reißbrett. Jedes der acht Häuser, die er entwirft und komplett einrichtet, lehnt sich in der Form an eine der umliegenden Inseln an, jedes bekommt einen Namen, jedes eine andere, besondere Funktion und Ausstattung. Eines ist mit besonders vielen Instrumenten und Partituren versehen, darunter einer Hausorgel aus der Mozart-Zeit. Eines hängt voller Bilder. Ein drittes fällt als Konstruktion mit unzähligen Türmen und Erkern ins Auge.

Das größte Gebäude hat der Architekt Sergiu Celibidache für die zu erwartende Freizeitgesellschaft an- und ausgelegt, die sich nach seinen Träumen hier einfinden soll. Drei Jahre lang hat er »alte sizilianische Möbel gesammelt«, um damit das Anwesen stilvoll auszustatten. Spitze des eigenwilligen Ensembles wird eine Kirche, »auch wenn die«, wie der Statiker heute bedauert, »ein ganz klein bißchen schief geraten ist«. Hier also steht Celibidaches Pisa, mit wundervollem Panorama vom schiefen Turm.

Aber der hippieske Plan einer Artistenkommune erfüllt sich nicht. Zwar sind »etliche Freunde und Bekannte, größtenteils aus Neugier, mal angereist und haben hier einen Monat lang kostenlosen Urlaub gemacht«, bilanziert der Eigner Celibidache, aber ein regelmäßiger, gar fester Treffpunkt einer Gruppe Gleichgesinnter und Eingeschworener wird Lipari nicht. »Mein Vater«, sagt Sohn Serge, der das Ganze als »wundervollen Traum in meinen Kindheitserinnerungen hütet«, hat »sehr viel Zeit und Phantasie und herrliche Wunschvorstellungen in das Unternehmen investiert. Ich habe dort von ihm die Wunder in Flora und Fauna und auch schon einen Sinn für das Schöne nahegebracht bekommen.«

»Das Ende«, so Sohn Serge, »hat ihn sehr enttäuscht und traurig gestimmt.« Die Häuser verrotten, die Kirche zerfällt. Niemand kümmert sich mehr darum, der Putz bröckelt, die Zisterne, halb so groß wie die Häuser, hat durch Erdbeben Risse erhalten und ist unbrauchbar, »die ganze Sache«, resigniert der Dirigent, »verkommt, alles ist längst unbenutzbar geworden«. Zwar ist Sergiu Celibidache immer noch Eigentümer, aber er hat Lipari abgeschrieben. Angeblich nicht ganz freiwillig, denn das Ende vom Lied um das adriatische Eiland hat auch eine spektakuläre, echt Celibidachische Pointe: »Auf Lipari sind einmal zwei Mafiosi verhaftet worden, die trugen Papiere bei sich mit den Namen von unerwünschten Personen. Mein Name stand ganz oben. Ich kann da nicht hingehen, keiner von uns. Wir wären in Lebensgefahr.«

»Ihr seid ja alle Idioten«

Während seiner Wanderjahre ist Sergiu Celibidache auch immer mal wieder für eine Stadt entflammt und blieb der Auserwählten dann oft auf eine liebenswürdig-sentimentale Weise treu – und sei es nur, um durch diese Anhänglichkeit einer Nachbarstadt zu demonstrieren, daß er sie ablehne, meide und mißachte. Beispiel: Graz, Hauptstadt der Steiermark, kulturell lange das Aschenputtel im Schatten Wiens. Vierzehnmal ist Celibidache hier aufgetreten, meist mit dem Städtischen Orchester (heute: Grazer Philharmoniker), zweimal mit dem Sinfonieorchester des Schwedischen, zweimal mit dem des Süddeutschen Rundfunks.

»Eine kleine Stadt, die ich besonders liebe und schätze«, sagt der Gast mit ungestellter Anerkennung und Zuneigung 1976 in einem ORF-Interview, hier herrsche eine »unglaubliche Ruhe«, hier entstehe »der unerklärliche Kontakt zwischen dem, was auf der Bühne, und dem, was im Publikum« geschehe, »einmalig, sage ich Ihnen. Solange es noch Graz gibt, heißt das, daß es noch gesunde Menschen gibt und daß noch tief empfindende Menschen da sind.«

Doch in einem Atemzug mit dem Lob für Graz kriegt Wien sein Fett weg. »Mir können New York und Wien gestohlen bleiben.« Graz habe ein »großartiges Orchester« und ein »wunderbares Publikum«, ganz anders als das »snobistische Wien«. Auf die Frage nach dessen weltberühmten Philharmonikern urteilt Celibidache, sehr viel später: »Mittelklasse. Keine Ahnung von den lebendigen Vorgängen in der Musik, von den thematischen Verflechtungen und den Strukturen. Viel Brei und alles Mezzoforte. Einfach Kompott.«

In dem schnuckeligen Graz taucht nun, zu Celibidaches Gastspiel im Dezember 1960, eine junge Dame aus Stuttgart auf: »Pützi«. So will die Sopranistin Ruth-Margret Pütz aus dem rheinländischen Krefeld, damals noch keine dreißig, von Gott und der Welt und vor allem von Celibidache genannt werden, und so nennen sie denn

150

auch die meisten. Sie hat in Köln und Hannover große, in Stuttgart, etwa als Gilda in *Rigoletto*, großartige Erfolge hinter sich. Ihre Debüts in Glyndebourne, Bayreuth und Wien liegen hinter ihr. »Wer ist diese Frau Pütz?« erkundigt sich Celibidache nach der Künstlerin, die in seinem Brahms-*Requiem* die Sopranpartie singen soll. Die ihm Unbekannte tritt im letzten Augenblick pünktlich zur ersten Probe ein, »hungrig und dreckig«, wie sie sich selbst in Erinnerung hat.

Das erste, was ihr auffällt und womit sie dreißig Jahre später geradezu herausplatzt: »Ich habe nie wieder so schöne Hände gesehen. Hände wie von einem Kind, aber so ungeheuer ausdrucksvoll«, setzt die Sängerin zu ihrem hohen Lied auf »diesen unglaublichen Mann« an. Sie schwärmt immer noch, in geradezu pütziger Hingabe.

Celibidache ist weitgehend zufrieden mit den Ergebnissen der Probe: »sehr schön«. Und zu Pützi gewandt: »Schlafen Sie gut. Morgen ist Generalprobe.« Vorher hatten die beiden eine kleine Extrastunde: »Wissen Sie«, merkte der Dirigent an, »Sie dürfen das Brahms-*Requiem* nicht mit so viel Brust und so viel Hormonen singen.« War das nur eine auf die Musik bezogene Anmerkung, irgendein Hinweis zur sogenannten Werktreue? »Lieber Herr Doktor«, antwortet die charmantest Kritisierte, »das eine kann ich nicht abschneiden, und auf das andere habe ich keinen Einfluß.«

Celibidache erkundigt sich nach dem Hotel, in dem Frau Pütz wohnt. Er werde sie dort zum Essen abholen. Das tut er auch – und ist bereits im selben Haus eingezogen. Am Mittagstisch verzichtet man auf die Formalitäten, fortan sitzen sich Sergiu und Pützi gegenüber.

Die Kellnerin kommt an den Tisch, eine kranke junge Frau. »Sie sehen entsetzlich blaß aus, was fehlt Ihnen?« erkundigt sich Celibidache. »Ich habe eine Nierenbeckenentzündung.« – »Und dann machen Sie hier noch Dienst?« – »Ja, wissen Sie, ich will meinem Sohn zu Weihnachten Rollschuhe schenken, da muß ich arbeiten.« Celibidache gibt Order: »Pützi, bestell schon mal!« verschwindet und kommt mit einem Katzenfell für die Serviererin zurück: »Das wird Ihnen guttun und helfen.«

Abends gehen Dirigent und Solistin in neckischer Choreographie durch das verschneite Graz – hintereinander, den linken Fuß auf der Straße, den rechten auf dem Bürgersteig. Sie sind ausgelassen, »gucken«, wie Frau Pütz sich erinnert, »überall nach schmiedeeisernen Lämpchen für seine Häuser auf Lipari«, und landen in einem Kino, dessen Programm sie nicht kennen. Oder? Es läuft ein sogenannter Kulturfilm über *Das Liebesleben der Urvölker*, »überall Strichmännchen und Strichfrauchen, die sich berührten und küßten«, gickert die Pütz noch heute – amüsantes Anschauungsmaterial, so will es der Zufall, wenn es denn Zufall ist. Die anschließende gemeinsame Wanderung durch die Winternacht ist jedenfalls keiner.

Bis in die Musikkritik hinein wirkt sich die Beziehung Celibidaches zu seinen weiblichen Fans in Graz aus. Nach Celibidaches dortigem Auftritt 1976 mit Bruckners Achter und den Stuttgarter Radio-Sinfonikern schreibt Peter Vujica in der *Kleinen Zeitung* über die »Reisemüden Brucknerschwaben«: »Ja, und allen Damen, deren Herz bei Celibidaches Gastkonzerten vor zwanzig Jahren beim Anblick des schwarzmähnigen gertenschlanken Pulthexers in Sechzehnteln und Zweiunddreißigsteln zu klopfen begann, sei es berichtet, Sergiu Celibidache ist noch immer eine faszinierende Erscheinung. Seine Mähne ist silbergrau geworden, die Gerte seines Schlankheitsmaßes ist angewachsen zum Ast. Doch der mit Temperament-

152

Eruptionen einst so freigebige Vulkan Celibidache ist derzeit nicht in Tätigkeit.«

Vujicas kesse Sprache ruft nun nicht nur die steiermärkischen Verehrerinnen auf den Plan. Der Hörer und Leser Josef Kelzig schickt ein Eingesandt an das fragliche Blatt – skurriles Dokument einer bedingungslosen Hingabe und, so steht zu vermuten, ganz im Sinne Celibidaches und seiner Klientel:»Herr Peter Vujica, Sie eingebildeter Laffe, Sie Trottel, was erlauben Sie sich eigentlich, einen Künstler wie Celibidache... in derart zynischer und beleidigender Art zu kritisieren? Sie haben nicht so viel Grütze im Hirn wie Celibidache unter dem Nagel des kleinen Fingers. Stellen Sie Ihr eigenes geniales Können unter Beweis, indem Sie, wie allgemein erwartet, endlich selbst den Taktstock ergreifen und eine Achte dirigieren, wie sie noch nie zu hören war, sonst behalten Sie Ihre Weisheiten in Zukunft für sich. Sie impertinenter Lümmel!«

In Rom treffen sich der Dirigent und seine Grazer Sopranistin Pütz Jahre später in Celibidaches Domizil wieder. Frau Pütz wird Zeugin von Szenen einer Liaison. Der Haussegen hängt schief, Celibidache kocht:»Ich bin hier nicht mehr Herr im Hause. Ständig sind andere, fremde Menschen um mich.« Wütend knallt er die Tür ins Schloß:»Ihr seid ja alle Idioten.« Er flüchtet zu einem Freund. Wenig später spricht ihn ein Fremder auf der Straße an:»Uno momento, per favore, sind Sie Maestro Celibidache?« –»Ja, bitte, und was wollen Sie?« –»Ich möchte Maß nehmen, Maestro.« –»Wozu? Ich will mir keinen Anzug bauen lassen.« –»Aber Madame wünscht, daß ich Maß nehme.« –»Unfug.« –»Doch, Madame möchte Maestro ein Denkmal setzen.«

Eines Abends erhält Frau Pütz ein Telegramm aus Madrid:»Liebe Pützi. Sing mir zweimal die *Wesendonck-*

153

Lieder. Gage: 6000 Mark pro Abend. Gruß Sergiu.« Sofort stürzt die Sängerin los, um sich die Noten zu kaufen, und hört sich anschließend auch die wichtigsten Plattenaufnahmen des Werkes an. »Nein, kann ich nicht.« Umgehend schickt sie ein Telegramm nach Madrid: »Lieber Sergiu, leider nicht für mich komponiert.« Danach, sagt sie, ist er »stinksauer«.

»Er mag nicht, wenn man ihm widerspricht oder ihn durchschaut«, äußert sich die Sängerin in ihrem, trotz allem, immer noch verklärten Rückblick. »Ich hatte stets das Gefühl, daß er nach einer Frage erst einmal eine Pause macht und sich seinerseits mit der Frage beschäftigt, ob er jetzt die Antwort geben kann, die er möchte.« Häufig spreche er von anderen als von »den Armen«: »Das sind immer die, die nicht wie er denken können.« Aber sein Gesicht, singt die arme Frau Ruth-Margret Pütz, sei »wunderbar«, sein Mienenspiel »einzigartig«. Und dann – »diese Hände!«.

1970 erscheint im Londoner Verlag Victor Gollancz die (inzwischen vergriffene) Autobiographie *Woman with Violin*, die sehr minuziöse, durchaus unterhaltsame Lebensgeschichte der Geigerdame Ida Haendel. Das Buch der 1924 im polnischen Cholm geborenen Violinistin hat, naturgemäß neben der Autorin selbst, vor allem eine Bezugsperson: Celibidache. Sein Name spielt auf rund sechzig Seiten eine Rolle, in Ida Haendels jungen Jahren – ihre Story reicht bis ans Ende der sechziger – sicher die erste: Niemand aus der riesigen Zunft der Musiker hat dem Weltreisenden Celibidache so leidenschaftlich und letztlich leidend eine ähnlich klangvolle und intime Saite gewidmet wie diese kleinwüchsige Geigerin mit dem großen Herzen und der großherzigen Offenheit.

Im September 1951 steht Ida Haendel vor ihrer zweiten Südamerikatournee. Reisefertig und in froher Erwartung blättert sie in ihrem Londoner Hotel durch ein Musikmagazin. Ihr Blick fällt auf die Anzeige einer Konzertankündigung und bleibt auf dem abgebildeten Mannsbild haften:»ein ungewöhnlich aussehender Typ mit einer zerzausten Mähne langer schwarzer Haare, die teilweise über seinem Gesicht hingen, mit einem Taktstock in der Hand und in der Ausstrahlung wie die Inkarnation des Satans«. Das war er:»Sergiu Celibidache, der phantastische junge Dirigent der Berliner Philharmoniker, kommt nach London«, wirbt die Annonce. Es ist, bei dem polnischen Geigentwen, Faszination auf den ersten Blick.

Ein Jahr später reist Ida Haendel zu Konzerten nach Mexiko-Stadt. Hier steht sie ihm erstmals leibhaftig gegenüber – der rumänische Riese vis-à-vis diesem kleinen, jugendlichen Kraftpaketchen:»Irgendwie war ich ein wenig enttäuscht von seiner Persönlichkeit. Obwohl er äußerlich viel attraktiver wirkte, als ich erwartet hatte, verlor er in meinen Augen durch seine Mimik. Ich konnte jedenfalls die hypnotische, magnetische Kraft, die von seinem Photo in der Anzeige ausgegangen war, nicht wahrnehmen. Er kam mir freundlich vor, sein Lächeln war etwas zu gefällig, und mit seinem schwarzglänzenden Haar wirkte er reichlich glamourhaft. Bei dieser ersten kurzen Begegnung war jedenfalls nicht auszumachen – oder ich war blind dafür –, was sich hinter jener Fassade aus smartem Charme in Wahrheit verbarg: welche Stürme und Hurrikane, welch ein stählerner Wille und was für eine starke Anziehungskraft!«

Kurz darauf sitzt Ida Haendel in ihrem ersten Celibidache-Konzert. Salopp gesagt: Es haut sie um, es trifft sie der schönste, nachhaltigste Schlag ihrer noch frischen Karriere. O-Ton Haendel:

»Celibidache kam flott heraus und machte erst genau vor dem Orchester halt... Dann hob er die Arme, und die

Stimmung war wie verwandelt. Eine Art Wahn schien von ihm Besitz zu ergreifen, seine Wirkung nahm geradezu unmenschliche Formen an. Er schien in Höhe und Breite über sich hinauszuwachsen, er wurde ein Koloß, der scheinbar das ganze Orchester mit seinen Armen umfassen wollte. Sein Stil, seine Art zu dirigieren, war etwas völlig Neues für mich. Während seine rechte Hand den Rhythmus mit der Präzision des Herzschlags angab, bewegte sich seine linke, als wollte sie, wie ein Bildhauer, Figuren und Formen schaffen, und das alles im Einklang mit dem Gehalt der Musik. Da dirigierte einer für Auge und Ohr – eine grandiose Leistung, die wirklich alle fünf Sinne ansprach.

Obwohl ich nicht viel von Seelenkunde verstand, fühlte ich sofort, daß diese Art zu dirigieren, zu gestikulieren und Bewegungen zu inszenieren, alle Instinkte und Leidenschaften der menschlichen Psyche berührt. Jetzt verstand ich jene magische Kraft, deretwegen so mancher über Celibidache mit religiöser Inbrunst sprach. Alles das hatte mit Musikmachen im engen, eigentlichen Sinne nichts zu tun... Celibidaches Persönlichkeit schien jeden zu beherrschen – die Musiker, das Publikum und die Musik. Er kam mir vor wie eine Erscheinung aus einer anderen Welt, und ich hatte das Gefühl, daß die Kleidung des 20. Jahrhunderts überhaupt nicht zu ihm paßte.«

Ida Haendel, kein Zweifel, wird hier, unbeabsichtigt, zum Gründungsmitglied und Sprachrohr der späteren riesigen Celibidache-Gemeinde.

Die Geigerin ist von dem Dirigenten derart verhext, daß sie mit weiblichem Geschick und unter Einsatz aller ihrer Beziehungen in Musikbetrieb und Management ein Rencontre mit dem Sagenhaften arrangiert. Vor dem ersten Treffen von Angesicht zu Angesicht beobachtet sie ihn im Teatro Metropolitan bei der Probe; dann, in einer

Pause, stellt sie es so an und sich so in den Weg, daß er auf sie zukommen muß:»Wie ein Akrobat glitt er von seinem Podium. Ich war unheimlich verwirrt, als seine Schritte plötzlich von einer Frau gestoppt wurden. Celibidache war jetzt recht nah, und ich konnte ihn beobachten, ohne daß er sich dessen allzusehr bewußt wurde. Er war schlank, schlanker als erwartet, ja: mager, seine Magerkeit wurde durch enge Hosen noch betont. Eine legere, langärmelige schwarze Jacke, die er über einem makellos blütenweißen Hemd trug, vervollständigte sein Outfit. Er lächelte der Frau, die ihn umgirrte und anschwärmte, freundlich zu, und ich konnte die weißen Zähne sehen, wie sie in seinem länglichen, braungebrannten Gesicht schimmerten.«

Ida Haendel, eine Virtuosin nicht nur auf ihrem Instrument, sondern auch beim Portamento im Zwischenmenschlichen, erreicht, was sie will: Die beiden musizieren zusammen, Celibidache sitzt dem malenden Vater Haendel Modell, man trifft sich in geselligem Kreis – sei es bei dem Musikkritiker und Hebräischprofessor Salomon Kahan, wo Celibidache unangekündigt hereinplatzt und Madame Haendel wieder mal das Gefühl hat, »die Türen würden sich unter der Wucht dieser vulkanischen Persönlichkeit von selbst öffnen«; sei es bei dem damals noch jungen Pianisten Alexis Weissenberg, der eine Party zu Ehren von Celibidache gibt und aus diesem Anlaß tout Mexiko-Stadt zu Gast hat, von den Moguln des Big business bis zu den Flimmergrößen des Films: »In der Mitte des Raumes, von einer Menschentraube eingeschlossen, meist Frauen, stand Celibidache.«

Die künstlerische Zusammenarbeit zwischen Celibidache und seiner flammenden Verehrerin ist in einem Unikat verewigt: Gemeinsam haben sie 1953 für »His Master's Voice« das Violinkonzert von Brahms aufgenommen – das einzige Konzert, das Celibidache jemals im Studio produziert hat, und eine von den drei – derzeit vergriffenen – Schallplatten (neben Tschaikowskis fünfter Sinfonie und dem eigenen *Taschengarten*), die er vorsätzlich und offiziell in Umlauf gebracht hat. Eine bereits angesetzte Plattenproduktion des Beethoven-Konzerts platzt, die letzte gemeinsame Arbeit, eine 1979 entstandene Fernsehaufnahme des Sibelius-Konzerts beim Schwedischen Rundfunk, wird gelöscht.

Die beiden gehen schließlich getrennte Wege zum Weltruhm. Es bleibt, bei jedem von ihnen und bei jedem anders, die Erinnerung – dreißig, vierzig Jahre danach zu Protokoll gegeben:

»Er hat«, sagt Ida Haendel 1993, »von allen Menschen zuviel verlangt, von sich und den anderen. Es ist schlimm, wie weit die Exzentrik bei manchen geht. Als ob das Leben nicht kompliziert genug wäre. Celibidache ist mir irgendwie fremd geworden, sicher hat das mit seiner Neigung zum Buddhismus zu tun. Nur wenn er lacht und einen herrlichen Witz erzählt, dann ist er nicht Celibidache, dann ist er Sergiu.«

»Sie ist«, sagt Celibidache zur selben Zeit, »eine grandiose Musikerin und eine glänzende Geigerin, eine geborene Technikerin, ohne Frage. Aber ich habe sie, mit dem ganzen Anhang ihrer Familie, für die sie damals auch sorgen mußte, als Klette empfunden. Sehr mitteilsam, aber absolut kein Geist. Eine unglückliche Liebe. Sie hat mehr geweint als gespielt. Als Frau eine fleischfressende Pflanze.«

»Musik verramschen wie Klopapier«

Seit Anfang der fünfziger Jahre spielt eine andere Frau in Celibidaches Leben die erste Geige, und die hat ihren Part an der Seite des schwierigen Mannes, dieses Einzelgängers der besonderen, besonders anspruchsvollen und anstrengenden Art, übernommen und durchgehalten – nicht selten auf Biegen und Brechen: Ioana.

Mit fünf war die Kleine in Bukarest in die Tanzschule gegangen, wo der Student Sergiu an den Tasten jobbte. Ioanas Mutter war Griechin gewesen, der Vater – als Erbe des Großvaters und zeitweiligen Bürgermeisters von Bukarest – vor allem mit der Verwaltung und dem Inkasso imposanter Immobilien beschäftigt: Krankenhäuser, Raffinerien und diverse stattliche Gebäude unterstanden seiner Verwaltung. Herr Domistrescu war, nicht zuletzt durch seinen wahrhaft bombastischen Bart, eine stadtmarkante Persönlichkeit und galt, mit Recht, als Krösus.

Aber das Mädchen Ioana fühlt sich in dem herrschaftlichen Ambiente seines Zuhauses, mit dem steinreichen Herrn Papa als Zentrifugalkraft, eingeengt. Eine Schwester der Mutter lebt in Paris, und Paris ist für den Backfisch, der seinen ganzen Kopf voll Malerei und die faden, einschlägigen Lehrstätten in Bukarest längst über hat, das Mekka. Mit einem französischen Flugzeug setzt sich Ioana zu ihrer Tante an die Seine ab, ihre ganze Familie bleibt daheim. Das ist 1949, Ioana damals dreizehn.

Lange hält sie es allerdings auch in der französischen Metropole nicht aus. Sie hat dort einen rumänischen Prinzen von Duka kennengelernt, einen, wie sie heute sagt, »phantastischen Mann, sehr verrückt, sehr interessant, der tat nichts«, studierte aber angeblich in Paris: »Er war begabt für viele Dinge und hatte als Designer von Brillengestellen durchaus auch Erfolg.« Sie hingegen muß sich auf der Akademie »unentwegt mit figurativem Zeichnen beschäftigen« und findet das »ausgesprochen öde und langweilig«: »Ich wollte mehr sehen, mehr wissen, mehr erleben.« Ioana und ihr Märchenprinz gehen 1950 gemeinsam nach Buenos Aires, dort heiraten sie.

Es dauert nicht lange, und der Dirigent und die einstige Miniballerina aus der Bukarester Tanzschule sehen sich wieder. Ein Celibidache-Konzert, einer von seinen bis dahin triumphalsten Auftritten auf dem südamerikanischen Subkontinent im Mai 1952. Ioana sitzt im Parkett, auf dem Programm, das weiß sie auch nach Jahrzehnten noch genau, steht unter anderem die Vierte von Brahms. Und auch ihre Erschütterung zeigt bis heute Nachbeben: »Ich war hingerissen, wie alle Frauen. Tot. Auf erotischste Weise vom Schlag getroffen. Ich flippte völlig aus. Er war unglaublich. Verführerisch. Etwas ganz Außergewöhnliches. Klug. Effektvoll.« Ioana steht in Flammen. Kurzerhand brennt sie mit ihrem Landsmann durch.

Zufall das alles? Brahms' Vierte als Schicksalssinfonie? »Ich glaube nicht an Zufall«, kommentiert der greise Ehemann die Chance des damaligen Wiedersehens, »das ist gesetzmäßig geschehen. Das Gesetz entsteht jedesmal, wo die Bedingungen danach sind.« Und die Bedingungen sind hier nach »Elementarliebe« gewesen.

Fortan vagabundieren sie als Duo: Rom, Rest-Italien, Kanada, England, Frankreich, Schweiz, Dänemark, Schweden, »überall waren wir gemeinsam mehr oder weniger auf der Durchreise, immer lebten wir zusammen«. Sagt Ioana. Er sagt dazu nichts.

Ioana malt. »Ich reagiere sehr positiv auf das, was sie macht. Sie weiß am Ende auch gar nicht, was sie tut. Sie kann nicht mal erklären, worin das Richtige besteht. Was ist das Wesentliche? – Sie weiß es auch nicht.«

1 Der junge Pultstar Sergiu Celibidache zum Auftakt einer
grandiosen Karriere, Mitte der fünfziger Jahre

2 Mit Wilhelm Furtwängler auf dem Berliner Flughafen Gatow
vor der Abreise zu einem Gastspiel des Berliner Philharmonischen
Orchesters in Großbritannien, 28. Oktober 1948

3 Mit Ida Haendel, 1954

4 Mit Arturo Benedetti Michelangeli 1992 in München

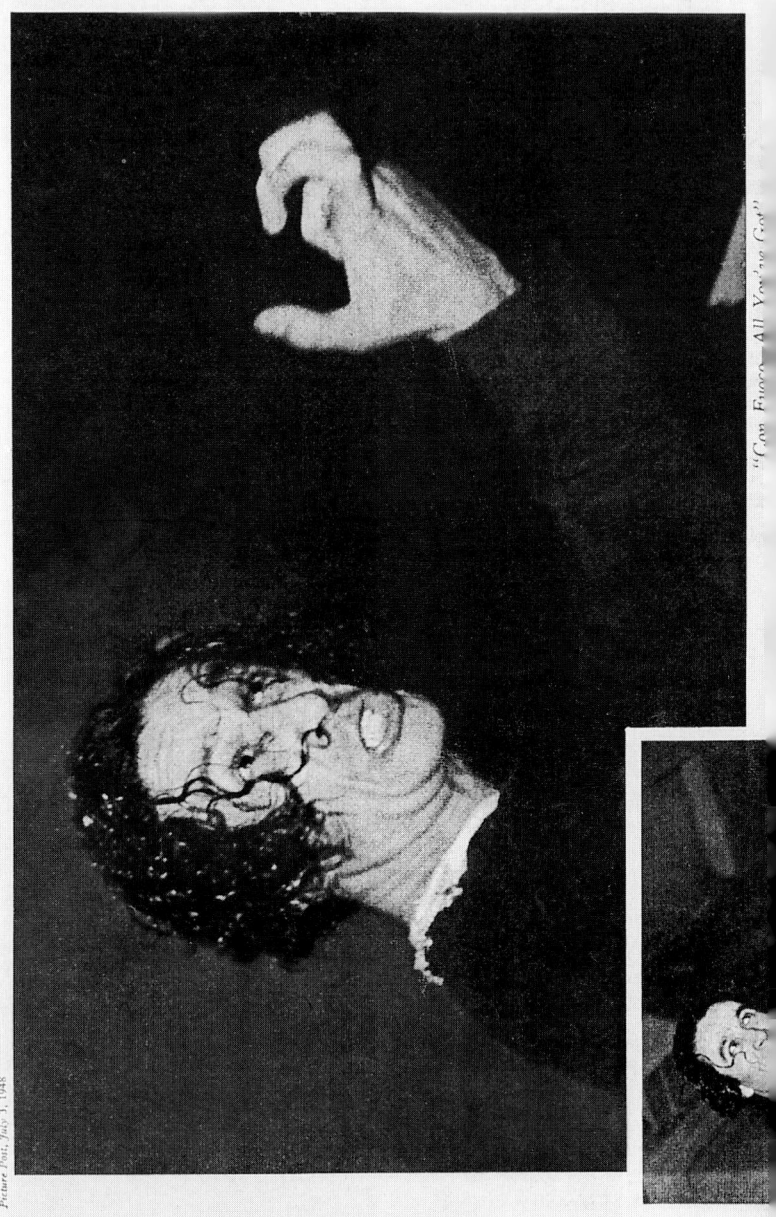

"Gor Fumee, All Van'are God"

CELIBIDACHE

Photographed by RICK RAMAGE

Thirty-six-year-old Rumanian-born conductor. Chosen by the Russians as principal conductor of the Berlin Philharmonic, he conducted in London last week.

"Bravo, Oboe, That Was Beautiful"
The conductor congratulates one of the orchestra for a fine piece of playing in Borodin's *Polovtsian Dances* from 'Prince Igor.'

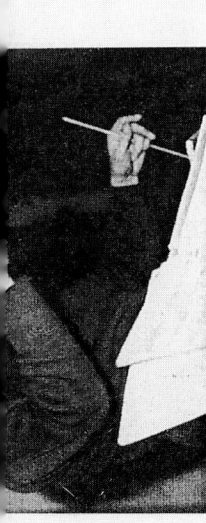

"Delicatissimo, Please"
He got the Berlin job when his predecessor was shot by an American sentry after failing to halt.

The Layman's Image of a Real Conductor
Sergiu Celibidache gives a lead to one of the solo instruments during his hectic rehearsal in London.

5 Bildseite aus der »Picture Post« von Celibidaches Proben mit dem London Philharmonic Orchestra in der Royal Albert Hall, 3. Juli 1948

6 Mit Ehefrau Ioana
in Stockholm

7 Einer der Wohnräume
in der Mühle

8 Vater und Sohn
Serge (4) auf der
Terrasse in Lipari

9 Serge (22)

10 Außenübertragung eines Celibidaches-Konzerts in Taipeh (Taiwan), 1992

11 Meditationsgast Celibidache in einem buddhistischen Kloster

12   Kranzniederlegung am Denkmal des rumänischen Nationaldichters Mihai Eminescu in Bukarest, 1990

13   Mit Bundespräsident Richard von Weizsäcker bei einem
Wohltätigkeitskonzert mit dem Berliner Philharmonischen
Orchester zugunsten rumänischer Kinder in Berlin, 1992

14 Mit Jessye Norman und den Münchner Philharmonikern im
Münchner Gasteig, 1992

15   Mit den Münchner Philharmonikern in Jokohama, 1986

16 Chefdirigent Sergiu Celibidache

Meist reden sie französisch miteinander. Nur wenn sie sich streiten, fetzen sie sich in Rumänisch. »Kesselflicker«, sagt Celibidache mit bissigem Charme, »benutzen immer ihre Muttersprache.« Dabei sind sich beide darin einig, daß eigentlich Ungarisch die ideale Sprache für saftige Kräche sei, das habe »so eine ordinäre Treffsicherheit«, schwärmen beide in schöner Harmonie.

»Sie hat«, sagt der Dirigent über Ioana, »eine unglaubliche Intuition, nicht nur, was mich angeht. Besonders wenn Gefahr droht. Sie spürt vorher: Hier ist was nicht in Ordnung. Aber alle meine Erkenntnisse über mich sind ihr fremd. Sie kennt mich kaum. Was mich im Leben animiert, bleibt ihr verschlossen. Sie ist und war immer auf sich selbst gestellt. Nur Selbsterlebtes und Selbsterfahrenes nimmt sie auf und nimmt sie wahr.«

Ioana läßt sich von ihrem Prinzen scheiden, sie heiratet den Maestro. Am 18. Juni 1968 wird der Sohn Serge Ioan – Spitzname: »Mickey« – geboren. Fortan fliegen die Eltern stets getrennt in verschiedenen Flugzeugen.

»Ich wollte unbedingt einen Sohn«, gibt der Vater zu. »Es war sicher eine Art fixe Idee.« Es kämen »da Gedanken an die Wiedergeburt« auf, »es ist eine komplizierte und geheimnisvolle Geschichte«, wie so oft und so manche in Celibidaches Leben und Lebensbeschreibung. »Es war von Anfang an ein einzigartiges Verhältnis, bis heute«, sagt der Alte, »bei einer Tochter wäre das völlig anders gewesen. Aber ein zweites Kind wollte ich nicht. Bei meinem Beruf hätte ich es auch gar nicht erziehen und sein Aufwachsen gar nicht erleben können.«

»Sergiu war vom ersten Tag an in seinen Sohn verliebt«, bestätigt die Mutter. »Er spielte wunderbar mit ihm, mit den Soldaten und mit den Tieren, er erzählte ihm endlose Märchen und pausenlos Geschichten. Ein sehr guter Vater. Papa ist die Autorität. Ich bin eher his girl friend, und so geht er auch mit mir um: Kommt rein, bonjour, raus, klatsch, weg ist er.«

»Ich war sehr lange frei, als ich das tat, was ich tun sollte«, beurteilt Sohn Serge sein Elternhaus. »Ich sollte nett zu meiner Mutter sein und sehr gut in der Schule.« Dort kommt es, als er vierzehn ist, zu einer »Krise« – nicht weiter ungewöhnlich im Flimmern der Pubertät. Frust, Durchhänger, null Bock. Nur in Mathematik und Physik bringt der Junge unverändert Bestnoten. »Mach das, mach das weiter!« mahnt der Vater, »danach, nach dem Baccalauréat, kannst du mit deinem Leben machen, was du willst.«

Zwischen Mutter und Sohn, gesteht dieser ein, »gab es immer mal wieder Spannungen. Mit ihr hatte und habe ich jeden Tag so meine kleinen Gefechte.« Wenn der Vater was sagt, »reicht das gleich beim erstenmal. Er behandelt mich nicht wie sein Kind, sondern wie einen Freund. Er erzählte mir auch von seinem Glauben und seinen Vorstellungen vom Leben. Alles das erfuhr ich von ihm schon in einem Alter, als ich es noch gar nicht begreifen und ermessen konnte. Heute folge ich ihm in vielem, auch ich glaube an die Wiedergeburt. Sai Baba und Vaters Verhältnis zu derartigen Leuten sind ein anderer Fall. Ich kenne diesen Menschen nicht und kann ihn deshalb auch nicht beurteilen.«

»Mutter hat viel mehr Probleme bei diesem Thema. Sie ist ihrem christlich-orthodoxen Glauben zu stark verbunden. Sie akzeptiert das alles nicht.« Die Folge, laut Sohn: »ein ständiger Konflikt«. Serge »spürte diesen Konflikt eigentlich immer, obwohl er praktisch nie vor meinen Augen und Ohren ausgetragen wurde. Heute, wo ich erwachsen bin, registriere ich diese Spannungen ungleich deutlicher.«

Ist der Vater eher Vater oder Übervater? »Er hat lateinisch-rumänisch-griechisches Blut in sich. Whummm! Wenn er platzt, dann platzt er furchtbar. Die Wände wackeln. Wenn er seine Meinung sagt, dann direkt, ohne Umschweife, auch ohne Rücksicht. Ein Unrecht macht ihn bis ins Mark wütend. Sein Temperament explodiert schnell. Jedes Orchester, vor dem er gestanden hat, kann ein Lied davon singen. Zu Hause kocht er selten über, aber wenn, dann gnade einem Gott!«

»Seine Großzügigkeit und Hilfsbereitschaft sind ungewöhnlich. Er hat eine hohe Moral; Recht und Gerechtigkeit haben für ihn einen überragenden Wert. Geld hat ihn noch nie korrumpiert, niemals. In diesem Punkt ist er unantastbar, ein durch und durch freier Mann.«

»Aber er ist auch ein Extremist, in jeder Hinsicht. Und ein gnadenloser Perfektionist, manchmal, wenn auch selten, sogar zu Hause. Keine Kompromisse – das ist eine hohe Qualität und eine ungeheure Beschwernis im Umgang mit ihm. Merkwürdigerweise kann er seine Meinung auch von einem auf den anderen Tag wechseln, nur weil irgend jemand ihm irgend etwas erzählt hat und er das glaubwürdig findet. Da zeigt er häufig Züge von Naivität, die er nicht haben sollte.«

»Ich besänftige meine Mutter heute oft: Mach keinen Krach, such keine Auseinandersetzung! Laß ihn in seiner Art leben, laß ihn in Ruhe! Er braucht Ruhe und Frieden und stillen Ernst um sich. Jeden Tag mit ihm zusammenzuleben, ist wahnsinnig schwer. Eigentlich unmöglich.«

Knapp zehn Jahre nach dem folgenreichen Wiedersehen von Sergiu Celibidache und Ioana geht der Dirigent erstmals wieder ein längeres festes Engagement ein – »was mit der neuen Lebensgemeinschaft absolut nichts zu tun hatte«, wie er heute beteuert: 1960 steht Celibidache erstmals vor der Königlichen Kapelle Kopenhagen, einem traditionsreichen, aber wenig klangvollen Ensemble. In einer jährlich festgelegten Serie von Konzerten in der dänischen Kapitale und auf zahlreichen Tourneen drillt er den zweitklassigen zu einem hochrangigen Klangkörper. Beim Münchner Gastspiel im November 1961 greift der Kritiker Karl Schumann jedenfalls voll in die Saiten: »Musik-München war aus dem Häuschen... Der Applaus wütete fast vierzig Minuten lang... Celibidache führte sich als ein Dirigent von Weltformat ein: Es präsentierte sich ein schlanker, eleganter Ästhet, mit ausgesparten, graziösen Gesten Klangregie führend, die Virtuosenpose nur zuweilen aus Jux, wie bei der zugegebenen Tritsch-Tratsch-Polka, annehmend.«

Celibidache geht inzwischen auf die Fünfzig zu, aber nicht die Spur von Midlife-Krise oder früher altersweiser Bremswirkung mäßigt sein Temperament oder läßt auch mal die Fünf gerade sein: In achtundzwanzig Proben trainiert er Kopenhagens Königliche auf ihr Reiseprogramm ein, und bei einer Probe mit dem Orchester der RAI in Rom, als die Musiker den zweiten Satz in Beethovens Neunter partout langsamer spielen, als der Maestro dies will, fliegen ihm 1961 sogar die Noten an den Kopf: Celibidache reist stehenden Fußes ab.

Die Beziehung zu Dänemarks Vorzeigeorchester hält nicht lange, trotz der grandiosen Resonanz nach so kurzer Zusammenarbeit. Ende Oktober 1963 meldet die Zeitung *Berlingske Aftenavis*, Celibidache habe Angebote für eine weitere Zusammenarbeit abgelehnt, »weil er sich von einem dänischen Kritiker ungerecht behandelt gefühlt hat«. Einzelheiten bleiben ungenannt und unbekannt. Celibidache heute: »Die Meldung ist Unsinn. Es hatte einfach keinen Zweck mehr. Es brachte nichts. Sie verstanden nichts.«

Statt dessen nimmt Celibidache in Schweden einen neuen Anlauf, angeblich sind die Probenbedingungen beim 1936 gegründeten und auf über hundert Mann Spielstärke aufgewerteten Sinfonieorchester des dortigen Rundfunks besser. Wieder einigt man sich auf eine feste Zahl von Auftritten in Stockholm und auf Reisen durch Europa; für die Zeit nach 1971, also nach den Präludien mit gestrengem Training, werden sogar Überseetourneen ins Auge gefaßt.

Im Oktober 1962 debütiert Celibidache am Pult des Schwedischen Sinfonieorchesters Stockholm. Als er, Jahre später, mit den Radiomusikern wieder in Deutschland auftritt, schreibt Peter Dannenberg anläßlich des Hamburger Konzerts in der *Welt*: »Während Karajan den Kontinent mit Startbahnen überzieht, von denen aus er zu immer neuen Erfolgen aufsteigt, hat sich Celibidache an den Rand des musikalischen Europas zurückgezogen. Sich nur einmal vorzustellen, daß dieser Dirigent in Berlin oder München, Hamburg oder Köln einem unserer großen Orchester vorstehen könnte, bedeutet, sich eine andere, reichere künstlerische Landschaft in Deutschland zu erträumen. Zu schön, um wahr zu sein.«

Auftritt, zwischendurch, in der Tschechoslowakei, 1965 beim Prager Frühling mit der Tschechischen Philharmonie. Gipfeltreffen großer Namen: George Szell, Charles Munch, Zubin Mehta, Georg Solti. Dazwischen der vor Ort für viele Unbekannte: »Ein neuer großer Name!« posaunt die Zeitung *Vecerni Praha*.

»Groß, ja; neu, nein«, korrigiert ausgerechnet das amerikanische Nachrichtenmagazin *Time* die Gastgeber und macht auf diese ungewöhnliche Weise das US-Publikum mit dem zungenbrecherischen Außenseiter bekannt. Titel der Story: »A Man Without«: Der Mann »ohne festes Heimatland, ohne Orchester, ohne Plattenvertrag. Alles, was er statt dessen bieten kann, sind sein Talent und eine großartige Vision«; sein Prager Auftritt – »ein hinreißender Triumph«. *Time* zitiert bei dieser Gelegenheit den bedeutenden Cellisten Gregor Piatigorsky, der sich an ein gemeinsames Konzert in der Mailänder Scala erinnert: »Seine Begleitung war unvergeßlich. Ich spielte ein Konzert, das ich schon hundertemal vorher aufgeführt hatte, aber unter Celibidache kam es mir wie ein völlig neues Stück vor. Ich habe nie verstanden, wie ein so absolut wunderbarer Dirigent gleichzeitig so unbekannt und so wenig gefragt sein konnte.«

Die Verhältnisse in Stockholm geben so etwas wie eine Antwort. Celibidache posiert mit seinen Musikern vor den Kameras der erwachenden, erstarkenden Television – und haßt das Ganze. Die Rundfunkanstalt, bei der er unter Vertrag steht, will mit seinen Aufnahmen (wie immer fast nur Mitschnitte) machen, was ihres Amtes ist – senden, sicher auch mehrmals, also zeitversetzt oder wesentlich später. Sie will sie europaweit anbieten. Er will auch das nicht. Er kriegt Krach mit den Gewerkschaften, die seine Probentermine mit Tarifverträgen durchkreuzen. Es kriselt mal wieder.

Bei der Einstudierung des *Deutschen Requiems* von Brahms – das Stück hat es in sich in der Krächebilanz Celibidaches – wird ein Geiger, der etwas hilflos über die Saiten dattert, rausgeschmissen. Als daraufhin im Chor getuschelt und gestänkert wird, fährt Celibidache eine Sopranistin, Freundin des Geigers, mit drohendem Platzverweis an: »Sie können die Probe verlassen.« Daraufhin Gerede und Heulkrämpfe. Celibidache: »Gut, Sie können bleiben. Aber dann gehe ich.«

Weder die bis heute wohl ruhmreichsten Kritiken in der Geschichte des schwedischen Rundfunkorchesters noch Celibidaches ehrenvolle Ernennung zum Ritter des schwedischen Vasa-Ordens (1970) können den Bruch kitten. Am 21. März 1971 leitet Celibidache die Schweden beim philharmonischen Halali.

Blick zurück im Zorn: »Ich war weder in Kopenhagen noch in Stockholm jemals Chefdirigent. Ich habe Proben, Konzerte und Tourneen gemacht, mehr nicht. Insgesamt eine unerquickliche Zeit. Sie hat nichts gebracht und niemandem weitergeholfen. Und in den Funkhäusern saßen und sitzen nur freundliche, manchmal sehr freundliche Verbrecher, die irgendwelche Geschäfte betreiben und Musik verramschen wie Zigaretten und Klopapier. Vom Wunder der Musik bleiben sie zeitlebens unberührt.«

Stockholm ist abgehakt. Celibidache steuert ein neues Ziel an, erstmals wieder in Deutschland: Stuttgart. Süddeutscher Rundfunk. Sein Arbeitsplatz: wieder ein Funkhaus.

Kür durch die Giftküche

Der Blitz des anderen · Tollhaus Gasteig · Das geigende
Huhn · Platzhirsch gegen Platzhirsch · Carlos Kleiber als
Himmelsbote · Ende einer Männerfreundschaft

Aus Celibidaches Berliner Tagen wird, unter Kollegen, ein nicht unglaubwürdiger Ausspruch des noch jungen Musikers kolportiert: »Ich kenne eigentlich nur zwei Dirigenten auf der Welt, mich und ihn, wenn er Dirigent wäre.«

Ihn, dieses Phantom der Philharmonien, gibt es, tatsächlich und leibhaftig – ein exzentrischer Virtuose, ein genialischer Sonderling; Celibidaches einziger Männerfreund unter Musikern und, wie der Dirigent selbst, ein Monolith im Gewusel des Gewerbes.

Seelenverwandte die beiden, Kampf- und Gesinnungsgenossen. Beide spielen ihr Solo gegen den Rest der Zunft, genüßlich sicher und selbstverliebt, aber auch allen Ernstes und mit einer Härte, die so rücksichtslos ist wie ihr Ideal der Vollkommenheit ehrenwert und unerreichbar.

Wer ist der andere, den der andere Maestro da neben sich duldet?

Mit Konzerten gibt der sich eigentlich ungern ab. Doch selbst wenn er einen Abend zusagt und die Zusage dann auch noch hält, tritt er nicht auf, sondern nur wunderlich in Erscheinung.

Gries und grämig, von den Gaffern im Parkett inkommodiert und durch den Platzregen der Begrüßungsklatscher aus der inneren Einkehr gerissen, schlurft der Unnahbare in müdem Andante übers Podium. Gibt es in diesem Auditorium irgend jemand, der würdig wäre, seiner Kunst zu lauschen? Nach seinem Gesichtsausdruck zu urteilen: nein, niemand. So trägt er noch eine Spur mehr Abneigung auf.

Sein bleiches Antlitz mit den tiefgefroren wirkenden Kerben und Linien zeigt noblen Ekel und eine Schnöseligkeit von aristokratischer Eleganz. Kein Künstler aus der aktiven Interpretenkaste des 20. Jahrhunderts leidet schöner und sehenswerter unter der Bürde, sich wenigstens hin und wieder am Pianoforte gemein machen zu müssen, als dieser Maestro in Moll.

Für Millionen Klassikhörer weltweit heißt dieser Schmerzensmann nur ABM. ABM ist seit Jahrzehnten das erlesenste Monogramm der E-Musik-Branche, und es ist live und leibhaftig kaum mehr zu haben: Die Legende Arturo Benedetti Michelangeli versagt sich nämlich weitgehend allen Umtrieben des Konzertunwesens. ABM stellt sich taub gegenüber den Machern und Wichtigtuern des Gewerbes. Er pfeift sogar auf Verträge und damit auch auf die hysterische Zuneigung seiner immensen Klientel. Er hört nur auf sich, auf die Musik und – zumindest eine lange, beinahe lebenslange Zeit – auf Sergiu Celibidache.

»Er ist ein Genius«, sagt Celibidache über ihn. »Wenn er anmerkt, daß da eine falsche Note war, dann hat er immer recht, auch wenn ich absolut nichts davon gehört habe. Er verfügt über eine Art der akustischen Wahrnehmung, wie sie sonst kein Mensch besitzt. Es gibt keinen anderen Pianisten in der Welt, der eine Woche vor seinem Auftritt bereits in den Konzertsaal kommt, nur um sein Instrument dort zu stimmen und auszuprobieren. Und wenn das Klavier nicht absolut nach seinen Vorstellungen und Ansprüchen perfekt ist, dann verzichtet er auf das ganze Konzert.« ABM – eine Art zweiter Celibidache.

»Ich besitze eine schwarze Liste«

Bei ihrem ersten Zusammentreffen, 1938, war Celibidache noch Student im Berlin der Vorkriegszeit; Benedetti Michelangeli, damals achtzehn, Teenager also und kaum mehr als Novize in der Branche, gab seiner jungen Karriere gerade die ersten fulminanten Schübe. Der Mitschnitt des Grieg- und des Schumann-Konzerts von 1942 (mit dem Radiosinfonieorchester der RAI Rom unter Mario Rossi) beurkundet die ebenso subtile wie mitreißende Virtuosität des smarten Artisten aus Brescia. Celibidache erinnert sich: »Es traf mich wie ein Blitz. Ich dankte Gott, daß er mich nicht zum Pianisten gemacht hatte. Wie sollte man gegen diesen genialen Musiker bestehen?«

»Benedetti Michelangeli spielte damals, in Berlin, die *Paganini-Variationen* von Johannes Brahms, und er spielte sie so, wie ich sie nie zuvor gehört hatte und auch danach nie wieder gehört habe, außer von ihm. Ich saß da in ungläubiger Verzückung und in höchster, angespannter Erregung. Nachher bin ich zu ihm gegangen, in seine Garderobe: Unglaublich!«

Jung-Sergiu platzte förmlich mit all seiner Begeisterung heraus, Jung-Arturo, ein wenig kapriziös damals schon, freute sich verhaltener, wenngleich nicht weniger herzlich über den Enthusiasmus des ihm unbekannten Fans. »Ich habe ihm ohne Umschweife gesagt, daß er eine wirklich große Wiedergabe geschafft und damit einen ganz ungeheuer großen Eindruck gemacht habe. Das hat nun wiederum ihn sehr verblüfft. Woher, hat er mich gefragt, rührt denn dieser besondere Eindruck?« Und Celibidache hat – vieldeutig und vieldeutig lächelnd – nur eine Gegenfrage gestellt: »Ja, woher? Das wissen wir nicht.«

Rätselhaft also begann damals, was im modischen Vokabular »Männerfreundschaft« heißt – zwei Mann, die es gut miteinander können. »Zwischen uns besteht eine Affinität, die auch mich immer wieder in Erstaunen versetzt hat.« Die so lange unverletzbar scheinende und unverletzt gebliebene Beziehung ist in beider Biographie ein absoluter Ausnahmefall. Um so befremdlicher wirkt ihr spätes, schroffes Ende.

Immer wieder haben sie zusammen musiziert: in Italien, natürlich, als Celibidache Berlin den Rücken gekehrt hatte, in London, Paris, in Israel. »Wir haben viele Konzerte zusammen gespielt, ohne daß einer von uns sich jemals gelangweilt hätte. Ich habe ängstliche Momente durchlebt, aber seine Forderungen haben mich niemals nervös gemacht, auch nicht, als mir bewußt wurde, daß ich ihn so sehr liebe, daß ich – ja, ich! – immer nachgegeben habe.«

Bindemittel war stets die wechselseitige Hochachtung. »Wie er es spielt, ist es richtig, nur so«, hat Celibidache die Kunst seines Partners all die Jahre gerühmt. Und eines rechnet er ihm besonders hoch an, weil er gerade darin den Respekt von ABM erkennt: »Er hat mich bis heute nicht ein einziges Mal sitzenlassen.« Die eine Mimose stand immer zur anderen.

Und doch ist es auch in München, im Gasteig, eine Zitterpartie in diesem Frühsommer 1992. Monate zuvor war ABM eigens eingeflogen, um den Saal zu testen, von dessen Akustik so schlechte Kunde ging. »Tut ihm jeden Willen, erfüllt ihm jeden Wunsch!« schärfte Celibidache dem Philharmoniker-Intendanten Norbert Thomas ein. »Wenn es irgendwelche Probleme gibt, schaltet mich ein!« Mit Benedetti Michelangelis Erscheinen wird selbst für Celibidache alles Chefsache.

Erst kommen die Flügel – sei es aus Lugano, aus des Meisters privater Kollektion, sei es aus Hamburg, direkt von Steinway & Sons, wo ABM vorab seine Spiel- und Klangtests absolviert und die Instrumente abhorcht und abtastet, die zu benutzen er sich herablassen könnte. Das Auswahlverfahren ist für alle ein Tort und kulminiert gelegentlich in hochdramatischen Szenen von opernhafter Komik. Diesmal probiert der Klavierspieler zehn verschiedene Instrumente aus. Eines findet Gnade vor seinen Ohren.

Nach dem Flügel kommt, so Gott will, der Herr selbst auf die Bühne. Er trägt zu seinem mimischen Weltschmerz Ton in Ton: schwarzes Jackett, schwarzes Beinkleid, schwarzen Rollkragenpullover. Die streng aus der Stirn nach hinten pomadisierten Haare, einst leuchtend rot, sind geschwärzt, und schwarz ist auch der Schnauzer über den meist zum Strich verkniffenen Lippen.

Der Dunkelmann würdigt die harrende Gemeinde keines Blickes, nicht mal beim angedeuteten Bückling huscht ein Lächeln über seine Züge. Musik zu machen ist so, wie es aussieht, eine Fron, Klavierspiel alles andere als Spiel, und entsprechend geht von den szenischen Präludien einer ABM-Soiree die lockere Laune einer Totenfeier aus.

Wie der füllige und üppig transpirierende Dirigent James Levine die Schweißbiotope auf seinem Kopf und im Nacken bei den Proben stets mit einem überdimensionalen Frotteetuch austrocknet und wie der Tenor Luciano Pavarotti die Naßzellen seines immensen Klangkörpers mit dem allen Belkantofreaks vertrauten weißen

Laken in der Linken wischt, so hat auch ABM für derlei körperliche Aussonderungen ein liebgewordenes Accessoire zur Hand. Es ist ein Tüchlein: klein, fein, schwarz. Mit ihm betupft der Virtuose schon auf dem Weg vom Künstlerzimmer zum Konzertflügel mehrfach Stirn, Augendeckel, Augenhöhlen, Wangenpartien und Lippen. Ganz gelegentlich hüstelt er auch pianissimo in das Stück »pura seta«.

Was Temperament und Lebensart betrifft, sind – scheinbar – keine größeren Unterschiede denkbar als zwischen ABM, dem dünnhäutigen Ästheten mit seinem gezierten Habitus, und Celibidache, der so ungeniert ins volle Menschenleben platzen kann. Was sie verbindet, sind die Kunst und der hohe Anspruch, den sie sich zu deren Erfüllung gesetzt haben. Beide wollen als Musiker auch Maler sein, Virtuosen der Koloristik und der Nuance. Dafür proben und probieren beide bis zum Gehtnichtmehr. Celibidache: »Er phrasiert genauso wie ich, er behandelt das Klavier wie ein Orchester, er spielt absolut sinfonisch. Er verwandelt Tasten zu Flöten und Klarinetten.«

Dieser – wechselseitige – Respekt läßt manchmal sogar Zeichen auch menschlicher Anteilnahme zu, obwohl »wir«, wie Celibidache beteuert, »jenseits des Musikalischen eigentlich keine Freunde sind«. Als der Dirigent Anfang 1992 mit einer Herzschwäche (»Es war kein Infarkt«) ins Hospital eingeliefert werden mußte, war ABM der erste, der ihm, via Fax, Genesung wünschte.

Dieses Fernschreiben war auch Friedensgeste, es beendete die bis dahin erste und einzige Verstimmung zwischen den beiden. Der Streit lag Jahre zurück und hatte zu einer ernsthaften Entfremdung geführt.

ABM, 1980 als Solist auf Japantournee, hatte in Tokio Probleme mit seinem Flügel, das Instrument, klagte der prominente Benutzer, sei auf dem Transport von Europa nach Fernost offenbar zu kalt geworden. »Ich kann nicht darauf spielen«, tat der Pianist vor Ort seinem Agenten kund und beharrte auch auf seiner Weigerung, nachdem ihm eine Auswahl landeseigener Produkte zur Verfügung gestellt worden war: »Es lohnt sich nicht einmal, darüber zu reden – miserabel.«

Die japanischen Gastgeber waren ihrerseits nicht bereit, auf den Sensibilissimus aus Europa und sein Angebot, auf eigene Kosten einen neuen Steinway aus dem Tessin heranzuholen, näher einzugehen: Entweder er spiele, oder man werde seinen kostbaren Privatflügel pfänden, Grund: Vertragsbruch.

Unbeeindruckt von der Prominenz des Verweigerers stellten die Japaner Benedetti Michelangeli unter Arrest; er durfte sein Hotel nicht verlassen. Man konfiszierte seinen Paß. Der Klavierstimmer, getreuer Diener seines Herrn Benedetti Michelangeli, verständigte die Botschaft. Aus Europa kam, telegraphisch, das Geld für den Rückflug. ABM konnte ausfliegen. In seiner Verärgerung schrieb er Celibidache einen Brief, daß er nunmehr nur dann mit den Münchner Philharmonikern auftreten werde, wenn diese vorher alle Japaner – es waren seinerzeit drei – aus dem Orchester aussperren würden. Celibidache fand das Ansinnen mit Recht grotesk und »unanständig«.

Zwar traten beide Musiker im März 1981, im Kongreßsaal des Deutschen Museums in München, mit Beethovens c-Moll-Konzert noch einmal gemeinsam auf, doch dann folgte eine mehrjährige Generalpause – »eine schmerzhafte, peinlich-unverständliche Unterbrechung«, so Celibidaches spätere Beurteilung.

1992 stehen die Zeichen auf Wiedervereinigung, das Ravel-Konzert ist angesetzt. Tagelang übt, horcht, tüftelt ABM stundenlang allein in der Philharmonie. Kein

Außenstehender darf in den Saal, Celibidache läßt sich nicht einmal blicken. Kein Treffen, nichts. Manchmal sitzen die beiden Zimmer an Zimmer, aber keiner macht die Tür zum anderen auf. Erst zum offiziellen Probenbeginn begegnen sie sich mit herzlicher Kühle. Celibidache: »Carissime!« Benedetti Michelangeli: stumm. Es fällt, fürs erste, kein weiteres Wort, nichts Privates, nichts über die Wiedergabe des Werkes. Doch das Eis ist gebrochen, und es schmilzt, als ABM im Hotel Rafael mit dem alten Kumpel erstaunliche Mengen Dom Pérignon schluckt.

Die Proben zu Ravel verlaufen ruhig, konzentriert. Der Mittelsatz, der mit dem langen langsamen Solo des Klaviers anfängt und das Orchester erst spät und mit hauchdünnem Klanggespinst einbezieht, gelingt magisch. Celibidache: »Ich habe jedesmal Angst, mit dem Orchester einzusetzen. Mache ich nicht alles kaputt, was er gezaubert hat?« Nichts geht kaputt, der Zauber bleibt.

Beim ersten der vier gemeinsamen Auftritte droht ein Eklat. Sony hat die Wiedergabe auf Video mitschneiden wollen. Bei den Proben waren alle Einstellungen für Bild und Ton fixiert, alle Beleuchtungsdetails festgelegt worden. Irgendwer muß später die fixierten Werte verändert haben. Wer und ob mit Vorsatz oder aus Fahrlässigkeit, bleibt unklar. Angeblich soll den Sony-Leuten das Licht am ersten Abend zu schwach erschienen sein, sie schalten zu.

Zweiter Abend. Schon in der ersten Konzerthälfte, noch vor der Pause, hatte sich Celibidache geblendet gefühlt: »Kein richtiger Sichtkontakt zur Pauke.« Der Chef wütete und brüllte den Intendanten an: Er möge bei dem Sony-Team gefälligst auf absoluter Einhaltung der vereinbarten Ausleuchtungswerte bestehen. Thomas tat, wie befohlen.

Doch als die beiden Stars dann für Ravel gemeinsam auf die Bühne kamen, knallten die Spots gnadenlos von der Decke. Benedetti Michelangeli fühlte sich sofort empfindlich gestört:»So kann ich nicht spielen«, sagte er noch todernster als sonst,»me ne vado« – ich gehe. Celibidache:»Da muß ich ausgesehen haben wie ein kleines Kind, das stirbt oder das seine ganze Familie verliert.« Benedetti Michelangeli blieb.»Ist in Ordnung«, sagte er leise und sah noch leidender aus als sonst. Wäre es nicht um das gemeinsame Auftreten mit Celibidache gegangen – der Klavierspieler, das beteuerte dieser anschließend mehrfach, wäre gegangen. Celibidache fuchtelte während des Kopfsatzes ständig mit dem Dirigentenstab herum, um die Sony-Techniker auf sich und seinen Protest aufmerksam zu machen. Schließlich wurde das Blendlicht noch während der Darbietung ausgeknipst, die Aufnahme abgebrochen. Der Mitschnitt platzte, Benedetti Michelangeli sagte sofort auch die für die folgenden Pfingsttage angesetzten Soloklavier-Produktionen in München ab.

Szenen wie im Kino, wenn dort zwei Kräutchenrührmichnichtan der philharmonischen Szene ausflippen. Celibidache kreischte die Sony-Mitarbeiter an:»Das ist kriminell.« Die verstanden, sie seien kriminell. Der Intendant kriegte sein Fett weg. Auch Benedetti Michelangeli zürnte, wenn auch vornehmer. Der Gasteig ein Tollhaus.

»Magie des Vollkommenen«, feiert die *Süddeutsche Zeitung* das Ereignis:»groß, überwältigend, vollendet«.»Ein Wunder«, urteilt die *tz*, man habe der »Entmaterialisierung des Flügels« beigewohnt.»Ein Erlebnis wie ein Wunder«, bejubelt die *AZ* das »Gipfeltreffen der Giganten«. Celibidache ein paar Wochen später:»Es war nicht so toll. Er hat ein paarmal zu spät eingesetzt. Was war das? Ich kannte das nicht von ihm. Seine Hände haben furchtbar gezittert.«

Während das Gasteig-Publikum noch heftigst applaudiert, wird, an allen vier Abenden, ein Sessel aufs Podium getragen. »Hommage für den achtzigjährigen Maestro«, erklärt der erste Konzertmeister den Zuhörern die Prozedur, wenige Tage nach dem achtzigsten Geburtstag des Maestros. Eine rührende Zugabe: Arturo Benedetti Michelangeli spielt seinem alten Weggefährten Geburtstagsständchen. Vorher lange, bedeutsam wirkende Konzentrationsminuten, gerade so, als fiele dem Gratulanten nichts Rechtes ein, dann Chopin-Mazurken, Debussys *Hommage à Rameau* nebst Kostproben aus den *Images*, wundervolle, weil wundervoll veredelte Petitessen von Edvard Grieg. Gleichsam ein Privatissimum vor zweitausenddreihundert Gästen. Was in diesem schönen abendlichen Augenblick noch niemand ahnt: Mit diesen kollegialen Extras endet die engste und dauerhafteste Beziehung, die Celibidache jemals mit einem Musiker eingegangen war.

Mit Solisten hat Sergiu Celibidache seine liebe und gewiß oft ungeliebte Not. Sind es die Götter, die er neben sich fürchtet? Ist es der autistische Kult, den der Dirigent mit sich und seinem musikalischen Weltbild treibt? »Ich besitze eine schwarze Liste.« Sie ist seine Bannbulle – wer daraufsteht, hat keine Chancen: Entweder gilt er, ohne jeden Beweis, besser: den Gegenbeweis antreten zu dürfen, als ungeeignet, oder er hat die Prüfung nicht bestanden und ist nun exkommuniziert.

Die Liste ist lang, international prominent besetzt und unter Verschluß. Celibidache genießt die Neugier, die Insider seinem Geheimpapier entgegenbringen. Bis auf wenige Großmeister beiderlei Geschlechts, beispielsweise den stets willkommenen Pianisten Daniel Barenboim oder die gern gesehene Sopranistin Margaret Price, setzt dieser Gotha des Interpretenadels viele große Namen respektlos auf den Index: die Norman, den Pollini, die Geigerin Anne-Sophie Mutter, den Geiger Frank-Peter Zimmermann.

Was muß ein Solist können und beherrschen, wie weit muß er nachgeben, sich fügen und einfügen? Celibidache: »Ich hasse die Solisten, die nicht nachdenken, die alles an den Haaren herbeiziehen und völlig willkürlich machen, was sie wollen.«

Unter dieser Prämisse war David Oistrach für ihn »ein einmaliger, schlechthin idealer, großartiger Musiker«, Jascha Heifetz hingegen »eine einzige Qual«. In Rio de Janeiro hat er es einmal abgelehnt, den französischen Pianisten Alfred Cortot zu begleiten, »mir gefielen seine poetischen Perspektiven nicht, die blieben immer alle gleich«, »seine Rubati – oder was er dafür hielt – und sein Rallentando kamen mir stets unmotiviert und ermüdend vor«.

In höchsten Tönen besingt der Landsmann hingegen die rumänische Pianistin Clara Haskil: »eine wundervolle Konzertspielerin, geistvoll, charmant, durch und durch musikalisch. Viel Humor, viel Lebensfreude«. Wer nur die kleinwüchsige, tief gebeugte Dame mit dem streng geknoteten Haar und einem fast schon beethovenschen Ernst im Gesicht in Erinnerung hat, mag kaum glauben, »daß sie sich«, so Celibidache, »bei Tisch wirklich totlachen und die unglaublichsten Zoten erzählen konnte«.

Schon im Crescendo von Celibidaches Berliner Aktivitäten und Turbulenzen – die Philharmoniker wurden siebzig, Wilhelm Furtwängler war, 1952, wieder voll in Amt, Würden und Ruhm – kam das leidige Thema des Umgangs mit Solisten auffällig hoch.

Am 29. Januar 1952 hatte Celibidache in einem Schreiben an das Orchester (gerichtet an dessen Intendanten Eduard Lucas) die Mitwirkung von Solisten bei seinen

Auftritten rundheraus abgelehnt: Er wolle »ein bißchen sinfonische Kunst« demonstrieren und dabei nicht als »Hausbegleiter« irgendwelcher ihm offenbar größtenteils unerwünschter Instrumentalisten und Sänger fungieren. Lucas antwortete ihm, »in völliger Übereinstimmung mit Herrn Dr. Furtwängler«, am 11. Februar 1952 nach Caracas, daß die jahrelange Selbstbeschränkung beim Engagement von Solisten eine Zwangsfolge der Nachkriegsjahre gewesen sei, »force majeur, da wir lange nicht an eine genügende Anzahl guter Solisten herankommen konnten«. Dies sei »nun Gott sei Dank anders geworden«, so daß das Orchester und auch sein Chef Furtwängler den »Brauch der Heranziehung von Solisten zu jedem Konzert« wiederbelebt haben wollten: »Wir bitten Sie also, sehr verehrter Herr Celibidache, diesem Umstande Rechnung zu tragen... Wenn wir Ihrem Standpunkt folgen würden, so wären ja alle Dirigenten Hauskapellmeister.«

Einer der wenigen Musiker, die in der dann folgenden Saison – und auch sonst recht häufig – mit Celibidache auftraten, war der Pianist Helmut Roloff.

Über zwanzigmal, in Berlin, später auch in Italien und Skandinavien, haben Roloff und Celibidache gemeinsam musiziert: neben Dinu Lipattis *Concertino* die letzten drei Beethoven-Konzerte, das Klavierkonzert op. 28 des Chilenen Juan Orrego-Salas, die *Variations symphoniques* von César Franck und das g-Moll-Konzert von Felix Mendelssohn-Bartholdy. Die Verbindung hielt fast fünfundzwanzig Jahre. »Wir hatten«, bilanziert Roloff, »praktisch keine Probleme, niemals. Der Ton bei den Proben war geradezu kameradschaftlich, die Zusammenarbeit beispielhaft.« Sicher, so darf man vermuten, war der allürenlose Roloff für Celibidache ein pflegeleichter Mitspieler, der sich dem herrischen Maestro gegenüber zurückgehalten, das heißt in diesem Falle: zurückgenommen haben dürfte.

»Ist es böse, die Wahrheit zu sagen?«

Neben Arturo Benedetti Michelangeli, der seinerseits seine Auftritte so erlesen rar wie philharmonische Preziosen ansetzt, hat in den letzten, den Münchner Jahren kein Musiker häufiger und offenbar auch herzlicher mit Celibidache gemeinsame und vor allem harmonische Sache gemacht als Daniel Barenboim.

»Er kann nicht dirigieren, aber er ist ein guter Pianist«, urteilt Celibidache. Die beiden haben die letzten drei Beethoven-Konzerte, die beiden Brocken von Brahms, das Schumann- und das b-Moll-Konzert von Tschaikowski gespielt, letzteres am 16. September 1989 auch als »Werkhallenkonzert« vor zweitausendsiebenhundert Autobauern beim einstigen Philharmoniker-Sponsor Audi in Ingolstadt – eine tönende Dankadresse des Orchesters für die finanzielle Unterstützung während der zurückliegenden Nordamerikatournee.

»Sein Tempo ist der Substanz der Musik und des Klanges verbunden«, äußert sich Barenboim über Celibidaches Bruckner-Stil, was genausogut für das gemeinsame Konzertieren gilt: »Wichtig ist für ihn die Art, wie ein Instrument zum anderen führt, wie jede Phrase ihren Höhepunkt hat, wie er das Prinzip der Spannung und Entspannung anwendet.«

»Celibidache«, resümiert Barenboim, »... ist einer der schärfsten musikalischen Köpfe, denen ich je begegnet bin. Ich glaube nicht, daß ich nach Proben und Konzerten mit ihm jemals von München weggefahren bin, ohne neuen Stoff zum Nachdenken gehabt zu haben... Die ständige Beschäftigung mit Phrasierung und Artikulation hat jeden Musiker bereichert, der Celibidache kennengelernt hat.«

Wirklich jeden? Der Geiger Frank-Peter Zimmermann fühlte sich jedenfalls nicht nur bereichert, sondern – nach den Präludien zu einer Aufführung des Brahms-Konzerts – auch belastet und beengt. Bei Celibidache, gestand Zimmermann 1988 in einem Interview der *Welt*, könne sich der Solist weder Freiheit noch Spontaneität leisten: »Bei ihm muß man sich vollkommen unterordnen. Er ist ein hervorragender Dirigent, aber er schreibt einem sogar vor, wo man atmen darf und wo nicht.« Anderthalb Stunden hätten sie allein an den ersten Takten des ersten Violin-Orchester-Dialogs laboriert, »ich wußte danach nicht mehr, ob ich die Geige links oder rechts halten muß«. Das gemeinsame Konzert fand nicht statt.

Celibidache Jahre später: »Richtig, das Konzert hat nicht stattgefunden, aber es ist nicht gescheitert. Zimmermann ist eine ganz große Begabung. Ich nehme ihn sehr ernst. Ich wollte ihm nur meine Kenntnisse, die ich in achtzig Jahren gewonnen habe, mitteilen. Ich hatte auch den Eindruck, daß er das versteht. Dann kam sein Brief mit der Absage. Warum? Ich hatte ihm nur zu zeigen versucht, wo Brahms geatmet hat. Ich, Celibidache, habe keine persönliche Vorstellung. Die Phrase hat eine eigene Morphologie, da gibt es nichts zu interpretieren. Wenn Zimmermann sich von Brahms eingeengt fühlte, ist das nicht die Schuld von Celibidache.« Pause, Nachsatz: »Es fehlt bei allen das hohe Wissen. Man kann überhaupt nicht falsch oder richtig atmen, vielleicht medizinisch, nicht aber musikalisch. Wer weiß denn überhaupt, wie Klang vom menschlichen Geist artikuliert wird?«

Am 6. April 1962 kommt es in der New Yorker Carnegie Hall zu einem merkwürdigen Ereignis, und dieses hat nur scheinbar mit Celibidache nichts zu tun. Das Datum ist ein Fixpunkt in der Laufbahn des kanadischen Pianisten Glenn Gould. Auf dem Programm steht das d-Moll-Konzert von Brahms, Leonard Bernstein begleitet mit dem New York Philharmonic Orchestra. Bernstein tritt auf die Bühne und sagt dem verblüfften Auditorium unter anderem: »Sie werden gleich eine – sagen wir: ziemlich unorthodoxe – Aufführung... erleben, eine Aufführung, von der ich mir nie hätte träumen lassen – mit extrem langsamen Tempi und zahllosen Abweichungen von Brahms' dynamischen Angaben. Ich kann nicht behaupten, daß ich mit Mister Goulds Konzeption völlig einverstanden wäre, und so stellt sich die interessante Frage, warum ich heute überhaupt dirigiere. Ich dirigiere, weil Mister Gould ein so wertvoller und ernsthafter Künstler ist, daß ich alles das hinzunehmen bereit bin, was er aus Überzeugung spielt, wie er es spielt...«

Dann fügt Bernstein eine Art Kommentar zum Grundgesetz des Konzertierens an: »Es bleibt freilich die spannende Frage: Wer ist bei einem Solokonzert der Boß – der Solist oder der Dirigent? Die Antwort liegt auf der Hand: mal der eine, mal der andere. Immer aber gelingt es den beiden, zu einer einheitlichen Aufführung zu gelangen – sei es durch Überzeugung, durch Charme oder durch Drohungen.«

Bei der Beantwortung der Frage, »warum ich diese Aufführung dirigiere«, fügt Bernstein als »schließlich viertens« an, daß »es in der Musik auch ein gewisses sportives Moment gibt, wie es Dimitri Mitropoulos einmal genannt hat, ein Moment der Neugier, des Abenteuers und des Experimentierens«. Kommentar im Fall Celibidache überflüssig: Zumindest der greise Dirigent kann und will der Musik kein »sportives Moment« mehr abgewinnen, er hat Neugier durch Definitives, Abenteuer durch Erfahrung und Experiment durch Ziel ersetzt – ein Quader von vitaler Unbeweglichkeit.

Nach Glenn Goulds Tod kam eine Art Antwort des Pianisten zu dem Vorfall an die Öffentlichkeit. Zitat: »Die New Yorker Presseleute allerdings... haben sofort... kundgetan, es sei in aller Öffentlichkeit zu einer jener klassischen Streitereien zwischen Dirigent und Solist gekommen. Aber das war ganz eindeutig nicht der Fall. Obwohl Mr. Bernstein tatsächlich ganz und gar nicht mit meiner Deutung des Werkes einverstanden war, nahm er das Risiko auf sich, sie nach besten Kräften zu unterstützen; die daraus resultierende Aufführung mag vielleicht eigenwillig gewesen sein, war aber in jeder Hinsicht so abgesprochen.« Für den alten Celibidache gibt es in solchen Fällen keine Absprache, sondern nur einen Spruch, den seinen, den in letzter Instanz.

Zu einem spektakulären Eklat durch fulminanten Crash in Celibidaches ambivalenter Beziehung zu seinen solistischen Mitstreitern kam es Mitte 1985 im Münchner Herkulessaal. Angesetzt war beim »Festlichen Sommer« der Philharmoniker, zwischen Webers *Freischütz*-Ouvertüre und Dvořáks *Sinfonie aus der Neuen Welt*, das Violinkonzert d-Moll von Jean Sibelius. Solistin: Anne-Sophie Mutter.

Celibidache empfängt die damals einundzwanzigjährige Stargeigerin bei der Probe mit dem ebenso freundlichen wie kategorischen Imperativ: »Nun vergessen Sie mal alles, was Sie bei Herrn von Karajan gelernt haben.« Das heißt soviel wie: Sie fangen hier und jetzt gefälligst wieder bei Null an.

Es ging nicht. Es flogen zwar keine Fetzen bei dem untauglichen Versuch der Annäherung, aber die Scheidung war gründlich und endgültig. Die Solistin, damals gerade als Ziehtochter Karajans (und damit als künstlerisches Geschöpf von Celibidaches Erzfeind) auf rasantem Erfolgskurs, war nicht gewillt, ihre Interpretation »völlig Maestro Celibidaches unverrückbaren Vorstellungen zu unterwerfen«: »Meine Achtung gegenüber der Komposition, den Münchner Philharmonikern und dem Publikum verbietet mir ein solches Experiment.« Folgt: kurzfristige Absage des Auftritts am Morgen der Aufführung.

Infolgedessen wurde das Sibelius-Konzert, laut offizieller Begründung, »im Einvernehmen mit Sergiu Celibidache aus künstlerischen Gründen« gestrichen. An seiner Stelle wurde Joseph Haydns *Militärsinfonie* gespielt.

Am Abend flackert spürbare Unruhe durch das ausverkaufte Auditorium. Mutter-Freaks gegen Celi-Freaks, das Orchester uneins. Als der Dirigent erscheint, geht wütender Protest los. So viele Pfiffe und Buhs – weit stärker als Beifallsbekundungen – hat der Generalmusikdirektor der Stadt noch nie vor Ort über sich ergehen lassen müssen. Er tut es mit versteinerter Mimik. Er begrüßt, scheinbar seelenruhig, den Konzertmeister und stellt sich, statt wie gewohnt auf das Podium zu gehen, in seiner ganzen würdigen Autorität vors Publikum. So wartet er, ein gußeisernes Denkmal der Unberechenbarkeit und Unerbittlichkeit, auf das Ende der Demo. Der Lärm ebbt ab, er verstummt. Nach langem, demonstrativ gelängtem und gelenktem Zögern gibt Celibidache sein Zeichen zum Einsatz.

Zu dem Vorfall schrieb Albrecht Roeseler in der *Süddeutschen Zeitung*: »Konnte die junge selbstbewußte Dame nicht dem Rat des so viel älteren erfahrenen Maestro nachgeben? Oder mußte der alte Herr partout den Eklat riskieren, in dem er eine wirklich erfahrene und weltberühmte Musikerin zwang, sich quasi im Schnellverfah-

ren einem strikten Celi-Kurs zu unterwerfen?«Schnell-
verfahren?, Celi-Kurs?, unterwerfen? – für Celibidache
alles Fremdworte eines Ahnungslosen.

Jahre später auf den Vorfall und die Künstlerin angesprochen, giftet der Dirigent in der aus solchem Anlaß
häufig recht unchevaleresken Manier und nimmt kein No-
tenblatt vor den Mund.»Eigentlich eine dumme Gans.
Sie kann sicher viel auf ihrer Geige, aber es steckt in allem,
was sie macht, keinerlei wirkliche, musikalische Größe.
Sie hat keinen Sinn für Visionen. Sibelius aber braucht
Visionen. Sie ist bloß ein geigendes Huhn. Sie ist mickrig
und peinlich.«

Der ungewöhnliche, schockierende, bei allen Bräuchen
der Branche aneckende Ton, den Celibidache sich gegenüber Instrumentalisten oder Gesangssolisten heraus-
nimmt, wird, wenn es um die Herren Kollegen Kapellmeister geht, gleich noch um einige Grade drastischer. In
ihrer rigiden und entsprechend verletzenden Schärfe sind
die Urteile des Dirigenten über Dirigenten konkurrenz-
los – allerdings nur insoweit, als Celibidache sie vor der
und für die Öffentlichkeit fällt.

Er macht eigentlich nur jenen galligen Spott und kollegialen Hohn publik, den alle anderen hinter vorge-
haltener Hand oder im verschwiegenen Zirkel, hinter den
Kulissen oder beim Tratsch in der Kantine, betreiben.
Mit seinem toxischen Gehechel und Geflüster ist der
Konzertbetrieb, dieser scheinbar so abendländisch um-
wölkte Marktplatz, eine einzige Giftküche. Celibidache
rührt auch da seine Pülverchen lieber vor Publikum an,
er hat es gern live, wenn er andere madig macht.

Die Kür aus Neid, Mißgunst und, natürlich auch,
aus respektlos-richtiger Einschätzung gilt in sogenannten
Künstlerkreisen als Amüsement von herrlich lästerlichem
Reiz. Aber man verteufelt scheinbar taktvoll, weil ver-

schwiegen, und stilvoll, weil diskret. Im vermeintlichen Schutz vor der langohrigen Öffentlichkeit rollen die Köpfe, da kriegen die Säulen und die Säulenheiligen ihren Knacks, und nicht selten kippen die Denkmäler beim Tratsch zuhauf, wenn Kollegen am Thron von Kollegen sägen. Nur Celibidache outet sich und seine Opfer ungehemmt, ungehobelt, selten – aber doch manchmal – mit grandioser Treffsicherheit, und er läßt die Öffentlichkeit vorsätzlich dabei sein, wenn er, der Reißwolf, den Promis am Zeug flickt.

Über seine Motive, ungeschminkt und ungeschützt über die Zunft herzuziehen und dabei womöglich gleich sämtliche Kollegen mit sämtlichen Bädern auszuschütten, ist manches gerätselt und gedeutet worden: Wahrheitsliebe und nichts als Wahrheitsliebe? Spaß am Biß? Freude am Verletzen? Oder bloß zynischer Spieltrieb, eine maghrebinische Variante des Vabanque, mit diebischem, vielleicht sogar diabolischem Ergötzen über den Wirbel, den er auslöst? Honny soit, wer Böses dabei denkt, wenn Celibidache Böses sagt und sich die Galle genüßlich auf der Zunge zergehen läßt.

»Ich wüßte nicht, warum es böse, frech oder hart sein soll, die Wahrheit zu sagen«, kommentiert der Dirigent seine Offenheit: »Ich behaupte, der objektivste Dirigent zu sein.« Warum er geredet habe, bei diesem oder jenem Interview, und warum mit so wenig Contenance? »Ich wurde gefragt. Ich habe jedesmal absolut nur das gesagt, was ich gemeint habe. Verboten? Außer von Furtwängler habe ich von keinem Dirigenten etwas gehalten.«

Celibidaches langjähriger Impresario in Spanien, Alfonso Ajon, ein iberischer Buddenbrook des Musikerhandels, nimmt Celibidaches Lästerzunge mit verständigem Lächeln ernst: »Wenn er die Dinge, die Leute und die Mißstände beim Namen nennt, bleiben alle ruhig. Das ist nicht nur komisch, das ist auch auffällig und vor allem vielsagend. Keiner der Angegriffenen meldet sich, niemand wehrt sich oder schlägt zurück. Niemand riskiert mit ihm eine Diskussion über Musik. Celibidache erlaubt sich da eine intelligente, sicher auch vorwitzige, intellektuelle Spielerei – klar, vor allem um zu provozieren. Er möchte eine Diskussion eröffnen: Who is who in music?« Celibidaches einschlägige Ein- und Ausfälle sind Legion. Interview in der Münchner *Abendzeitung* vom 21. März 1972: Rafael Kubelik? »Ein großer Musiker, ein kleiner Dirigent.« Lorin Maazel? »Ein zweijähriges Kind, das von Kant redet.« Herbert von Karajan? »Wenn auch kein Genie, so ist er doch der Größte. Wie er seine Mayonnaise anrührt beim Dirigieren, erinnert frappierend an De Sabata.« Georg Solti? »Als Pianist hervorragend. Als Dirigent ein mediokres Ohr, wenig Technik!«

Celibidache-Interview in der *Süddeutschen Zeitung* vom 17. August 1978, Überschrift: »Sind die Dirigenten alle Ignoranten?« Celibidaches Antworten: »Man hat immer gesagt, Toscanini sei der einzige gewesen, der getan hätte, was in der Partitur steht. Dabei war Toscanini der einzige, der überhaupt keine Musik gemacht hat, nur Noten. Er war eine reine Notenfabrik.« Frage: »Gibt es heute einen Dirigenten, der es realisiert, wie Sie es denken?« Antwort: »Nein – soweit ich die Dirigenten kenne. Vielleicht gibt es in einem kleinen Dorf, völlig ohne Ansprüche, ohne der Ewigkeit dienen zu wollen, einen Dirigenten, sei es nur bei einem Volkschor, der Musik macht.« Oder: »Ist [Karl] Böhm nicht zu schnell, der noch keinen einzigen Takt Musik in seinem Leben dirigierte? Auf der Platte ist alles ein Salat.« Oder: »Wer wird von Journalisten angenommen..., wenn er sich nicht einreiht in die Phalanx der Ignoranten, die die Dirigenten offenkundig sind, da sie ignorieren, was in den Noten steht, geschweige denn

wissen, was hinter ihnen steckt? Wenn Leute, die das
Musikleben mitbestimmen, zu einer Komposition wie Ravels *Ma mère l'oye* sagen, was wollen Sie dieses Scheißstück
machen – Herr Gamsjäger, Intendant zu Wien, sagte es;
Gott gäbe es, daß ich nie wieder in Wien dirigiere –, dann
wird man es schwerhaben, sich wirklich entwickeln zu
können als junger Mann, abseits, befreit vom Standard.«

»Ich habe da einen Fehler gemacht«

Dann, am Wochenende 23./24. Juni 1979, kam Celibidache mit voller Breitseite in die *Abendzeitung* – ein Ham-
mer zwischen Schmäh und Schmähung. Niemals zuvor
und nie wieder danach hat Celibidache so hemmungslos
und ganz offenbar mit so viel zorniger Lust zum großen
Rundumschlag ausgeholt und dabei ohne Rücksicht auf
Verluste und Verletzungen die Vips des Gewerbes an-
geprangert und aufgespießt.

Über das Berliner Philharmonische Orchester: »Sie
haben die beste Baßgruppe der Welt, und so sind jetzt alle
Konzerte der Berliner Konzerte für Kontrabässe und be-
gleitendes Orchester. Ein Krebsballett, alle Stimmen in
ihrer Prioritätenordnung durcheinander.«

»Je mehr ich von Karl Böhm höre, um so klarer ist mir
der Abstand zwischen ihm und dem, was eventuell Musik
in seinem Herzen sein könnte.«

Frage des Interviewers Helmut Lesch: »Kollegenkritik
gilt heutzutage als grobe Unhöflichkeit. Vermutlich werden Sie deshalb kaum Kontakt mit Dirigentenkollegen
haben.« Antwort: »Kaum. Ich kenne heute keinen Dirigenten, der Musik macht... Kubelik ist wohl der einzige,
mit dem man zu einer gewissen Entsprechung kommen
könnte. Sawallisch halte ich für einen Hochschuldirektor.

Er ist kein Musiker, sondern ein Mezzoforte-Mann, den die Italiener den Langstrecken-Spezialisten in Mezzoforte nennen. Und Karajan? Ich weiß, er begeistert die Massen. Coca-Cola auch.«

Ob das allgemeine Musikniveau also im argen liege? »Wir haben in Deutschland, in der Provinz unglaubliche Begabungen. Und Professoren dazu, die falsch erzogen wurden. Wir unterwerfen uns den Amerikanern, israelischen Geigern, russischen Pianisten und Karajan-Preisträgern. Die können doch trotz der Preise Idioten bleiben, oder? Und im Funk. Seit fünfundzwanzig Jahren vegetieren dort die Musikdirektoren vor sich hin.«

Im Finale des Gesprächs bekamen auch die Wiener Philharmoniker noch ihr Fett weg: »Da kritisierte ich mal die ersten Geigen. Da sagte das Orchester, dann lassen's die ersten Geigen halt laut spielen. Das ist die Gestaltung der Musik vom Dickdarm aus, wofür man eigentlich eine Nase bräuchte. Gibt es musikalische Dummheit?, frage ich.«

»Celi-Schnauze«, raunzte die *Stuttgarter Zeitung.* »Gibt es nur Celibidache?« barmte es den *Bayernkurier.* »München wollte einen Star. Jetzt hat es ihn«, kommentierte die *Frankfurer Rundschau*, nicht ohne lokale Schadenfreude, »und ächzt.« Celibidaches »Temperamentsausbrüche erinnern daran, daß gerade Stars nicht immer reibungslose Kulturabläufe gewährleisten«. Selbst die hanseatisch zurückhaltende *Zeit* vervielfältigte von Hamburg aus dem Münchner GMD ein paar Fußtritte: »Um München in die rechte Ausgangslage zu rücken«, bemerkte dort Albrecht Roeseler zu den »Attacken des neuen Generals«, habe Celibidache »auch noch den Posten eines ungebetenen Belehrbeauftragten« übernommen und »seine zukünftigen Dirigenten-Kollegen wissen [lassen], was er von ihnen hält – nämlich gar nichts.«

Karl Böhm ließ die Münchner Philharmoniker damals indigniert wissen, »daß ich die zwischen uns bestehende Vereinbarung für Konzerte in der Saison 1979/80 als gelöst betrachte und auch in absehbarer Zeit nicht mehr am Pult der Münchner Philharmoniker stehen werde«.

Eine Woche nach dem *AZ*-Gespräch machte die Zeitung Platz für das Echo. Der Schlagerkomponist Peter Kreuder telegraphierte »tiefste Empörung« über die »herablassende arrogante Art«, wie Celibidache sich über »seine viel größeren weltbekannten Kollegen und Orchester« ausgelassen habe: »Warum bleibt er nicht, wo er war?«

Thea Böhm, Ehefrau des attackierten Dirigenten, teilte mit, sie habe in ihrem »ganzen Leben noch nie Cola getrunken, aber wenn es so schmeckt, wie Karajan dirigiert, werde ich's jetzt probieren«.

Auch Celibidache meldete sich und tat seine Verärgerung darüber kund, daß seine Angriffe gegen Joachim Kaiser, den Chef-Musikkritiker der *Süddeutschen Zeitung*, gestrichen worden seien. Dazu die *AZ*, ein wenig unfein kneifend: »Wir meinen, das ist ein Strauß, den Celi mit unseren Kollegen von der *SZ* ausfechten muß und nicht mit uns.«

Die von der *Abendzeitung* unterschlagene Kaiser-Schelte kam wenig später im *Spiegel* zur Sprache. Kaiser hatte, nach einem ihm fragwürdig scheinenden Brahms-Abend des neuen Generals, in einhundertdreiundsechzig Zeilen ohne huldigenden Respekt »Celibidaches Glanz und Grenzen« abgeklopft und geurteilt: Bei dem Neuen habe man »die Pianissimi und die Bögen, es fehlt aber das Gefecht«. Es fehlten, laut Kaiser, auch »lebendige Innenspannung« und, überhaupt, »das drängende Leben«: Die dritte Brahms-Sinfonie glaubte Kaiser »noch nie so spannungsarm, so widerstandslos, so klein-feurig gehört zu haben...«.

»Er spricht von meinen Grenzen, das setzt doch voraus, daß er seine kennt«, höhnte Celibidache gegenüber der *AZ*-Redaktion und schmähte Kaiser als Karajan-Freund, schlechten Klavierspieler und »Dilettanten, der in seinem eigenen Loch begraben ist«. Damit war die Partie Platzhirsch gegen Platzhirsch eröffnet.

Nach seinem *AZ*-Interview von 1979 und den Turbulenzen, die es in München, im Orchester, im Betrieb und im Getriebe der E-Musik-Schaffe auslöste, hat Celibidache nicht wieder so auffallend und ausfallend über seine Kollegen vom Leder gezogen. Allerdings hat er seitdem weder geschwiegen noch gekuscht, sondern sich allenfalls mal auf die Lippe gebissen oder sich – häufigster Fall – dem Vorwitz der Preßbengels einfach entzogen. Er verweigerte sich fortan weitgehend dem großen Lauschangriff des verhaßten Metiers.

Aber es gab Ausnahmen. Eine widerfuhr Harold C. Schonberg, damals, 1984, noch Kritikerpapst fürs Klassische in New York und bei der *New York Times*. Celibidache gibt am 27. Februar 1984 in der Carnegie Hall sein US-Debüt, da ist er dreiundsiebzig, Spätlese. Er dirigiert das Symphony Orchestra of the Curtis Institute, keines der »big orchestras«, keinen Klang- und Knallkörper der Prestigekultur. Drei Wochen hat er am Curtis Institute unterrichtet, sechs Tage die Woche, täglich zwei Sessions. Er hat die jungen Musiker gedrillt, für acht Takte beanspruchte er eine halbe Stunde, für den New Yorker Einstand zwölf Proben.

»Endlich taucht Celibidache auf und sagt seine Meinung«, titelte die *New York Times* über den vollen Satzspiegel. Was folgte, waren Paukenschläge nach Münchner Vorbild.

Toscaninis Ideen werde er »bis zu meinem letzten Blutstropfen bekämpfen«. Karajan, Bernstein, Mehta, Muti? »Sie leben nicht in meiner Welt. Muti hat ungewöhnliches Talent, ist aber ein Ignorant wie Toscanini.« Eugene Ormandy? »Wie konnte so ein mittelmäßiger Kapellmeister Nachfolger Stokowskis werden?« Und Stokowski? »Ein König der Farben.« Wenigstens das.

Im März 1988, auf einem Abend der »Freunde der Münchner Philharmoniker«, läßt Celibidache noch einmal seiner Galle freien Lauf. Claudio Abbado, erfahren bei dieser Gelegenheit die Freunde des Orchesters, sei »ein völlig unbegabter Mensch. Eine Qual. Drei Wochen ohne Essen würde ich überleben, drei Stunden im Konzert – Herzinfarkt. Bei ihm werde ich wütend.« Den Philosophen und Musikforscher Theodor W. Adorno ernennt er zum »größten Schwätzer der Weltgeschichte«. Das Auditorium amüsiert sich verunsichert – Kopfschütteln, Kopfnicken. Nein, dieser Celi!

Nachdem der *Spiegel* im April 1989, anläßlich der ersten US-Tournee der Münchner Philharmoniker, eine längere Personalgeschichte über Celibidache gedruckt und darin, unter dem Titel »Der Fliegende Holländer in L.A.«, noch einmal die griffigsten Verbalinjurien des Maestros aus den letzten zwanzig Jahren kompostiert hatte, kam zum Potpourri der hübschen Flegeleien ein wundersames Zeichen – in englischer Sprache – von oben, Absender: Arturo Toscanini, »Himmel«.

Als »Vermittler« der ungewöhnlichen Botschaft, gleichsam als Dolmetscher zwischen Oben und Celibidaches irdischem Unflat, gab sich Kollege Carlos Kleiber zu erkennen, einer der extrem publizitätsscheuen Stars des Gewerbes. Kleiber – kein Interview, nicht ein einziges verbürgtes Treffen oder gar Gespräch mit Journalisten. Fast jeder Zeitungsschreiber aus dem Feuilleton hat in seiner Kuriositätensammlung jene berühmte Postkarte, auf der der Unansprechbare seine Unansprechbarkeit zum wievielten Male wiederholt. Nein, danke, leider nicht. Und genau dieser umjubelte Privatier im Zeitalter der ungehemmten PR spielte nun Himmelsmacht und Briefträger und verbreitete via Telex seine Botschaft. Wortlaut: »Lieber Sergiu! Wir haben im SPIEGEL von Dir gelesen. Du nervst, aber wir vergeben Dir. Es bleibt uns nichts anderes übrig: Vergeben gehört hier zum guten Ton. Kartoffelsack-Karli [Karl Böhm, den Celibidache einmal als Kartoffelsack bezeichnet hatte] erhob einige Einwände, aber als Kna [Hans Knappertsbusch] und ich ihm gut zugeredet und ihm versichert haben, daß er musikalisch sei, hörte er auf zu lamentieren.

Wilhelm [Furtwängler] behauptet plötzlich steif und fest, daß er Deinen Namen noch nie gehört hat. Papa Joseph [Haydn], Wolfgang Amadeus [Mozart], Ludwig [van Beethoven], Johannes [Brahms] und Anton [Bruckner] sagen, daß ihnen die zweiten Violinen auf der rechten Seite lieber und daß Deine Tempi alle falsch sind. Aber eigentlich kümmern sie sich einen Dreck drum. Hier oben darf man sich sowieso nicht um Dreck kümmern. Der Boß will es nicht.

Ein alter Meister des Zen, der gleich nebenan wohnt, sagt, daß Du den Zen-Buddhismus total falsch verstanden hast. Bruno [Walter] hat sich über Deine Bemerkungen halb krankgelacht. Ich habe den Verdacht, daß er Dein Urteil über mich und Karli insgeheim teilt. Vielleicht könntest Du zur Abwechslung mal auch was Gemeines über ihn sagen, er fühlt sich sonst so ausgeschlossen.

Es tut mir leid, Dir das sagen zu müssen, aber hier oben sind alle ganz verrückt nach Herbert [von Karajan], ja die Dirigenten sind sogar ein klein bißchen eifersüchtig auf ihn. Wir können es kaum erwarten, ihn in etwa fünfzehn bis zwanzig Jahren hier herzlich willkommen zu heißen. Schade, daß Du dann nicht dabeisein kannst. Aber man sagt, daß da, wo Du hinkommst, viel besser gekocht wird und daß die Orchester dort unten endlos proben. Sie machen sogar absichtlich kleine Fehler, damit Du sie bis in alle Ewigkeit korrigieren kannst. Ich bin sicher, daß Dir das gefallen wird, Sergiu. Hier oben lesen die Engel alles direkt von den Augen der Komponisten ab, wir Dirigenten brauchen nur zuzuhören. Nur Gott weiß, wie ich hierher gekommen bin. Viel Spaß wünscht Dir in aller Liebe Arturo.«

Wie hat Celibidache selbst die himmlisch-charmanten Sottisen seines sonst so verschwiegenen Kollegen gefunden und empfunden? »Ich kenne sie nicht, ich weiß nicht, wovon Sie reden.«

Kleiber hat Celibidache, als dieser Anfang 1992 mit einer Herzattacke ins Hospital kam, auf schnellstem Wege einen Genesungswunsch zukommen lassen, fast so fix wie Arturo Benedetti Michelangeli. Kleiber besucht häufig Celibidaches Konzerte. Manche folgern daraus, er sei Celi-Fan. Niemand weiß Genaueres.

Ende Oktober 1992, auf dem Rückflug der Münchner Philharmoniker von Japan, treffen sich beide Dirigenten im First-Class-Deck einer Lufthansa-Boeing 747-400. Das heißt: Sie treffen sich nicht, weil sie aneinander vorbeilaufen und Blickkontakt vermeiden. Kleiber geht einmal von seinem Sitz nach hinten, um eine Zigarette zu rauchen. Gleichzeitig reden ein paar Philharmoniker auf Celibidache ein, den ersten Schritt zu tun. Der Alte ziert sich. Nach zwei Stunden hebt sich der schwere Mann mühsam aus seinem Sitz und geht auf Kleiber zu. Die Triebwerke verhindern, daß O-Ton der Unterhaltung über die Sitze der beiden hinausdringt. Nur soviel: »Warum dirigieren Sie eigentlich alles so furchtbar schnell?« Kleibers Antwort und alles Folgende wird überdröhnt.

Natürlich hat Celibidache seine Meinung über Carlos Kleiber: »Er ist für mich ein unmöglicher Dirigent. Kein Mensch kann bei seinem wahnsinnigen Tempo etwas erfahren. Kleiber geht vorbei am heiligen Klang. Das finde ich tragisch. Er hat niemals erfahren, was Musik sei.« Muß Kleiber, müssen alle Dirigenten dirigieren wie er, sind sie nur dann seiner Wertschätzung sicher? »Nein, ich wäre ein Idiot, wenn ich erwarten wollte, daß alle auf meiner Seite sind und alle hinter mir stünden. Und ich bin kein Idiot.« Aber manchmal ein furchtbarer Kunstrichter.

Hat er Freunde, kennt er Zuneigung, außer von Frauen und von, vielleicht, der Familie? »Kaum. Sehr wenig. Es fällt mir schwer.« Er sagt es mit tiefernstem Ritardando.

Nicht mal die eine große, ein langes Menschenleben überspannende Beziehung bleibt bestehen: Celibidache ist über achtzig, Benedetti Michelangeli über siebzig, als auch diese Freundschaft zerbricht – leise, wie zufällig, offenbar endgültig.

Am 26. September 1992 spielen die beiden, seit Monaten gleichsam für die gemeinsame Japantournee als Probe geplant, verabredungsgemäß das a-Moll-Konzert von Robert Schumann. Kein Werk verbindet sie enger. München, Gasteig. Celibidache begleitet äußerst zurückhaltend, fast ein wenig unentschlossen, als wolle er, um Gottes willen, nur ja nichts gefährden und nur ja niemand verunsichern. Benedetti Michelangeli bleibt unüberhörbar hinter seiner einstigen einsamen Meisterschaft zurück: Eusebius und Florestan zeigen seniorenhaftes Moderato, der Aufschwung ist gebremst, die Träumerei merkwürdig distanziert – alles klassizistisch gezügelt, ein

Spiel, wie's scheint, ohne Risiko, Gediegenheit der Spitzenklasse.

»Ein Gipfeltreffen schwieriger Großmeister..., das alle miterleben wollten und für die letzten Karten horrende Schwarzmarktpreise zahlten. Und hinterher?« fragte Klaus Bennert damals im Präludium seiner Kritik in der *Süddeutschen Zeitung* und überschrieb seine Kritik mit der treffenden, trefflichen Zeile: »Die Tragik des Perfekten.« So gehen Celibidache und Benedetti Michelangeli auf Fernostreise. Die Ankündigung des Duetts löst in Japan einen Vorverkaufsrekord aus, die Rekordpreise steigen bis, umgerechnet, auf 365 Mark, in knapp vierzig Minuten sind alle Billetts vergriffen. »Daß man Michelangeli-Tickets in Tokio im Nu wie eine rare Droge unter Süchtigen handelte, versteht sich freilich von selbst«, berichtete die *FAZ* aus Fernost.

Benedetti Michelangeli hat sich schon eine Woche vor seinem ersten Auftritt mit seinem Klavierstimmer in Klausur begeben, um sich auf Höchstform zu drillen und seine Instrumente entsprechend zu perfektionieren. Offenbar hat das Ergebnis die Erwartungen des Tokioter Publikums voll erfüllt: »Jedenfalls gelang es beiden Maestri«, schreibt Manfred Osten in der *FAZ*, »ihre Zuhörer in einen hypnotischen Zustand zu versetzen, der noch nach dem letzten Akkord des Klavierkonzerts anhielt, um sich dann in frenetischem Beifall und stehenden Ovationen zu entladen.«

Die Kritiker vor Ort indes sind weniger in hypnotischem als in hellwachem, äußerst hellhörigem Zustand. »Wir vermißten, bei beiden Maestros, die energiegeladene Aufführung, die wir eigentlich erwartet hatten«, schreibt *Yomiuri Shinbun*, und H. Iwai résumiert in *Mainichi Shinbun* unter der Überschrift »Die musikalische Energie ist im Schwinden« ungleich härter: »Wir müssen diese langsamen Tempi und stumpfsinnigen Rhythmen akzeptieren, weil die beiden eben achtzig und zweiundsiebzig Jahre alt sind. In der Vergangenheit haben sie ein Wonnegefühl verbreitet... Ich habe ein ungutes Gefühl bei der Ästhetik der beiden Alten...«

Als dieses – von seiner fernöstlichen Herkunft aus – fast exotisch anmutende Valet auf eine abendländische Künstlerpaarung von einst makelloser Stimmigkeit erscheint, ist das Traumpaar eigentlich schon geschieden.

Am 5. Oktober 1992 druckt der italienische *Corriere della sera* unter dem Rubrum »Spettacoli« ein noch vor Antritt der Reise in München geführtes Interview mit Celibidache über den italienischen Starpianisten und Künstlerfreund Benedetti Michelangeli.

»Angst« mache ihm, Celibidache, des Partners »unendliche Einsamkeit«. Frage: »Woher ist diese Einsamkeit entstanden?« Antwort: »Aus der Abwesenheit eines menschlichen Herzens in seinem Leben. Manchmal ändert er sich völlig. Wenn ihm beispielsweise eine Frau besonders gut gefällt, wird er ein anderer Mensch – voll Esprit. Dann erzählt er, ist brillant und höchst unterhaltsam.« Frage: »Haben Sie ihn in Lugano besucht?« Antwort: »Ja, er lebt dort ein einfaches, manchmal merkwürdiges Leben. Einmal hat er den ganzen Winter lang vor Kälte gezittert. Aber als ich nach Monaten zurückkam, fand ich das Haus von drei Meter hohen Holzstapeln eingeschlossen, alles Vorbereitungen für den Winter. Vor lauter Holz fand man noch nicht einmal den Eingang.«

Mit dieser Petitesse, einer Enthüllung vom Ausmaß einer Fußnote, scheint ein stillschweigendes Abkommen, das mehr als ein halbes Jahrhundert gehalten hatte, gebrochen – Benedetti Michelangeli, der Eremit hinter der hölzernen Mauer, sieht sich und seine Privatsphäre öffentlich gemacht und öffentlich kritisiert. Ausgerechnet der verläßlichste, verschwiegenste Kumpel hat, ohne Not, den Vorhang gelüftet und den multimedialen Gaffern einen Einblick in den Intimbereich des anderen verschafft: »Er braucht«, läßt sich Celibidache vernehmen, »wahrlich eine Person, die ihn liebt und schätzt und die ihn nicht kritisiert.« Und der Leser muß annehmen, daß es diese Person nicht gibt.

Arturo Benedetti Michelangeli ist enttäuscht und verschnupft. Er signalisiert, daß er die menschliche und künstlerische Partnerschaft für beendet ansieht: keine gemeinsamen Konzerte mehr, weder in München noch auf Tournee. Reparaturversuche, die aus Celibidaches Entourage unternommen werden, bleiben ohne Erfolg: Der bockige Maestro kann sich zu keiner Versöhnungsgeste durchringen, der Brief, der die Fehde vielleicht ungeschehen machen könnte, bleibt ungeschrieben.

Monate später gesteht Celibidache in kleinem Kreis: »Ja, ich glaube, ich habe da einen Fehler gemacht.«

Schlagende Wetterle

Das Auto mit drei Rädern · Gangstertum im Sendesaal ·
Fieberlose Krisen · Häuptling von Sankt Florian · Ein
Zuckerl für Verbrecher · Engelszungen am Rheinufer

Am 26. Mai 1972 sitzt Sergiu Celibidache im Salon des Hotel San Donato in Bologna und verfaßt – recht seltener Fall – handschriftlich einen Brief. Empfänger: der »liebe Herr Dr. Gaessler«, seinerzeit Programmchef Musik beim Süddeutschen Rundfunk in Stuttgart. Der Text: »Ich habe *Wilhelm Tell* mit Muti in Florenz gehört: große Enttäuschung. Musik für ihn ist, alles zusammenhalten. Leider ist das, was er kann, von keinem Wert für Sie. Er ist total unsensibel an allem, was für mich in der Musik wesentlich ist. Somit bleibt das Problem des Dirigenten etwa so akut, wie es war, leider. Ich suche weiter. Herzliche Grüße Ihr Sergiu Celibidache.«

Der Dirigent auf Dirigentensuche. Die schwäbischen Radio-Sinfoniker waren seit zwei Spielzeiten ohne Chef, ein nach Meinung aller Verantwortlichen auf Dauer unhaltbarer Zustand.

Celibidache hatte das Orchester am 11. September 1958 zum erstenmal geleitet – zu einer Zeit, als seine Berliner philharmonische Gloriole in Deutschland fast noch ihre Wirkung tut. Der Erfolg des Stuttgarter Debüts führte zu einem raschen Dakapo: Auf den Tag genau ein Jahr später legte der Fliegende Holländer aus Rumänien wieder einen Zwischenstopp am Neckar ein, wieder besang ihn die Lokalpresse in hohen Tönen: Über der

»revuehaften Show, die sich auf dem Dirigentenpult abspielt« und die »praktisch als außermusikalischer und zusätzlicher, wenn auch amüsanter Effekt neben der Musik einherläuft«, vergaß der Kritiker Dieter Schorr in der *Stuttgarter Zeitung* nicht »den Klangzauberer vom Range Stokowskis«, den »eminenten Rhythmiker« und die »hohe musikalische Kapazität des Pultvirtuosen«.

An eine feste, längerfristige Bindung dachte damals niemand, und erst acht Jahre später ließ sich Celibidache dann auch wieder beim SDR blicken: beim Schlußkonzert der zehnten »Woche für leichte Musik« – die niemals als Woche für leichtgewichtige Musik konzipiert und realisiert wurde, zu der Celibidache auch schwerlich als Galionsfigur und Publikumsmagnet gepaßt hätte.

Grundidee der Veranstaltung war, bei dieser Gelegenheit die verschiedenen Klangkörper des Senders in einem Crossover von sogenannter unterhaltender und sogenannter ernster Musik zu kombinieren. Celibidache wählte ein Programm zwischen Andrea Gabrieli und Paul Hindemith, gestattete eine Live-Übertragung im Rundfunk, erntete laute Bravos und hatte wohl ein wenig Feuer gefangen. Jedenfalls posierte er sogar, zur Verblüffung der Funkleute, des Publikums und der Musikszene, für zwei TV-Produktionen seiner Probenarbeit, die – wie auch mit Ferenc Fricsay, Carlos Kleiber und Georg Solti – unter dem Titel *Bei der Arbeit beobachtet* bundesweit ausgestrahlt wurden und bis heute hohen dokumentarischen Reiz und Rang besitzen.

Im Juni 1971 kehrt Celibidache, frisch vom Krach mit dem Stockholmer Sender animiert, zum Stuttgarter Sender zurück. Immerhin ehrt ihn der SDR mit der Leitung des Jubiläumskonzerts für sein fünfundzwanzig Jahre altes Sinfonieorchester, und solche Honneurs hat der Maestro immer gern akzeptiert und honoriert.

Nach dem Eklat in Schweden ist Celibidache wieder mal frei. Die SDR-Oberen können also Hoffnung hegen, den Schwierigen fester an ihr Funkhaus zu binden. Aber der Umbuhlte ziert sich und verspricht lieber, sich nach einem geeigneten Chefdirigenten umzuhören und selbst allenfalls als gelegentlicher Gast in Erscheinung zu treten. Riccardo Muti, damals noch fast ein unbeschriebenes Blatt und nur unter Eingeweihten bereits als frisches Wertpapier gehandelt, dünkt ihn also ungeeignet. Michael Gielen, den die Funkleute auch im Visier hatten, sagt ab. Karl Münchinger tritt von dem bereits weitgehend fixierten Vertrag zurück. »Die Lösung der Dirigentenfrage«, heißt es in einem senderinternen Diskussionspapier, »gewinnt neue Aktualität und dringliche Bedeutung.«

In diesem schon Monate vor Celibidaches Muti-Schelte verfaßten Protokoll taucht auch Celibidache selbst als möglicher Kandidat auf: »Er hat angeboten, dem Orchester zweimal jährlich für je eine Periode von drei bis vier Wochen im Herbst und im Frühjahr zur Verfügung zu stehen.« Prophetisch ist angemerkt: »Etliche Schwierigkeiten, die aus den besonderen Vorstellungen und Wünschen dieses Dirigenten resultieren, müßten dabei noch geklärt werden.« Aber auch das klingt seherisch: »Celibidache, der vom Orchester in richtiger Erkenntnis seiner außerordentlichen künstlerischen Persönlichkeit geschätzt und begehrt wird, würde ihm ohne jeden Zweifel zu hohem Renommee im Bereich eines erweiterten traditionellen Repertoires verhelfen und mit seinem Namen auch den notwendigen Marktwert für dieses Renommee liefern.«

Schließlich kommt auch der kommerzielle Aspekt zur Sprache: »Celibidache hat wie künstlerisch so auch finanziell seine besonderen Bedingungen; er beansprucht pro

Konzert zweitausend Dollar (dies ist ein internationaler Standard, von dem er schon aus Prestigegründen verständlicherweise nicht abgehen kann). Da er pro Arbeitsperiode zweimal drei Programme in sechs Konzerten aufführen will, ergeben sich aufs Jahr gerechnet zwölf Konzerte à zweitausend Dollar oder derzeit rund 85 000 Mark.«

Anfang Januar 1972 reist SDR-Programmdirektor Peter Kehm mit Musikchef Willy Gaessler ins alpine Courchevel, wo Celibidache mit Sohn Serge Winterurlaub macht. »Er empfing uns freundlich, und wir wurden rasch einig.« Wichtigster Passus, weil später häufiger Grund für Mißverständnisse, Fehldeutungen und daraus folgende Querelen: »Den Titel eines Chefdirigenten wollte er nicht annehmen, obgleich er es de facto war... Der Maestro unterschrieb keine Verträge, grundsätzlich nicht. Er bevorzugte althergebrachte Formen. Ein Handschlag unter Männern, ein Blick ins Auge des Partners genüge, meinte er.« So Kehm im Rückblick.

Am 25. Januar 1972 hält Kehm die Resultate der Vereinbarung vorsichtshalber in einem dreiseitigen Schreiben an den Dirigenten fest. Es kommt keine Antwort, es kommt kein Widerspruch. Die Sache scheint gegessen.

»Große Probleme sind für große Menschen«

Daß sich Celibidache so kurz nach dem Stockholmer Zerwürfnis überhaupt wieder auf ein festes Engagement, zumal unter den vergleichbaren und damit besonderen Arbeitsbedingungen einer Rundfunkanstalt, ansprechen läßt, konnte sich Ferdinand Sieger, Stuttgarter Rechtsanwalt und lange in den Aufsichtsgremien des SDR, leicht erklären: »Er hatte nichts, gar nichts, außer ein paar über die weite Welt verstreuten Gastspiel-Verpflichtungen. Er nahm das mit großer Gelassenheit, nicht aber Ioana, die machte Dampf und half uns dadurch weiter.«

Am 30. Mai 1972, also nur wenige Tage nach der Stellungnahme zu Muti aus Bologna und dem Versprechen, er werde weitersuchen, diktiert Celibidache in seiner Mühle in Neuville-sur-Essonne ein ausführliches Schreiben, das auf vier Seiten eine Art Gutachten über das Orchester liefert und das mit der pathetischen Formel schließt: »Die Richtigkeit meiner Bewertungen kann man nur dann verstehen, wenn man die Warte ständig vor dem Auge hält, von der das alles bemessen und abgeschätzt wurde; Weltklasse ist unser Ziel, und unsere Mittel sind die höchsten Maßstäbe.«

Empfänger des Briefes, eines in jeder Beziehung, gerade auch in der Wortwahl, erhellenden Dokumentes, ist der damalige SDR-Intendant Hans Bausch. Der Grund des Schreibens: »In der Saison 1972–73 soll meine Zusammenarbeit mit dem Orchester des S. D. Rundfunks eine intensivere Form annehmen«, die Bestandsaufnahme liefere er »im Interesse einer Vervollständigung, Erneuerung und Normalisierung des Apparates«.

Das Orchester, dem er sich künftig mehr zu widmen gedenke, sei »ein durchaus spielfähiges Ensemble« mit »wohltuender Begeisterungsfähigkeit«. »Mit der Ausnahme der Trompetengruppe« seien alle »jederzeit in der Lage, geistig und manuell, den höchsten Ansprüchen... zu genügen... Die Zahl derjenigen, die die Fähigkeit des musikalischen Verstehens und Korrelationierens nicht haben, ist... ebenso klein wie die Zahl derjenigen, die kein Bedürfnis haben, die eigene selbstherrliche Ignoranz zu bekämpfen.«

Folgt »meine sachliche Analyse aller mitwirkenden Elemente«. Die Zensuren im einzelnen, auszugsweise zitiert: Erste Geigen – »eine recht musikalische und intelligente Gruppe«. Zweite Geigen – »die schwächste Strichergruppe im Orchester«, »viele Klanglücken«, »ungenügende Anteilnahme und falsche Dosierung«, »nicht einheitlich und befriedigend«. Bratschen – »die beste Gruppe im Orchester«. Kontrabässe – »willig und aufmerksam«. Flöten – »sehr gute Gruppe, mitunter ausgezeichnete Leistung. Sie wird sehr weit kommen.« Oboen – »das gleiche wie bei den Flöten«. Klarinetten – »Gruppe muß ganz anders stimuliert werden und ist dem Kollektiv eine ganz andere Leistung schuldig«. Fagott – »Gruppe nicht vollständig, Herr... ist am Ende seiner künstlerischen Laufbahn angekommen«. Trompete – »die schwächste Gruppe im ganzen Orchester. Leider nur ein einziger Mann könnte, nach gründlicher Revidierung seiner Technik, einen Platz in einem Ensemble von internationaler Bedeutung besetzen. Die Gruppe braucht ab sofort zwei neue erstklassige Mitglieder. Ich warne, diesbezüglich einen Kompromiß zu suchen.« Hörner – »gute Gruppe«. Posaunen – »Problem ist gelöst«. Schlagzeug – »klein, aber wach und zum Teil sehr gut«. Harfe – »das Orchester braucht ab sofort einen neuen Meister dieses Instrumentes«. Konzertmeister – »Neubesetzung sehr notwendig. Unter keinen Umständen kann Herr... weiter die verantwortliche Führung übernehmen. Er führt nicht.«

Im Sommer 1972 beginnt der gestrenge Zensor mit der Arbeit in Stuttgart. Ende November desselben Jahres wagt man bereits eine Minitournee nach Nürnberg, Duisburg und München. »Was hat dieser Celibidache nur fertiggebracht!« jubelt die *Stuttgarter Zeitung*, und das Publikum vor Ort fällt begeistert ein.

Doch allen Schalmeien zum Trotz beginnt es, von der Öffentlichkeit praktisch noch unbemerkt, im Funkhaus bereits zu kriseln. Celibidache fordert seit seiner Orchestersterbenotung unermüdlich die Aufstockung des Ensembles; die leitenden Senderherren lehnen unter Hinweis auf die kritische Finanzlage des öffentlich-rechtlichen Rundfunks ab, oder sie vertrösten auf irgendeinen Sankt-Nimmerleins-Tag.

Am 23. Dezember 1972 gibt Celibidache an den »sehr geehrten Herrn Intendant« und »lieben Herrn Dr. Bausch« seine Weihnachts- und Neujahrsbotschaft auf die Post – eines der raren höchstpersönlichen Schreiben, in denen der Dirigent sachliche Forderungen und persönliche Wertungen in stolzer Offenheit darlegt: »Ich glaube, daß 1972 ein erfolgreiches Jahr für Sie und Ihre Mitarbeiter war. Aber mit Sicherheit kann ich Ihnen sagen, daß, was das Sinfonieorchester betrifft, 1973 ein noch besseres sein wird.« Aber schon im zweiten Absatz läßt Celibidache die Friedensglocke verstummen. Auch für ihn sei 1972 »ein gutes Jahr«, und die »von Ihnen angebotenen Möglichkeiten« seien »vielversprechend« gewesen. »Trotzdem möchte ich Ihnen gestehen, daß die Aussage, es könne im Sinfonieorchester keine Stellenvermehrung geben, mich sehr nachdenklich gemacht hat; denn ich sehe nicht viel Sinn darin, daß man einem guten Fahrer zwar ein gutes Auto gibt, aber nur auf drei Rädern fahren läßt« – »ein Problem von großer Bedeutung. Es ist für Sie scheinbar noch ein größeres; große Probleme aber sind für große Menschen da. Nach allem, was Sie sich selbst wünschen, wünsche ich Ihnen für 1973 ein viertes Rad, denn anders hat es nicht mal den Sinn eines Versuchs. Nur eine große musikalische Leistung kann in Deutschland die vielen Gelder rechtfertigen. Alles andere bleibt ein jämmerlicher Luxus.«

Dann packt Celibidache seinen Adressaten an der Ehre. Er »persönlich« wisse »ganz genau, daß das, was ich erwarte und verlange, innerhalb Ihrer Möglichkeiten – Herr Dr. Bausch – liegt.« Coda, ganz à la Celibidache: »Vergessen Sie bitte nicht, daß ich ein sehr radikaler Mensch bin, gedenke nicht anders zu werden, und daß ich so viel Respekt erwarte, wie ich Ihnen entgegenbringe.« Schlußakkord: »Nach einer einzigen positiven und gründlichen Periode der Zusammenarbeit spricht man ganz groß von Ihrem Orchester. Am Silvesterabend trinke ich ein Glas Sekt auf das noch größere.«

Bausch ist kein Mann, der kuscht oder buckelt. Am 17. Januar 1973 antwortet er Tacheles: »Könnte ich souverän entscheiden, dann bräuchten wir uns nicht lange über Ihren Wunsch zu unterhalten, das Südfunk-Sinfonieorchester zu vergrößern. Aber ein Rundfunkintendant ist keinem Monarchen vergleichbar, der sich sein Hoftheater einrichten konnte, wie er wollte.« Die Sender kämen »in die roten Zahlen«, »wir kämpfen um eine Erhöhung der Rundfunkgebühren«, »alle Welt fordert von uns Rationalisierung und Einsparung…« In dieser Situation könne er seinem »eigenen Verwaltungsrat keine Stellenvermehrung vorschlagen, wenn ich glaubwürdig bleiben will… So kann ich nur versprechen, im Jahr 1973 alle Weichen zu stellen, damit möglicherweise 1974 ein erster Teil Ihrer Wünsche erfüllt werden kann…«

Um die Jahreswende trüben noch andere Schlagwetter die für eine harmonische Einarbeitungszeit benötigte Ruhe und Entspannung in Stuttgart. Musikchef Gaessler soll ein paar abfällige (oder abfällig zu deutende) Äußerungen über den SDR-Gast und Celibidache-Freund Arturo Benedetti Michelangeli gemacht haben, die gleich beide Mimosen, den Dirigenten und den Pianisten, verärgert haben. Gaesslers Vorgesetzter Kehm läßt daraufhin Celibidache schriftlich wissen, Gaessler habe sich »bereit erklärt, während der bevorstehenden Tournee Herrn Benedetti Michelangeli gegenüber nicht in Erscheinung zu treten«. Auf dem Programm steht nun also auch Versteckenspielen.

»Leider kompliziert die von Ihnen dargelegte Stellungnahme... die Situation«, antwortet Celibidache postwendend aus dem Düsseldorfer Hilton-Hotel und hakt in dem »peinlichen Vorfall« bei Kehm nach: »Vierundzwanzig Stunden, nachdem er [Gaessler] Ihnen versichert hat, keine derartigen Äußerungen über Michelangeli gemacht zu haben, gestand er mir in Nürnberg, wie leichtfertig und letztlich ohne Begründung er sich über Michelangeli ausgelassen hatte.« Zwei Wochen später schreibt Gaessler dem eingeschnappten Klaviervirtuosen einen Entschuldigungsbrief. Bei Celibidache hat er fortan noch schwereres Spiel, das spätere Zerwürfnis ist bereits programmiert.

»Sie haben mich wie Dreck behandelt«

Am 19. November 1973 gastiert Celibidache mit den SDR-Sinfonikern in Göppingen. Der Dirigent ist unwirsch, die Stimmung verhagelt. Celibidache fühle sich »nicht genügend umsorgt«, wie eine SDR-interne Hausmitteilung überliefert, und »unter Preis verkauft. Das sei zwar ein liebes, aber eben kein Publikum für C. Ebensowenig würde Karajan dort Konzerte machen, und C. liege nun auf der gleichen Ebene, auch wenn er, wegen seiner Schwierigkeiten, auf dem internationalen Konzertpodium nicht so gefragt ist.«

In den Abmachungen zwischen Dirigent und Sender ist vereinbart, daß Celibidaches Konzerte »in der gewohnten Weise« übertragen, aufgenommen »sowie anderen Rundfunkorganisationen zur Übernahme« angeboten würden,

»und zwar sowohl zur Direktübertragung wie auch zu einer einmaligen zeitversetzten Sendung«.

Dieser Passus bleibt ein chronischer Streitpunkt. »Damit hatte ich im Rundfunkrat ewig Schwierigkeiten«, erinnert sich Sieger. Viele Konzerte seien eben nicht übertragen, sondern als Live-Mitschnitt zeitversetzt gesendet worden, als Konserve.« Und Konservierung lehnt Celibidache – alle Welt weiß und bedauert es – als musikwidrig ab. Sieger: »Er wußte genau, daß die Bänder mit seinen Aufnahmen auch archiviert und immer mal wieder ausgestrahlt wurden. Das geschah gegen sein dauerndes Veto. Jedesmal tobte und polterte er. Aber schließlich nahm er es zur Kenntnis, protestierte, grollte und schritt nicht weiter ein.«

Heute sind die Stuttgarter Bräuche – gleichgültig, ob sie nun vertraglich gedeckt oder am Rande, gar jenseits von Treu und Glauben und Respekt vor dem Dirigenten praktiziert wurden – Celibidache nur noch eine böse Miene und eine miesmachende Handbewegung wert: »Sie haben mich da oft wie Dreck behandelt«, krächzt er und legt als Make-up einen besonders verächtlichen Gesichtsausdruck auf, »Stuttgart war reines Gangstertum. Das Funkhaus wimmelte von Verbrechern. Ich weiß nicht, wie und warum ich das ausgehalten habe. Alles kriminell, alles kriminell.«

Celibidache hat in Stuttgart gesundheitlich eine schlechte Zeit. Die Beine machen ihm viel zu schaffen, die Füße sind stets geschwollen und schmerzen. »Mit dreißig«, sagt er, habe es angefangen, »eine Übersäuerung des Blutes. Ich habe unvernünftig gelebt. Aber eine Krankheit ist immer gesund. Sie hält einen fern von größeren Dummheiten, etwa vom Rauchen und von hohem Alkoholkonsum. Ich hatte fieberlose Krisen. Aber das ging nie soweit, daß ich nicht hätte dirigieren können.«

214

Mit einundvierzig hat er seine regelmäßigen Yoga-Übungen begonnen, »mein Wissen darüber war vorher viel zu klein«. Yoga sei »die Beherrschung der ganzen Situation«, es sei »Meditation und damit Musik«. Auch Yoga fällt ihm in Stuttgart immer schwerer. Manchmal muß er gestützt aufs Podium geleitet werden, einmal sogar im Rollstuhl fahren. »Da siehst du einen alten Mann die Treppe herunterkommen«, sagt er einer Verehrerin aus früheren, rüstigeren Tagen bei der Prozedur, vors Orchester zu gelangen.

Celibidache begibt sich in die Hände eines Heilpraktikers, »der die Schmerzen lindern, aber deren Ursachen nicht beseitigen konnte«. Er versucht es mit Hypnose. »Unter fünfzehn Leuten, die da auf einer Bühne zusammenkamen, war ich der einzige, der nicht hypnotisiert werden konnte.« Ein anthroposophischer Arzt, »ein sehr guter Freund von mir«, behandelt ihn mit Bienengift, »über zwanzig Jahre war ich sein Patient«. Ferdinand Sieger erinnerte sich an Celibidaches Erzählungen von einem indischen Wunderheiler, »der ohne einen einzigen Schnitt Massen von Blut und Gewebe aus seinen Beinen geholt« habe. Nach dieser »Wunderbehandlung«, so Sieger, »hat er sich jedenfalls immer besser gefühlt und konnte oft auch wieder stehend dirigieren«.

Doch die Beschwerden bleiben, und sicher sind sie auch ein Grund für Celibidaches unberechenbaren, oft als unbeherrscht empfundenen Umgang mit den Zuständigen im Stuttgarter Funkhaus. Jurist Sieger: »Die Personen, mit denen er sich überworfen und verkracht hat – davon bin ich überzeugt –, haben in keiner Weise, auch nicht fahrlässig, diese Animositäten verursacht und verschuldet. Das liegt vielmehr in der Widersprüchlichkeit seines Wesens.«

»Dafür habe ich ein wundervolles Beispiel. Er wollte wieder mal mit jungen Menschen arbeiten, diskutieren, philosophieren. Er bat mich darum, diesen Gedanken beim Sender durchzusetzen. Das brauchte Zeit. Er dachte an Studenten der Musikhochschule und an Schüler aus den Musik-Arbeitsgemeinschaften in den Gymnasien. Nach den organisatorisch schwierigen Vorbereitungen kamen dann etwa siebzig junge Leute zusammen. Alle waren gespannt und mit Sicherheit in bester Absicht und sehr motiviert erschienen. Was passierte? Celi saß da und sagte zu jedem und allem Nein. Nein. Nein, nein, nein, nein. Nach einer halben Stunde stand er plötzlich auf, war vollkommen verärgert – kein Mensch wußte wieso –, verließ grußlos den Saal und fuhr zu Walter Henschel, dem Solobratscher des Orchesters, der außerhalb Stuttgarts wohnte und, gleichsam mit Familienanschluß, zu seinen Stuttgarter Freunden zählte.« Dort habe er auch immer mal wieder übernachtet. Eine Wohnung hat er in Stuttgart nie besessen, meist sei er Gast im Park-Hotel gewesen.

»Ein wunderbarer Mensch und ein höchst schwieriger Mensch«, summierte Sieger seine Eindrücke, die er mit Tausenden teilt. Sieger beispielsweise sah Celibidache stets »eindeutig als Chefdirigenten« im Stuttgarter Sender, »alles andere ist höherer Blödsinn«. Bei Neubesetzungen beispielsweise sei Celibidache »eigens aus Frankreich gekommen«, um die Kandidaten abzuhorchen und über ihre Eignung das letzte, entscheidende Wort zu sprechen. »Das machte er selbst. Er entschied auch, wer sonst noch das Orchester dirigieren durfte. Er ließ möglichst wenige Prominente ans Pult. Auch diese befremdliche Einstellung seinerseits brachte den Rundfunkrat immer wieder in Harnisch. Das hat mich alles sehr viel Schweiß gekostet.«

Soweit sich Sieger erinnern konnte, sagt Celibidache in Stuttgart nicht oft, aber doch einige wenige Male Auftritte ab, und »das zur Verzweiflung des Senders ganz, ganz kurzfristig, vielleicht vierundzwanzig Stunden vorher, damit man nur ja keinen prominenten Ersatz gewinnen konnte«.

Auch der Eiertanz um die Verpflichtung von Solisten – bereits in Berlin häufig Zankapfel, später auch in München immer wieder Reizthema – wirbelt beim SDR kräftig Staub auf. »Er hatte mal einen Geiger«, so Sieger, »einen absolut miserablen Virtuosen, der hieß Rony Rogoff, der spielte das Violinkonzert von Alban Berg und wurde nur engagiert, weil der Guru, mit dem Celibidache seit Jahren in engem Kontakt stand, seine Hände im Spiel hatte.« Tatsächlich kennt auch beim Sender niemand den gewünschten Virtuosen, den Celibidache rückblickend »als ganz großes Talent« qualifiziert. Unter dem 20. Juni 1973 bittet der Sender den Dirigenten jedenfalls um »biographisches Material und ein Photo« des Nobody »oder aber die Adresse«. Celibidache selbst berichtet, Rogoff in Israel kennengelernt zu haben: »Er war sehr anhänglich, und ich habe viel für ihn getan. Nach seinen Auftritten habe ich mich von ihm distanziert, bis heute.«

Ständige Auseinandersetzungen gibt es in Stuttgart um die Gage des Chefs. SDR-Intendant Bausch wird wiederholt bei der zuständigen Oberfinanzdirektion vorstellig, um eine (fast) steuerfreie Auszahlung des in Frankreich wohnhaften Rumänen durchzusetzen. Ein Insider gibt Celibidaches Kurs nach der Startphase »mit gut über 100 000 Mark im Jahr« an; das ist damals, bei relativ lockerer Anwesenheitspflicht und vergleichsweise geringer Zahl der Auftritte, Spitze.

Trotz aller Turbulenzen hinter den Kulissen und trotz der Probenprozeduren unter häufiger Hochspannung und Mißstimmung kommen sich Dirigent und Orchester allmählich näher. Die Qualität der Darbietungen nimmt zu. Celibidache wächst langsam zu jener Hochform auf, die Rudimente seiner genialischen Berliner Aufbruchsphase – hochdramatische Entdeckerfreude des Neulings, mitreißend-impulsive Kraft des Musikantischen, erlesener Klangsinn und Lust an der Show – mit ersten Anzeichen einer dirigentischen Spätlese verbindet: mit kontemplativer Verinnerlichung, geradezu narzißtischer Hingabe an instrumentale Finessen und Facetten, mit Souveränität und Seelenruhe.

Eine geradezu klassische Celibidache-Szene jener Tage hat Peter Kehm in seinen »Ganz persönlichen Erinnerungen« mit dem Obertitel *Vorübergehend lebenslänglich* überliefert. Sie verdient, schon wegen ihres diplomatisch dezenten Gebrauchs von Ironie in Kehms Überlieferung, ein ausführliches Zitat:

»Maestro Celibidache zu einer Arbeitsperiode mit dem Radio-Sinfonieorchester in Stuttgart. Kurzbesuch am Morgen, vor der zweiten Probe. Herzliche Begrüßung, Küsse auf beide Wangen. Maestro, wie schön, Sie wieder bei uns zu haben. Wie geht es Ihnen, wie geht es mit der Probe?

Mir geht es gut. Mit der Probe geht es schlecht. Das Orchester ist in einem entsetzlichen Zustand. – Schrecklich, ich ahne, womit das zusammenhängt... – Es hängt damit zusammen, daß Sie, wie meistens, in den letzten Monaten Leute haben dirigieren lassen, die von Musik keine Ahnung haben. Vorige Woche war, wie ich höre, XY hier und davor Z. Sie brauchen sich nicht zu wundern, wenn auf diese Weise das Orchester zugrunde geht. – Wie konnte das nur wieder passieren! Aber wenn wir es konsequent bedenken, hängt es einfach damit zusammen, daß zwangsläufig dann, wenn nicht Sie dirigieren, ein anderer es tun muß. Einziges Heilmittel also: Sie müssen öfters kommen. – Ja, es wäre gut, aber Sie wissen, ich kann nicht. – Nun, Verehrter, wir bauen wie so oft darauf, daß durch Ihre Arbeit alles wieder gut gerät! – Zu kurz. Zu viel verdorben. Dabei könnte man aus dem Orchester Weltklasse machen. Weltklasse! – Ich bitte Sie, Liebster, tun Sie, was Sie können. Mittagessen nach der fünften Probe. Sie schauen, verehrter Meister, etwas zufriedener aus. Wie war die Probe? – Etwas besser. Aber es ist unmöglich, in ein paar Tagen aufzubauen, was in Monaten und Jahren durch andere zerstört wird. Mord an der Musik – diese Leute haben in ihrem Leben noch keinen einzigen Takt Musik dirigiert.«

Das Orchester ist Ende 1974 – Starrkopf Celibidache hat sich bei Starrkopf Bausch und dieser bei seinen Aufsichtsgremien durchgesetzt – auf einhundertvierzehn Musiker verstärkt. Quantitativ ist das Weltspitze, und über die Qualität füllen die Zeitungen mittlerweile Ruhmesblätter.

»Das Südfunk-Sinfonieorchester«, urteilt die *Welt* anläßlich der Tournee 1974, »ist, seit Celibidache es betreut, nach den Berliner Philharmonikern vielleicht das beste deutsche Orchester heute.« »Rundfunkklang, genial dressiert«, überschreibt die Wiener *Presse* 1976 eine Gastspielkritik über den »bedeutendsten Dompteur unter den namhaften Dirigenten unserer Zeit«. 1975, als in aller Welt viel Ravel zu dessen hundertstem Geburtstag aufgeführt wird, ernennt K. H. Ruppel in der *Süddeutschen Zeitung* Stuttgart zum Mekka der wahren Ravel-Gourmets.

»Hier entdecken Orchestermusiker wieder, warum sie eigentlich Musiker geworden sind«, freut sich Horst Koegler in der *Stuttgarter Zeitung*; schon die Ankündigung eines Celibidache-Konzerts versetze das städtische

Publikum in einen »Zustand erhöhter Temperatur«; die Konzerte selbst erzeugten »eine knisternde Spannung, wie sie kaum ein anderer Name zu bewirken vermag«. Einmal vergißt Koegler vor lauter Begeisterung sogar die sonst gebotene Zurückhaltung feinen Feuilletons, schreibt drauflos, wie sonst nur Konzertenthusiasten beim Applaus reden, und setzt an den Schluß seiner Hymne sogar ein Ausrufezeichen: »Eine so idyllisch-apollinische Beethoven-Siebente wie unter Celibidache habe ich mein Lebtag noch nicht gehört!«

In Stuttgart beginnt spätestens jetzt auch Celibidaches Aufstieg zum Bruckner-Apologeten. Die pompöse Sach-lichkeit – besser noch: Sachdienlichkeit –, mit der er den spätromantischen Kolossen das Gedünst falschen Weih-rauchs und sinfonischer Klerisei austreibt, und die gran-diose Logistik, mit der er die monumentalen Strukturen der Sinfonien aufbaut statt aufbauscht, werden in Stutt-gart geprägt und hier, im besten Sinne, populär. Zu Bruckners Achter drängt sich die Celibidache-Gemeinde – auch die formiert sich in vehementer Hingabe – wie zu einem philharmonischen Hochamt. Selbst für das soge-nannte breite Publikum mutiert der oft gebrechliche Di-rigent mit dem imposanten Schädel und der verführe-rischen Mimik langsam zum Häuptling von Sankt Florian. Der Maestro der himmlischen Längen und der parsifales-ken Feierlichkeit wird Guru – und bleibt, gleichzeitig, Zampano.

Am 16. Januar 1975 melden die Agenturen, er sei zum ständigen Gastdirigenten des Orchestre National de France, also des führenden Klangkörpers beim Staats-sender ORTF in Paris, berufen worden und werde schon in der nächsten Saison zwölf Abende in Paris und fünf in der Schweiz dirigieren. In Schwaben hebt das Bibberle an – Anfang vom Abgang? Gemach: Bereits am 3. April

1975 berichtet der *Figaro* von der Scheidung des jungen Bundes:»Die Türen wurden geknallt.« Sie knallen jetzt auch immer häufiger und heftiger im Stuttgarter Sender. Das Orchester erträgt»Ausbrüche, Launen, Ungerechtigkeiten dizipliniert, nahezu klaglos«, konstatiert Kehm und spielt damit die Tatsache runter, daß im Tutti, sobald der Gestrenge außer Reichweite ist, manch rebellisches Sforzato böse Erosionen auslöst, und die Nachbeben erschüttern den ganzen Betrieb.

Celibidache weigert sich auf einmal, weiterhin mit dem Musikabteilungsleiter Gaessler zusammenzuarbeiten, der Jahre und viel persönliche Energie darauf verwendet hat, die Wünsche und Eskapaden des Maestros mit den formalistischen Ritualen einer öffentlich-rechtlichen Anstalt zu harmonisieren. Persönliche, leibhaftige Treffen zwischen Gaessler und Celibidache werden künftig verhindert (naturgemäß nur mit lückenhaftem Erfolg), der Schriftverkehr ein-, Gaessler insoweit kaltgestellt. Celibidache heute:»Der Mann war ahnungslos, hilflos und von beispielloser Hinderlichkeit für eine ersprießliche Arbeit.« In Wahrheit hat sich der Mann aufgeopfert. Manchmal tritt Celibidache die Menschenwürde mit Füßen.

Neuer Kontakter zwischen Dirigent und Sender wird Wolfram Röhrig, der nominell zwar die Unterhaltungsmusik-Abteilung leitet, aber aus gemeinsamen Berliner Tagen – beide sind Schüler von Walter Gmeindl gewesen – Celibidaches Wohlwollen genießt.

Derweil wächst im Funkhaus der Unmut über Celibidaches Programmplanung. Nur zwanzig Komponistennamen tauchen in seinen Stuttgarter Programmen auf. Das Repertoire stagniert, immer wieder greift er auf seine Hausgötter zurück – nicht gerade eine sinnvolle Politik für eine Sendeanstalt, der es mehr um die Produktion der von der Schallplattenindustrie vernachlässigten Werke, um Trouvaillen und Zeitgenössisches, hätte gehen müssen als um die Evergreens, so hörenswert sich Celibidache auch immer wieder für sie stark macht. Gemessen am Index der sogenannten Betriebskosten eines Senders, der seinen finanziellen Aufwand für Orchester und Kapellmeister letztlich stets an sendbaren Bändern und Minuten mißt, ist Celibidache ein zwar genialischer, aber unrentabler Kostentreiber – noch eine *Pastorale* und noch eine *Pathétique*. Im Archiv stapeln sich die Doubletten. Unbeeindruckt von den stimmungsklimatischen Tiefs hält Celibidache alle seine Kritik und Forderungen aufrecht. »Nach der schwachen Leistung auf der letzten Reise«, schreibt der Dirigent am 6. Mai 1975 nach Stuttgart, stehe er vor dem alten Problem: Die erste Trompete habe »keine einzige sichere Note im Piano« geblasen. Die Hälfte aller Einsätze sind... Herrn... entgangen... Das Orchester kann sich nirgends in dieser Weise zeigen...« Wenige Tage später ein handgeschriebener Nachschlag: »Das Luzerner Programm war besonders schlecht, viel zuviel Arbeit und kein Stil; ich will es nicht wiederholen.«

Im Frühsommer 1975 geht beim SDR ein Angebot der Europäischen Rundfunk-Union ein, im folgenden Oktober zwei Celibidache-Konzerte vom Dänischen Rundfunk übernehmen zu können. »Sicherlich haben Sie Verständnis dafür«, schreibt der Sender dem Dirigenten, »daß wir schon darüber nicht gerade glücklich sind, wenn ein so wichtiges Werk wie *Daphnis und Chloe* von Ravel zwei Monate vor unserer Aufführung in Stuttgart den europäischen Rundfunkanstalten in Ihrer Interpretation zugänglich gemacht wird.« Zudem bieten die Dänen wesentlich günstigere Fristen einer zeitversetzten Sendung an; der Maestro möge bitte ausnahmsweise den Stuttgartern auch diese Großzügigkeit einräumen.

»Man hat mich übers Ohr gehauen«

Mittlerweile ist das Klima im schwäbischen Funkhaus so aufgeheizt, daß skurrile Petitessen sich gleich zu Affären auswachsen. Mitteilung von Celibidache am 20. Dezember 1975: »Ich komme gleich von Professor... und muß sofort schreiben. Das Resultat ist äußerst negativ. Wie schon gesagt – muß Stuttgart aufgeben.« Grund: Die Bettkarte im Orient-Expreß war irrtümlich auf den 20. und nicht auf den 19. Dezember reserviert. »Der Zug war überfüllt mit Spaniern und Ferienreisenden, so daß ich erst nach zwei Stunden einen Platz in einem II. Klasse-Abteil finden konnte... Dr. Kehm will das alles nicht wahrhaben. Mir reicht es aber. Für Sie alle, meine Brüder, hoffe ich weiterhin, daß Sie weiterhin zum Musikmachen kommen. Ihr trauriger Celibidache.«

Reuevoll antwortet Intendant Hans Bausch am 14. Januar 1976 dem »verehrten Maestro« und »lieben Herrn Celibidache«, und viel Canossa klingt aus und zwischen den Zeilen. »Mit Bestürzung« habe er von dem »Malheur« mit der Bettkarte erfahren und bitte, »unsere aufrichtig gemeinte Entschuldigung anzunehmen«. So was werde nicht wieder vorkommen. Dann spricht Bausch Celibidaches Verärgerung nach einem Konzert in der Bundeshauptstadt Bonn an. »Sollte ich... von Ihnen offenbar gehegte Erwartungen enttäuscht haben, so kann ich das nur bedauern.« Er habe »die Gattin eines Bundesministers nach Hause bringen« müssen und sei dort »durch einen Kreis wichtiger Politiker aufgehalten worden«. So habe er nicht ihn persönlich, sondern »nur den Herren des Orchestervorstands gegenüber zum Ausdruck bringen« können, »wie glücklich mich der überragende Erfolg gestimmt hat, den Sie, sehr verehrter Herr Celibidache, in der Bundeshauptstadt erzielt haben«.

Schon einen Tag später geht, zunächst um gut Wetter zu machen, von Stuttgart aus eine weitere Depesche auf die Post. »Wir fühlten uns ziemlich einsam ohne Sie am vergangenen Montag beim Celloprobespiel«, läßt der Sender den Grollenden wissen. Dann kommt die Rede auf eine merkwürdige Doublette: »Nun erfahren wir, daß Sie im Februar mit dem Staatsorchester Rheinland-Pfalz in Heidelberg gastieren werden. In Anbetracht der geographischen Nähe Heidelbergs zu Mannheim – man könnte kulturell gesehen von einer Stadt sprechen – ist unser Konzert in Mannheim damit nicht durchführbar. Sicherlich haben Sie nicht daran gedacht...« Sicherlich?

Am 10. Mai 1976 schickt Wolfram Röhrig seinem »lieben Sergiu« eine Proben- und Konzertplanung für den kommenden September: »Wir haben uns alle gemeinsam viele Gedanken darüber gemacht, wie wir Dich von Deiner Insel Lipari herunterholen können«, offenbar gebe es im August »keine wirklich sichere Möglichkeit, Deine Rückreise zu garantieren. Deshalb mußten wir nun umdisponieren...« Noch während des Diktats trifft ein Telegramm des Insulaners ein, das ein P.S. zum Stuttgarter Schreiben notwendig macht: »Das ist ja nun wieder eine völlig andere Lage, deren Folgen ich im Augenblick noch nicht übersehen kann.«

Am 15. Juni protokolliert der Orchestervorstand: »Angesichts der düsteren Aspekte, die sich im Verlauf der vergangenen Monate bezüglich der Dirigentensituation eröffnet haben, gewinnt die Bereitschaft von Herrn Celibidache zu weiterer Zusammenarbeit unübersehbare Bedeutung.«

Alle Verantwortlichen, die – gutgläubig und blauäugig – in der Hoffnung auf eine weitere und vor allem gedeihliche Zusammenarbeit an Celibidache festhalten, halten an einem Strohhalm fest. Die Entfremdung ist längst perfekt und wohl auch unreparierbar. Am 15. Juli 1976 schildert Kehm in einem Brief an Celibidache das Problem, das dem traurigen Spiel ein – vorläufiges – Ende setzt.

Der SDR hat den Festspielen im schweizerischen Montreux-Vevey und im italienischen Stresa Konzerte seines Sinfonieorchesters unter Celibidaches Leitung fest zugesagt. Celibidache lehnt dann, obwohl er die Abmachung ausnahmsweise sogar gegengezeichnet hat, eine Direktübertragung aus Montreux ab und bleibt stur bei seinem Nein. Die Festivaliers wiederum bestehen auf dem Vertrag und dem Auftritt der schwäbischen Sinfoniker – »zu unserem und der Veranstalter größten Bedauern ohne Ihre Mitwirkung«, wie Kehm schreibt. Der SDR sieht »die Tournee als gescheitert« an, die Veranstalter protestieren, akzeptieren das Orchester nun allerdings auch unter anderer Leitung. Man einigt sich auf den Dirigenten Daniel Orèn. Kehm an Celibidache: »Aus unseren Gesprächen wissen Sie, daß für uns der Rundfunkübertragung von Konzerten unseres Orchesters unter international üblichen Bedingungen unabdingbare Priorität zukommen muß. Ihre dem entgegenstehende Einstellung müssen wir respektieren, wenn wir sie auch nach wie vor zutiefst bedauern.«

Damit ist das Tischtuch zerschnitten: Der Maestro fühlt sich endgültig unverstanden und durch die Verpflichtung von Orèn unwürdig ausgetrickst; dem Sender reißt, allen Höflichkeitsfloskeln und allem Trauertremolo zum Trotz, der Geduldsfaden.

Am 14. Februar 1977 schreibt die *Stuttgarter Zeitung* unter der Überschrift »Abschied von Celibidache« ihren Schwanengesang – zweihundertvierundvierzig Zeilen über die letzten beiden Auftritte des großen Schwierigen: »Die Ovationen waren noch fülliger als sonst, Blumen

wurden aufs Podium gereicht« und auch in Blei gesetzt:
»Celibidache hat sich nie auf irgendwelche goldenen In-
terpretationsregeln verlassen, auf die gedankenstumpfe
Bequemlichkeit, dies müsse man so machen, weil es immer so gewesen sei.« Musikalischer Intellekt habe sich bei
ihm mit musikalischer Unschuld verbunden: »Seine Konzerte waren Entdeckungsreisen für ihn, seine Musiker
und seine Zuhörer.« Bange Schlußfrage: »Wie wird es
weitergehen? Stuttgart ist ärmer, künstlerisch unwirt-
licher geworden.«

Während in Stuttgart noch der Lorbeer für den Schei-
denden geflochten wird, hat Celibidache – etwa ab Ende
1976 – mit dem Norddeutschen Rundfunk in Hamburg
verhandelt. Dort war die Chefposition beim Sinfonieorchester nach dem Ausscheiden des Dirigenten Moshe
Atzmon verwaist.

Die Gespräche verlaufen unter äußerster Diskretion.
Die Tatsache, daß wieder eine Rundfunkanstalt mit
denselben speziellen und für ihn problematischen Auf-
führungs- und Produktionsbedingungen um ihn wirbt,
hat Celibidache offensichtlich nicht abgeschreckt. Der
NDR bietet ihm für Anfang 1978 eine Tournee an und
kommt auch anderen Forderungen des Dirigenten entgegen. Aber die Wünsche, wenigstens drei Jahre über
dieses Orchester bestimmen zu können, auf funktypische
Produktionen zu verzichten, alle Vollmacht in der Pro-
grammgestaltung und der Verpflichtung von Gastdirigenten auszuüben und seinerseits jederzeit aus dem
Vertrag aussteigen zu können, scheinen dem Sender dann
doch unannehmbar. Fehlanzeige.

Derweil hoffen sie in Stuttgart immer noch auf einen
Wetterumschwung. Im März 1977 kaufen sie für sieben-
tausend Mark ein Ölgemälde, »das im vergangenen
Jahr von dem Maler Fritz Kohlstädt aus Musberg ge-

malt worden« ist und »auch die Unterschrift des Maestros trägt«. So hat man wenigstens schon mal ein Souvenir.

Am 22. September 1977 legt der leibhaftige Celibidache in Stuttgart überraschend einen Zwischenaufenthalt ein auf der Durchreise nach Kopenhagen. Angeblich will er sich bei Kehm nur für dessen Abschiedsbrief vom Februar bedanken. Kehm seinerseits hält in einer Hausmitteilung fest, daß sich »das etwa halbstündige Gespräch fast ganz um Persönliches und Familiäres drehte«. Immerhin spricht Celibidache noch einmal seine Vorstellungen von Musik und Dirigentenamt an. Aber Kehm hält sich bedeckt: »Ich habe erwidert, wir seien uns in mehreren Gesprächen, wie sie zwischen uns erfreulicherweise immer mit großer Offenheit möglich gewesen seien, einig darüber gewesen, daß sich bei der Zusammenarbeit objektive, nicht überwindbare Schwierigkeiten ergeben hätten.«

Gleichwohl signalisiert Celibidache dem Orchestervorstand im Laufe des Jahres 1977 dezente Zeichen von Sinneswandel. 1978 werde er, womöglich, gastweise zurückkehren. Kehm in einem Schreiben: »Eine gute Nachricht! Sie wissen ja, daß ich darauf immer noch gehofft hatte.« Im Oktober 1978 findet das Comeback statt. Aber für mehr reicht das Wiedersehen nicht.

Es reicht allerdings noch für ein Zuckerl. 1980 läßt der Plattenverweigerer Celibidache bei der Firma Intercord eine von ihm mit den Stuttgartern produzierte Schallplatte auflegen. Inhalt: *Der Taschengarten*. Komponist: Sergiu Celibidache.

Sozusagen ein abgesegneter Betriebsunfall. Die Komposition bündelt dreizehn Minis für Kinder – etwa »Meister Wind läßt Tulpen singen« oder »Besenhengst in wildem Ritt« – zu einer Suite, die mit viel instrumentalem

Esprit und ein paar orchestralen Krächen ein musikalisches Märchen erzählt, und Celibidache ist der gute Onkel, der nicht nur über seinen Schatten des Plattenboykotts springt, sondern den Erlös der Unicef zukommen läßt. Längst ist dieses Unikum vergriffen und der dirigierende Komponist sauer über seinen Seitensprung: »Die Sache war falsch, wenn auch vielleicht gut gemeint. Man hat mich übers Ohr gehauen. Niemandem war damit letztlich gedient. Reden wir nicht länger darüber. Unerfreulich, wie alles in Stuttgart.«

Die Beziehungen zum SDR läppern sich derweil ihrer letzten Ruhe entgegen, lust- und ergebnislos. »Heute wie vorgesehen mit Celibidache telephoniert: Er war melancholisch mürrisch«, protokolliert der nunmehr amtierende Musikchef Otto Tomek: »Immerhin hat er seine Worte, er werde nie mehr mit uns französische Musik spielen, zurückgenommen... An die Neunte Beethoven will er aber keinesfalls heran. Vielleicht ist es auch besser so, bei dem Aufwand an Solisten und Chören gibt es doch nur zusätzliche Reibeflächen.« Für Februar 1982 wird noch eine Deutschlandtournee geplant, Celibidache habe sich wegen der kalendarischen Faschingsnähe sogar »bereit erklärt, ein Johann-Strauß-Programm zu dirigieren«.

Dabei hat sich Celibidache inzwischen endgültig abgenabelt, nur will es in Stuttgart niemand wirklich wahrhaben. »In jedem Jahr wiederholt sich das gleiche Spiel: Ich bedränge den Maestro, daß er uns die Daten gibt... Er entzieht sich immer wieder Festlegungen«, vermerkt ein anstaltsinterner Stoßseufzer.

Celibidache lebt, denkt, arbeitet längst auf philharmonischem Neuland, zweihundertvierzig Kilometer östlich von Stuttgart. Dort hat der Greis noch einmal Fuß gefaßt, dort wird er seine Laufbahn krönen. In München wird er sich ein grandioses Finale erkämpfen, ertrotzen, erstreiten, erpoltern, erwüten, hier wird sich seine Lebensbahn runden.

Ganz still, ganz privat hat es angefangen. Am 21. September 1977 hatte Jürgen Kolbe, damals Kulturreferent der Landeshauptstadt München, einen Brief an Rechtsanwalt Ferdinand Sieger in Stuttgart gerichtet, dessen Folgen den fünfundsechzigjährigen Fastrentier Celibidache noch einmal in einen ungeahnten Unruhestand versetzen und letztlich zur strahlenden, wenn auch alles andere als ungetrübten Koda seiner Karriere führen wird:

»Lieber Herr Sieger, bitte, erlauben Sie mir eine verschwörerisch vertrauliche Anfrage: Bei der Lösung meines Ihnen bekannten Philharmoniker-Problems bin ich immer nachdrücklicher auf den Namen Celibidache gestoßen. Haben Sie Kontakt zu ihm, wäre ein tastendes Vorgespräch sinnvoll? Es eilt nicht, aber über eine gelegentliche Antwort wäre ich sehr froh.«

Sieger antwortet am 3. Oktober, sein ausführliches Schreiben sei in den wichtigsten Aussagen wörtlich wiedergegeben:

»Lieber Herr Kolbe! Just an dem 21. 9. 77, an dem Sie mit vorzüglichem Grund mich nach unserem Genie Celibidache anfragten, tauchte dieser unversehens und unangesagt aus Paris in Stuttgart auf. Einen erkennbaren vernünftigen Grund gab es nicht; er wurde auch nicht vorgegeben. Der Maestro nahm für zwei oder drei Tage Kontakt auf mit dem Orchestervorstand und unserem stellvertretenden Rundfunkintendanten und Hörfunkdirektor, Herrn Dr. Peter Kehm, der musikverständig und großzügig trotz aller Wirren, Schwierigkeiten und Inkommoditäten in seiner Verehrung und Anhänglichkeit für den extraordinären Dirigenten Celibidache nicht nachläßt. Mit Herrn Kehm habe ich vertraulich über Ihre behutsame Tastanfrage gesprochen. Hier für Sie allein bestimmt erste Informationen:

1. In seinen selbstzerstörerischen Absonderlichkeiten (zum Beispiel Verweigerung von Schallplattenaufnahmen oder zeitversetzten Rundfunkproduktionen) scheint Celi für die nächste Saison nicht viel mehr zu haben als zwei Konzerte in London mit London Symphony und seine Spanienreise mit diesem Orchester; außerdem Japan. Hier gilt es aufzupassen, um ihn nicht endgültig zu verlieren aus Europa.

2. Gelegentlich spielte er auch mir gegenüber und spielt er vielleicht auch heute noch mit dem masochistischen Gedanken, den Taktstock wegzulegen und Musik nur noch zu theoretisieren. Aber das ist alles in ständiger Wandlung, jeden Moment sicher ganz ernst, aber nicht unbedingt beständig.

3. Wir sind alle in Liebe zu den Münchner Philharmonikern und in Liebe zu Celibidache der Meinung, daß man beiden nichts Besseres wünschen könnte als zusammenzukommen. Für die Münchner Philharmoniker bedeuteten auch nur vier bis fünf Jahre Celibidache eine Orchestererziehung und den Gewinn einer Klangempfindlichkeit, Resultate, die unser Funkorchester innerhalb gleicher Zeit verzaubert haben...

4. Nachdem der Maestro Ursachen und Anlässe für das Stuttgarter Zerwürfnis gelegentlich auf diesen oder jenen Vertreter des Funkhauses, des Orchesters oder des Rundfunkrats projizierte, dürfte im Augenblick und zur Zeit nach dem letzten Besuch Dr. Peter Kehm die relativ aussichtsreichste Kontaktperson sein. Ein bißchen schwierig wird es immer dadurch, daß Celibidache nur sehr ungern auf Briefe antwortet, in seiner Pariser Stadtwohnung auf Telephonate auch je nach Stimmung eher

unwirsch reagiert... Andererseits ist eine Rückkehr-
neigung nach Deutschland spürbar.

5. Eine Schwierigkeit bleibt für München von allem
Anfang auszuräumen: Celibidache hat mir damals ergrimmt darüber geklagt, daß die Münchner Presse über
Verhandlungen mit ihm für die Leitung der Münchner
Philharmoniker publiziert habe, noch bevor überhaupt
mit ihm gesprochen worden sei. Das war zur gleichen
Zeit, als auch der Norddeutsche Rundfunk ihn für Hamburg gewinnen wollte. Warum ihn das so ergrimmt, ist
zwar nicht ganz verständlich. Aber vieles ist nicht ganz
verständlich, soll aber nicht grämen.

Dr. Kehm wird im Zusammenhang mit einer Tür-
öffnung für dieses oder jenes Stuttgarter Konzert Celibidache vorsichtig nach Münchner Interessen fragen. Ist es
Ihnen so recht?«

Anläßlich einer Tagung des Deutschen Bühnenvereins
treffen sich Sieger und Kolbe in Düsseldorf. Gemeinsam
machen sie einen Spaziergang am Rhein, beherrschendes
Thema: Celibidache. Sieger später: »Kolbe wußte so gut
wie nichts von diesem und über diesen Mann. Ich redete
wahrscheinlich mit Engelszungen, daß es für München
ein Glücksfall sein würde, wenn man Celi zu einem Jawort bewegen könnte. Aber ich schränkte auch gleich ein:
Mein lieber Kolbe! Es wird, wenn überhaupt, höchstens
drei Jahre gutgehen. Aber auch das lohnt sich. Das Orchester, ich schwöre es Ihnen, wird danach nicht wiederzuerkennen sein.«

Vorsichtig und vor allem heimlich beginnt die Kontakt-
aufnahme. Am Rhein also sind die Fäden gesponnen worden für Celibidaches phänomenalen Aufstieg unter weiß-
blauem Himmel. Noch weiß keine Norne, wie das wird.

Weißblauer Souverän

Zelibidaatsche · Die Gynäkologie der Nullitäten · Der
erste Greis am Platze · Axt gegen Mimose · Bürgerstolz
vor Dirigententhronen · Mutter Courage · Auf lichter Höh'
eine erste Adresse · Fall und Umfall · Star unter der Theke

Einladung und Programm auf schwerem Bütten, auffällig unauffällig eine Prägung auf dem Titel, eine
weißblaue Schnur hält die Blätter zusammen.
Wieder mal Staatsakt.

Herrschaften, dunkel gewandet, Ordens- und Würdenträger mit den standesgemäßen Insignien an den Re-
vers oder auf der Brust, steigen im Kaiserhof aus ihren
Limousinen und betreten in gedämpftem Raunen die
Münchner Residenz. Über dem Hofgarten liegt hauch-
dünner Rauhreif; es ist, dem Datum angepaßt, Grau in
Dunkelgrau. Donnerstag, 25. November 1993.

Unter den Deckendekors mit dem antiken Helden
Herkules und dem sagenhaften Bruchpiloten Ikarus
schreitet man hinauf zum Kaisersaal. Güldene Kandela-
ber, viel Gold auch an den Decken, auf denen in Bildern
die Bescheidenheit als Tugend und die Weisheit als Mutter wahrer Menschlichkeit verherrlicht werden. Auf den
Gobelins Berühmtheiten aus Bibel und Legende. In diesem Ambiente hielt einst Karoline, die Gattin des 1806
als Maximilian I. Joseph König von Bayern inthronisier-
ten Herrschers, hof. Ein weißblaues Walhall also.

Auf dem Kamin, links und rechts der rund vierhundert
Jahre alten »Tellus Bavaria«, stehen, von Staats wegen,
zwei stattliche Chrysanthemenarrangements, zur Feier

des Tages: Der Bayerische Maximiliansorden für Wissenschaft und Kunst, vor hundertvierzig Jahren begründet und 1980 neu gestiftet, wird dieses Jahr an zwölf Verdiente verliehen. Nummer 6 unter den Auserwählten ist der »Honorarprofessor Dr. h.c. Sergiu Celibidache, München«. Er hat sich mit dem Fahrstuhl liften lassen und kommt am Arm von Frau Ioana und Sohn Serge. Ganz außen nimmt er Platz, neben dem Verleger Heinz Friedrich. Friedrich, der auch als Präsident der Akademie der Künste fungiert, hat seinen stattlichen Anteil daran, daß diese Nummer 6 jetzt hier, in München, sitzt. Nummer 6 und Nummer 7 haben sich offenbar eine Menge zu sagen. Gut so, der Landesvater hat nämlich Verspätung, man muß Wartezeit aussitzen.

Nur wenige Tage zuvor hat die Staatskanzlei im Münchner Gasteig bescheiden nachgefragt, ob Celibidache den Orden annehme und zur Verleihung komme. Antwort: keine Ahnung, man wisse von nichts. »Maestro, Sie müssen mal wieder Ihre Post durchsehen!« Grummelnd zog sich der Alte vor die Briefhalden in seinem Zimmer zurück, mißmutig ließ er sich in den Sessel fallen. Sein Gesicht sagte nichts, und das sagte alles – Zeitverschwendung: Schreiben von Fans, Anfragen von Agenten, Angebote von Solisten, bescheidene Bitten um Autogramme: »Wären Sie so freundlich...« Nein, der Maestro ist nicht so freundlich, er will nicht und liest nicht einmal. Ein kurzer Blick auf den Absender oder das Image des Umschlags – ratsch, durchgerissen, Papierkorb. Derlei entsorgt Celibidache expreß.

Dann: das schwere Bütten. Also wieder mal Staatsakt. Celibidache läßt sich, von Amts wegen und von der Obrigkeit, gern schmücken und würdigen. Er genießt den Lorbeer, den die Herrschenden austeilen. Er hat, was seine Vorstellungen und Forderungen angeht, keinen (falschen) Respekt vor der öffentlichen Hand, vor allem wenn die sein Inkasso abzählt; er tritt jeder Institution, die ihm Grenzen setzt oder zumindest aufzeigt, ins Gekröse aus Etat, Zuständigkeit und Mitspracherecht. Aber die Devotionalien der Orden und Ehrenzeichen und Urkunden nimmt er denen da oben dankbar ab, und dann macht er, der Unbeugsame, auch gern mal eine kleine Verbeugung. Dieser König ohne Krone tritt mit stolzer Bescheidenheit vor alle Throne, zu denen er, zwecks Nobilitierung, geladen wird. Dieser Monarch unter den Dirigenten, monarchistisch bis ins Mark, goutiert auch demokratische Usancen.

Am Ende der Durchsicht seines Posteingangs machte er noch einen Fund: »Ich kriege noch einen Orden, diesmal in Mainz.« Unter dem 4. November 1993 hatte ihn der »Leiter des Ordensreferats« der dortigen Staatskanzlei wissen lassen: »Ministerpräsident Rudolf Scharping hat Ihnen den Verdienstorden des Landes Rheinland-Pfalz verliehen.« Auch zu diesem Ereignis wird er sich fahren lassen und, am 18. März 1994, dem Dekorateur Scharping gleich eine Probe seiner toxischen Treffsicherheit liefern. Vorsichtig wird sich der Herr Ministerpräsident bei Tisch an den Herrn Generalmusikdirektor herantasten: »Maestro, noch eine Frage bitte: Was halten Sie von Politik?« Antwort, wie aus der Pistole geschossen: »Von Politikern halte ich jedenfalls nichts.«

Mit zwölf Minuten Verspätung hastet Edmund Stoiber, Lobredner vor Ort und amtierender bayerischer Ministerpräsident, endlich in den Kaisersaal: »Pardon, die Geschäfte.« Zuerst streicht ein Quartett Haydn, später Mozart. Totengedenken, man erhebt sich. Man singt auch Deutschlandlied und Bayernhymne. Die Nummer 6 wird als »einer der angesehensten und bedeutendsten Dirigenten unserer Zeit« apostrophiert. »Ich danke Ihnen für alles«, sagt Stoiber, »was Sie geleistet haben.« Celibidache habe mit seinen »überragenden Fähigkeiten« den »musikalischen Ruf Bayerns in der ganzen Welt verbreitet und gestärkt«.

Zwei junge Damen händigen Stoiber den Orden aus, der gibt ihn weiter, Ioana und Serge haken anschließend den Ordensträger fürs Andenkenphoto ein. Nein, keine Interviews, wehrt Celibidache die Leute mit den Stenoblocks und Minirekordern ab, nein, auch keine Kanapees und keinen Schampus. Er muß zurück, im Gasteig ist Probespiel und er ohnehin schon zu spät. Erst beim langsamen Abgang bleibt der Alte mal kurz stehen und blickt auf das weißblaue Anhängsel: »Schön«.

Dann geht er weiter – er, das Mitglied der Bayerischen Akademie der Schönen Künste in München (1979), der Träger der Medaille »München leuchtet« (1982), einer Ehrenmünze und eines Ehrenringes (beide München, 1987), der Honorarprofessor der Staatlichen Musikhochschule in München (1991), der Ehrenprofessor des Landes Berlin (1991), der Münchner Ehrenbürger (1992), bedacht auch mit dem Großen Verdienstkreuz mit Stern des Verdienstordens der Bundesrepublik Deutschland (1992), dem Großen Bayerischen Verdienstorden (1991), einem Dirigentenstab aus Schlangenholz und purem Gold, das Konterfei schließlich verewigt auf diversen Telephonkarten. Münchens Sparkasse hat sein Profil gar auf käufliche Münzen geprägt und ihm das erste Glanzstück feierlich und öffentlich überreicht. Langsam, fast unmerklich und unbemerkt, hat der Alte nach der feierlichen Übergabe damals die Schachtel geöffnet: »Puh, nur Silber«, sagt er zum Nebenmann. Die hochkarätigen Goldstücke hat er, für die Familienschatulle, später gegen bar angeschafft.

»Zelibidaatsche«, sagt Stoiber beim Staatsakt zu der hochdekorierten Nummer 6, als sei die immer noch ein exotischer Gastarbeiter mit verquerem Namen, der selbst einen akademischen Amtsinhaber überfordere – »Zelibidaatsche«, und Celibidache verzieht dabei keine Miene.

Dabei hat gerade München, Stoibers Residenzstadt und Celibidaches Amtssitz, den polyglotten Weltbürger aus Rumänien endgültig mit jenem Kosekode geadelt, der zugleich Zungenbrecherei verhindert und Zuneigung ausdrückt: Celi. Der Celi ist ausverkauft. Der Celi macht wieder Terror. Der Celi ist eine sagenhafte Type. Der Celi ist der Größte.

Dieser Celi, soviel ist aktenkundig, hält die Stadt jedenfalls in Atem, seitdem er Ende 1978, von den meisten unerkannt, erstmals den – nach dem Tode Rudolf Kempes (11. Mai 1976) herrenlosen – Münchner Philharmonikern gelauscht und danach all die Avancen der Stadtgewaltigen im Ohr hat, seitdem er, auch das zum erstenmal in seinem damals gut siebzigjährigen Leben, Generalmusikdirektor wird, mit Brief und Siegel, seitdem er nun, mehr auf Gedeih denn auf Verderb, eine amtlich ausgewiesene Position innehat – länger als irgendwo sonst, verehrt und verwünscht wie eh und je.

Wissen die Münchner, auf was sie sich einlassen, als da vorgefühlt und angebandelt wird, zwischen Kolbe-München und Sieger-Stuttgart, im Rathaus München und in den Konferenzräumen des Orchestervorstands? Gehen da nicht schon alle die Urteile und Vorurteile von Mund zu Mund, fallen da nicht schon alle die bösen Bonmots und giftigen Komplimente, die zu Celibidache gehören wie Tristan zu Isolde? Hat da, mit allem Respekt, keiner Angst vor dieser schillernden und schlingernden Laufbahn, mit Berlin als Ausgangs- und frühem Angelpunkt, mit Rom und Buenos Aires, Kopenhagen, Stockholm, Bamberg, Stuttgart und und und als Stationen, die, selbst wenn es gutging, immer Durchgangsstationen blieben? Und: Wo war es denn schon mal gutgegangen, wußte irgendwer irgendwo von einem Happy-End?

War es nicht überall, zuletzt bei den beinahe in Hörweite benachbarten Schwaben, zu den auf der nach oben offenen Temperamentsskala kaum noch meßbaren Ausbrüchen gekommen – ein Vulkan sei er, ein Pinatubo des Podiums, ein Despot, Diktator, ein Verrückter? Und war es nicht kennzeichnend, daß die Andersdenkenden genauso fanatisch dagegen hielten: himmlisch sei er, ein Orpheus des Orchesters, ein Meister der sinfonischen Architektur, ein Wissender, Geweihter und Eingeweihter, ein Guru, der letzte Mohikaner der Musik?

Mit den Wehen um Celibidaches Bestallung wird Musik-München ein neues Leit- und Leidmotiv haben, Gespräche werden zu Disputen, diese zu Krächen und die Kräche zu Kulturkrisen eskalieren. Köpfe werden jahrelang heißgeredet, und Köpfe werden fallen. Noch einmal und diesmal schriller und biestiger als jemals zuvor wird Celibidache Streithahn und diesem der Kamm schwellen – zur Gaudi und zum Entsetzen nicht nur der Münchner.

Die Auseinandersetzung wird aus Feuilletons Kampfblätter machen; selbst unter einem Redaktionsdach werden die Apologeten in die Harfe und die Widersacher unter die Gürtellinie greifen. In der *Süddeutschen Zeitung* beispielsweise feiert (am 6. April 1985) der Kritiker Wolfgang Schreiber Celibidache als das große einzelgängerische Genie: »In unserer so geschmeidig funktionierenden Musikgeschäftswelt wird dieser Künstler immer mehr zu einem ragenden Monument unbestechlicher, uneinholbarer musikalischer Geistesbeschwörung.«

In der Magazinbeilage desselben Blattes (am 10. April 1992) leistet sich Schreibers Kollege Joachim Kaiser ein standesunübliches Foul:»Als Dirigent weit überschätzt. Ich habe nichts gegen ihn, außer daß er ein Arschloch ist.« Die Kaiser-Gemeinde kichert, die Celibidache-Gemeinde bekreuzigt sich.»Soll ich klagen?« fragt der Dirigent unter Vertrauten. Er klagt nicht, zuviel der Ehre.»Haßt er mich?« erkundigt sich Kaiser, der»heute den Passus streichen würde, obwohl sich meine Meinung absolut nicht geändert hat«. Nein, Celibidache haßt nicht, auch das zuviel der Ehre.

Kritik wird Kriegsschauplatz, im Blei wird mächtig aufgerüstet und Celibidache zugleich Zielscheibe und Abschußbasis. Schon immer hat er den Berufsstand, der über seinesgleichen richtet, für ahnungslos, korrupt und überfordert gehalten, in München wird ein rabiates Credo daraus:»Das sind alles Nullitäten«:

»Leider kämpfen wir mit lauter Toten, wir haben keine Fachpresse, nur totes Holz. Einer kommt mit der Uhr, der andere hört nichts von den Obertönen, von der Vielfalt, die wir schaffen. Für ihn ist das Grobstoffliche maßgebend, und für seine Sauerkrautohren ist alles zu langsam. Wir haben eine miserable Selektionspresse. Die Flaschen, die herumlaufen, sind ihre Erzeugnisse. Manche Presseleute halten sich für intelligent, erfinderisch, begabt. Das ist die reine Unbegabung. Diese Leute, die täglich alles vergiften, sollten einmal pausieren oder über Gynäkologie schreiben. Auf dem Gebiet hat doch jeder ein bißchen Erfahrung. Aber in der Musik sind sie Jungfrauen. So gehen sie auch in die andere Welt hinüber, nie von einem wirklich erlebten Klang befruchtet.«

»Es waltet eine dunkle Tradition«

Unbeschadet von aller Beckmesserei diesseits und jenseits der Gasteig-Mauer wird München die Krönung in Celibidaches Karriere. Mag die Zuneigung seines dortigen Publikums auch – naturgemäß – mehr aus ehrfürchtiger Hingabe an den Alten mit seinen himmlischen Längen und seiner dirigentischen Inbrunst kommen als aus Spontanbegeisterung für den Irrwisch, der den Berlinern einst seine philharmonischen Pirouetten vormachte und seine philharmonischen Künste beibrachte – ein Orchester, das er ganz auf sich und für sich abstimmen kann, das mit seinen Eskapaden, Schroffheiten und Anforderungen nicht nur fertig, sondern auch groß und letztlich weltberühmt wird, ein solches Orchester hat er bis dahin nie unter sich gehabt, wenn auch immer ersehnt. Die Münchner Philharmoniker sind sein Klangkörper gewordener Lebenstraum.

Aber es wird, auch hier, lange ein Hauen und Stechen geben, ein Wechselbad an väterlicher Zuneigung und imperialer Lust, zu strafen, den Stab zu brechen oder auch nur einzuschnappen. Jahrelang wird immer wieder Krise sein, jahrelang Celibidache über dem Münchner Musikleben Wettergott spielen: heiter, umwölkt, launisch, grollend – unberechenbar. Alles wird er sein und alles auf einmal: Diva, Macho, Mimose, Entertainer, beleidigte und beleidigende Leberwurst. Aber auch das: Maestro von majestätischer Statur, Oberhaupt einer ihm kniefällig ergebenen, ja: erlegenen Gemeinde, philharmonischer Würdenträger. Ein Wotan, der sich sein Imperium schafft und – scheinbar liebend gern – daran leidet.

Die Musiker und die Kulturverwalter werden sich in dem Ruhm sonnen, den er über das Orchester bringt und für die Stadt einfährt – weltweit, denn nie reiste er mehr, nie werden die Philharmoniker weiter, länger, erfolgreicher auf Tour sein. Aber eine ganze Kommune wird sich auch unter den Blitzen seiner Verwünschungen dukken und erschrecken beim Donner seiner wilden Abgänge und seiner wüsten Schmähungen und Schwüre, er wolle nur noch, wie Wotan, das Ende.

Wetterleuchten wird um Celibidache sein, solange er ein Amt, ein Orchester und den Wunsch hat, Musik zu machen. Keiner in München kann sich seiner sicher sein, nicht nur wegen der Lebensjahre und der Gesundheit des alten Herrn. Aber Celibidache wird die Bastion namens Gasteig nehmen und nach seinen Maßen zum Alterssitz schleifen. Die Kulturchronik der bayerischen Metropole registriert jedenfalls keine groteskeren Turbulenzen als die, unter denen Celibidache antritt, geht, wiederkommt, bleibt, scheidet und heimkehrt. Und ganz sicher ist kein Crescendo in seiner Karriere steiler, fiebriger, brüchiger, lauter und chaotischer verlaufen als der endliche Aufstieg zum philharmonischen Hohenpriester der Stadt.

Für den 14. Februar 1979 kündigen die Münchner Philharmoniker ihr erstes Konzert unter Sergiu Celibidache an. Ende Januar hatte die *Abendzeitung (AZ)* eine »Überraschung« präsentiert. Der Dirigent, telephonisch aus Paris: »Ich sehe schon eine Möglichkeit, die Philharmoniker zu einem großen, internationalen Orchester aufzubauen. Ich würde so oft als möglich kommen, mich mehrmals jährlich drei bis vier Wochen um das Orchester kümmern.« Nachsatz: »Chefdirigent will ich allerdings nicht werden.«

Der Gast reist an, Hochspannung unter den Philharmonikern, aber auch Adventsstimmung: Er kommt. Zehn Proben. Am 6. Februar wird der erste Knall registriert, der Maestro spricht die Leviten: »Ich bin nicht mit dem einverstanden, wie es bisher gelaufen ist, und nicht mehr in der Lage weiterzuprobieren.« Die Verstimmung kommt aus unterschiedlichen Vorstellungen über ein Detail im Strauss-Stück *Tod und Verklärung*. Celibidache hat die eine Meinung und rückt – noch weiß man das nicht – keinen Deut davon ab; das Orchester wagt behutsam an seine eigene Strauss-Tradition zu erinnern. Celibidache: »Was spielt das für eine Rolle, wie Sie das bisher gemacht haben?« Sein Befund: »Enttäuscht. Ein Orchester, das nicht arbeitet, ist nichts für mich. Ich brauche München nicht. Mit diesem Vorfall ist die Harmonie, die zwischen dem Orchester und mir bestand, zerstört.« Das klingt nach Götterdämmerung schon vor Sonnenaufgang.

Erster Kraftakt also, Krisenstab, Krisensitzungen: Kulturreferent Jürgen Kolbe, Orchesterdirektor Franz Xaver Ohnesorg und CSU-Kulturfunktionäre versuchen den Aufgebrachten zu besänftigen. Am nächsten Morgen wird weiter geprobt, Celibidache gibt klein bei: Auf einmal, gleichsam über Nacht, sind die legendären Wiener Philharmoniker, laut Celibidache, »dreißigmal schlechter als die Münchner«, er selbst ist »mit dem Orchester sehr zufrieden« und schließlich »auch nur ein Mensch, vor allem ein Kind« – eine Selbsterkenntnis, die noch so manchen seiner Auftritte erklären, vielleicht sogar entschuldigen könnte. Aber auch Kinder müssen bekanntlich Grenzen erfahren.

An die Vorgänge nach der öffentlichen Generalprobe zu Celibidaches erstem Philharmoniker-Konzert erinnert sich Rechtsanwalt und Vermittler Ferdinand Sieger mit lebhafter Süffisanz: »Kolbe hatte ein paar Journalisten eingeladen. Es wurde nachher eine Zusammenkunft arrangiert, Celibidache in einem noblen BMW in der Stadt herumchauffiert. Alles ging zunächst schief. Nach einer halben Stunde, in der Celi sämtliche Presseleute gründlich vor den Kopf gestoßen hatte, kam er zu mir: Hier

bleibe ich keinen Augenblick länger, das ist ja alles furchtbar.« Sieger, ebenso hilflos wie erfindungsreich, rief seinen Sohn an, der damals als Student mit seiner Freundin
eine Bude bewohnte, »so zwei Zimmer«. Der Filius fuhr
sofort mit seiner Citroën-Ente vor. »Wir zwängten uns da
zu viert rein und kutschierten los. Celibidache blieb bis
vier Uhr morgens. Er fraß unheimlich viel, die Freundin
meines Sohnes mußte noch eine Extraportion Eis für ihn
holen. Mein Sohn hatte damals in seinem Zimmer so
einen Flipper herumstehen, den fand Celi faszinierend, er
war nicht davon wegzukriegen: So was brauche ich auch
für meinen Sohn. Ohnesorg, der Philharmoniker-Direktor, ist noch in der Nacht losgefahren und hat (für eintau-
sendachthundert Mark aus der Stadtkasse) so ein Ding
aufgetrieben. Celi telephonierte derweil stundenlang von
meinem Sohn aus mit seiner Frau in Paris: Sie müsse
unbedingt sofort eine Ausstellung in München vorberei-
ten. Der unermüdliche Ohnesorg arrangierte auch dafür
alles Erforderliche innerhalb von drei Tagen. Ioana reiste
mit dem Nachtzug heran.«

Die Ausstellung wird in der Galerie Biedermann aufgebaut. In der *Welt* werden die »dynamischen farbigen
Kompositionen« der Dirigentengattin gelobt, von »be-
stechender Sensibilität und ordnendem Kalkül« ist die
Rede: »Manchmal erinnern ihre kleinformatigen Werke
sehr an Paul Klee. Eugène Ionesco bescheinigte der
Künstlerin Nuancenreichtum, Subtilität, Phantasie und
eine in sich ruhende Harmonie.«

Die Glocken in München läuten also, der rote Teppich
ist ausgerollt, die Stadt pariert. 1:0 für den Neuen.

Celibidaches Debüt und die beiden Folgeabende mit
gleichem Programm werden ein großer Erfolg. Musik-
München steht Schlange, die Politpromis lassen sich in
den ersten Reihen blicken, die »Nullitäten« der Feuille-

tons schreiben ihr Bestes. »Schwierig, aber außerordentlich«, titelt K. H. Ruppel in der *SZ* und registriert nach dem Schlußstück, Bartóks *Konzert für Orchester*, »ekstatische Dimensionen beim Beifall des Publikums«. Die Grundsteinlegung scheint gelaufen, für den Frühsommer 1979 wird eine neue Konzertfolge vereinbart.

Am 20. Juli 1979 füllt Celibidache wieder mal die Kulturseiten. Ohne schriftliche Fixierung hat er den Titel eines »Generalmusikdirektors der Landeshauptstadt« angenommen und den offiziellen Amtsantritt für Sommer 1980 zugesagt. München hat seinen Forderungen nachgegeben und will das Orchester um zwanzig Stellen erweitern, den Maestro als Primus bei allen Auslandstourneen respektieren, ihm entscheidenden Einfluß auf Programme und die Engagements von Gastkünstlern zugestehen und anderes, viel anderes mehr.

Der dankbare Kolbe läßt am Ende der Konzerte üppig Blumen sprechen und gibt sich »ganz außerordentlich« glücklich über den Pakt, macht aber auch schon ein Menetekel aus: »Ich bin mir klar, daß der GMD rigoros die Konsequenzen ziehen wird, wenn etwas nicht in seinem Sinne verläuft.« Oberbürgermeister Erich Kiesl sagt seinerseits Assistenz zu, wenn etwas in besagtem anderen Sinne verlaufen sollte: »Ich werde für Sie da sein, wenn Sie Hilfestellung brauchen.« Reaktion Celibidaches: »Ich habe noch nie einen Mann gesehen, der so wenig von mir weiß, sonst würde er wahrscheinlich gegen mich sein.«

Am gleichen Tag der noch druckfrischen Jubelbotschaften beschreibt Joachim Kaiser in der *SZ* »Celibidaches Glanz und Grenzen«. Kaiser sieht dabei die Philharmoniker zu einem »vielleicht in Deutschland führenden Ravel-Orchester« mutieren, gleichzeitig aber »die gerade für dieses Orchester nicht unwichtige Musik zwischen Beethoven und Brahms in feine, intermezzo-reiche,

punktuell kammermusikalisch erlauchte Gespinste verwandelt. Ja, wäre das schlimm?«

Es wird schlimm. In der Wochenendausgabe vom
23./24. Juni 1979 der *AZ* erscheint Celibidaches be-
rüchtigtstes Interview, in dem er zum Rundumschlag auf
alle ausholt, die angeblich nichts können und nichts taugen, und das sind die meisten. Kollege Karl Böhm kündigt verärgert jede weitere Zusammenarbeit mit dem Orchester dieses Berserkers auf. Die Überschrift des Interviews – »Karajan, der ist wie Coca-Cola« – macht den
meisten Wirbel und erweist sich als problematische Raf-
fung durch die Redaktion. Celibidache hatte, laut nach-
folgendem Gespräch, verbindlicher formuliert: »Und Karajan? Ich weiß, er begeistert die Massen. Coca-Cola
auch.«

Der Rest der Veröffentlichung, genug Spreng- und
Tratschstoff für die Branche und die Münchner Musik-
parteiungen, ist offenbar O-Ton, Celibidache hat jedenfalls nichts davon zu korrigieren oder nachträglich abzu-
mildern versucht. Darauf angesprochen, setzt er nur noch
eins drauf, diesmal in die andere Richtung: »Diese Presse
besteht aus Gangstern.« Nur: Wenn es ihm gelegen
kommt, läßt er auch mal »Gangster« seine Geschäfte
betreiben.

Celibidache hat in dem – bereits zitierten – Gespräch,
das in Windeseile Stadtgespräch wird, auch Kritiker-
professor Joachim Kaiser eins auswischen wollen, die *AZ*
jedoch den Hieb gegen den Platzhirsch der *SZ* unter-
schlagen, was den Dirigenten wiederum zu einer De-
marche seines Orchesterdirektors bei der *AZ* veranlaßt:
Er habe das gesagt, wie er es gemeint hat, und genau das
wolle er lesen.

Die beiden Großkopfeten vor Ort stehen von nun an
auf Kriegsfuß, der Zwist wächst sich im Lauf der Jahre

zu regelrechten Journalistenfraktionen aus. Celibidache spaltet nun nicht mehr nur das Publikum, sondern auch die Kulturseiten. »Mit seinem Angriff auf Joachim Kaiser«, rügt am 21. Juli 1979 der *Bayernkurier*, »hat Celibidache die Kritik grundsätzlich verächtlich machen wollen – mit untauglichen Mitteln.«

Zitterpartie. Am Schluß des *AZ*-Gesprächs ist Celibidache patzig auf Distanz zu seiner neuen Wirkungsstätte gegangen. »Ich bin nicht sicher, ob ich hier bleibe. Es gibt etwas in dieser Stadt, was sehr lasterhaft ist, gegen meine Natur ist. Es waltet eine dunkle Tradition des Schlechtmachens, des nicht Besserwollens über der Stadt.«

Mitte Juli 1979 verlautbart der verunsicherte Orchestervorstand: »Sergiu Celibidache als Generalmusikdirektor der Münchner Philharmoniker war und ist ein Wagnis, für das wir an dieser Stelle öffentlich danken möchten.«

Der Wink mit dem Palmwedel tut seine Wirkung: Celibidache kommt planmäßig aus seinem Sommerurlaub zurück, planmäßig beginnen die Proben zu Bruckners achter Sinfonie, deren Aufführung Mitte Oktober in der Münchner Lukaskirche zu einem unisono hochgelobten Ereignis wird. Gleichsam aus dem Tremolo der ersten und zweiten Violinen, das Konzertführer gern »Urnebel« nennen, wächst der große Umstrittene in eineinhalb Stunden in jene Rolle, in der ihn die Musikwelt fortan am liebsten hört und am innigsten verehrt – als Bauherrn von Bruckners klingenden Kathedralen.

Dann kehrt erst einmal Ruhe ein. Monatelang steht nur das auf der Tagesordnung, was darauf gehört: proben, proben, proben, aufführen. Der GMD und die Seinen kommen sich langsam näher, die Berührungsängste schwinden, Rückschläge inklusive. Die Reibereien übersteigen nun, in der Regel jedenfalls, nicht mehr das Maß, das zwischen einem dirigierenden Perfektionisten und einer Hundertschaft individueller Musiker die Norm ist. Aber das Wetterleuchten bleibt.

Im Januar 1981 mahnt Celibidache bei der Stadt die Zusagen an, mit denen München ihn geködert hat: Gehaltserhöhungen und Stellenerweiterung bei den Philharmonikern. Sein Machtwort, fast schon wieder eine Aufforderung zum Affentanz: »Man schenkt mir einen Cadillac, aber er hat keine Räder. Um Celibidache zu halten, verspricht man alles, aber gehalten wird nichts.«

Im Februar 1981 legt sich der GMD mit dem Kollegen Riccardo Chailly an. Der hatte 1978 erstmals die Philharmoniker geleitet, damals wurden weitere Konzerte vereinbart, darunter ein Open Air auf dem Marienplatz, Philharmonikerball, Auftritte mit dem Violinisten Itzhak Perlman und dem Pianisten Vladimir Ashkenazy.

Celibidache lehnt Chailly als unfähig ab und läßt gleich auch Ashkenazy ausladen, weil der wiederum zu Chailly steht: »Wenn Ashkenazy so mit Chailly befreundet ist, dann muß man auch ihm absagen.« Chailly in der *AZ*: »Celibidache war nie in einem meiner Konzerte, ich dagegen sah ihn dirigieren... Clown-Stil-Dirigieren.« Kulturreferent Kolbe zieht sich und der Stadt den Schuh für die vertrackte Lage an: »Hausgemachte Schwierigkeiten«, damit habe Celibidache »nichts zu tun«. Man habe »fälschlicherweise gegen Celibidaches Anweisung gehandelt, Dirigenten nur einmal pro Saison zu verpflichten«.

»Sie haben mich begraben oder so«

Bereits im Juni 1981 werden bereits wieder schwerere Beben und folgenreichere Verwerfungen registriert, wieder bei der Einstudierung des *Deutschen Requiems* von Brahms, bei dessen Proben der Dirigent schon in Berlin und später beim WDR Köln nicht nur den Takt, sondern auch Krach geschlagen hatte.

Auftakt: ein Wortwechsel zwischen Celibidache und einem Hornisten. Celibidache macht früher als angesetzt Schluß und reist wort- und grußlos ab nach Paris. »Er ist nicht gesund, und sauer ist er auch«, läßt Kolbe verlauten. Oberbürgermeister Kiesl schickt ein Gutwettertelegramm; Celibidache antwortet, sein Arzt habe ihm von weiteren Auftritten abgeraten. Aus der Zürcher Tonhalle verbreitet sich derweil die Neuigkeit, Celibidache habe dort insgesamt vier Konzertblöcke zugesagt, auch wird gleich ein Symposion angekündigt: »Begegnung mit Celibidache und seiner Welt«. In München bangen sie plötzlich nicht nur um das *Requiem*. Schon titelt die *AZ* »Scheidung auf rumänisch«.

Am 24. Juni 1981, 11.49 Uhr, Entwarnung: Der neue Philharmoniker-Direktor Hubertus Franzen, Nachfolger des nach den ersten Celibidache-Wirren abgehalfterten Ohnesorg, verbreitet die Bereitschaft des GMD zur Rückkehr, er werde die Termine der Totenmesse wahrnehmen. Kolbe und Kiesl geben im Duo den Bericht zur Lage: »Wir müssen durch allerlei Wechselbäder hindurch, um diesen singulären Mann... zu halten.«

Das *Requiem* wird in der Lukaskirche als »milder Trost für die Trauernden« (Karl Schumann in der *SZ*) dargeboten, und in dem milden, trostreichen Nachhall scheinen die Wogen geglättet. Über mehr als drei Jahre wird beste Aufbauarbeit geleistet, Kräche bleiben aus oder hinter den Kulissen, kleinere Karambolagen sind als Signale einer vitalen Szene geradezu willkommen. Celibidache scheint Frieden geschlossen zu haben mit seinem Orchester, der Stadt und mit sich selbst.

250

Er baut sein Repertoire auf und, molto adagio, aus. Die Evergreens seiner langen Laufbahn rücken nun, Stück für Stück, auch in seinen Münchner Spielplan vor: Beethoven, Brahms, Richard Strauss, Schumann, Tschaikowski, Schubert, dazwischen auch Außenseiter wie Harald Genzmers zweites Klavierkonzert oder die *Meyerbeer-Paraphrasen* des Freundes Günter Bialas; natürlich die sogenannten Impressionisten seiner französischen Wahlheimat, in denen der Filigranissimus schon immer sein Bestes, das heißt hier: sein Feinstes gegeben hat; sogar Wagner kommt in die Programme, wenn auch – bis auf *Tristan*-Ausschnitte – natürlich nur orchestral; und immer wieder Bruckner. Mit seinen Bruckner-Aufführungen und deren zeitlos scheinenden Zeitmaßen steigt Celibidache endlich und endgültig auf in die erhabene Rolle eines Lordsiegelbewahrers: München wird Mekka der Brucknerianer, Bruckner der Moses der Münchner Philharmoniker.

Der Zulauf in den Herkulessaal wächst, wenn Celibidache auftritt, ständig und oftmals bedrohlich an, sechstausend Karten für vier Abende bei unveränderter Programmfolge sind die Regel. Abonnementswünsche kommen bereits auf die Warteliste, bei Bruckner stehen sich die Kartensucher wie auf Bayreuths Grünem Hügel geduldig die Beine in den Bauch.

Die Philharmoniker und ihr Chef starten eine erste gemeinsame Deutschlandtournee; der Alte kehrt mit ihnen nach Berlin zurück und erlebt Triumphe an dem Ort, wo ihn Karajans Philharmoniker immer noch schneiden; man stellt sich in Frankreich, Italien und Spanien vor. Im Januar 1983, beim vierten »Ball der Münchner Philharmoniker«, läßt der Guru zur *Jagdpolka* von Johann Strauß die Büchse knallen, nimmt einzelne Rosen und riesige Sträuße seiner – meist betagten, manchmal auch knackfrischen – Groupies entgegen und revanchiert sich mit dem Kompliment, die Münchner seien »sehr herzlich und sehr sympathisch«. Und beim Faschingskonzert 1984, nach *Pizzikato-* und *Trisch-Tratsch-Polka*, dirigiert der Alte, dieser längst heißgeliebte Fels des Anstoßes, sogar das klatschende Publikum: Auf geht's mit dem *Radetzky-Marsch*, und mit beiden Händen taktiert der erste Greis am Platze die tausend Hände seiner Hörigen. Walzerselig dreht sich so die Münchner Abendgesellschaft in der falschen Hoffnung, die Causa Celibidache sei endgültig vom Tisch und der Maestro mit München fest und festlich verwurzelt.

Katerstimmung. Ernüchterung. Krach. Schlammschlacht – aus der Traum vom ewigen Burgfrieden in der heimlichen deutschen Hauptstadt. Ende Juni 1984 muß Celibidache seine Auftritte beim »Festlichen Sommer« der Philharmoniker krankheitshalber absagen. Grund: Gicht, allgemeines Schlechtbefinden, Kreislaufprobleme, Übergewicht, bettlägrig seit Anfang des Monats. Man hat es kommen sehen, richtiger: Man hätte es kommen sehen können. Die letzten Konzerte waren Torturen für den Geplagten, er hatte es nicht wahrhaben und sich nicht anmerken lassen wollen. Von Paris aus sucht der Patient erst im bayerischen Griesbach, dann in der Hannoveraner Paracelsus-Klinik Linderung.

In einem Vierteljahr beginnt bei den Philharmonikern die neue Saison. Celibidaches Planungen sind von Celibidaches Krankheit über den Haufen geworfen. Wann er wieder ans Pult kann, weiß keiner, auch er nicht. Man entwirft ein Notprogramm und kontaktiert mögliche Nothelfer. Celibidache scheint in alles eingeweiht und gibt offenbar grünes Licht für alle notwendigen Dispositionen. In der *AZ* wird der damalige Orchestervorstandssprecher Deinhart Goritzki jedenfalls mit dem folgenden

Befund zitiert:»Als wir ihn in Paris besucht haben, sagte er: Tut so, als ob ich im Moment nicht da wäre. Trefft Entscheidungen zum Wohle des Orchesters!«

Diese Freigabe, Entscheidungen zu treffen, klingt wie von der Not erzwungene Großzügigkeit. Ihr Pferdefuß ist die interpretierbare Schwammigkeit –»als ob ich *im Moment* nicht da wäre«. Wie viele Momente wird der Patient aussetzen müssen?

In der *SZ* vom 6. September 1984 wagte sich der Kritiker Albrecht Roeseler mit einer problematisch-pessimistischen Diagnose hervor.»Nach Meinung ungezählter Mediziner unter seinen Abonnenten« sei Celibidache schon länger»sichtbar arbeitsunfähig erschienen«, habe sich»nach wochenlanger Nichtbehandlung zu den verschiedensten Heilstätten begeben« und sei, alles in allem,»kränker als je zuvor«: Man müsse»befürchten«, daß er»auf Monate hinaus als Dirigent in München und anderswo total ausfällt«. Sodann fragt Roeseler, ob»die Stadt München, in irgendeiner psychologisch vertretbaren Form, auf ihren schwerkranken Musikchef Einfluß nehmen und ihn behutsam zu einer Therapie bewegen« könne. Schließlich gibt der Kritiker zu bedenken, man könne dem GMD doch»ein Sabbatical spendieren, ein freies Jahr, in dem er sich ganz auskurieren kann«. Schlußakkord:»Mit Augenwischereien, die uns immer wieder von Monat zu Monat einen bald wieder putzmunteren Dirigenten vorgaukeln, ist keinem gedient.«

Gestärkt durch Handlungszwang und Roeselers sicher gutgemeinten Heilungsplan, schließen die Unterhändler des Orchesters und der Stadt mit Einspringern ab, stellen Termine um, laden Solisten aus und andere ein. Václav Neumann wird die anstehende Orchesterreise durch Deutschland angetragen, Lorin Maazel, in Wien kontaktiert, sagt die Leitung bei der Schweiztournee zu. Guten Glaubens haben alle ihr Bestes getan, scheinbar.

Am 14. September ruft die *AZ*-Redakteurin Marianne Reißinger den Kranken in Hannover an. »Mir geht's sehr gut, aber mit München ist es ein Problem. Wir haben Konflikte« – erstes Grollen schlagender Wetter. Celibidache, auf die Einsatz- und Ersatzpläne für seine Termine angesprochen: »Ach, wer weiß, warum sie sich das erlaubt haben, alle Entscheidungen über meinen Kopf hinweg zu fällen. Niemand hat sich darum gekümmert, wie ich dazu stehe. Alle Dirigenten hat man festgelegt, aber mit mir hat kein Mensch gesprochen. Dabei muß alles mit meinem Einverständnis geschehen.«

Hatte nicht Goritzki den – mündlichen – Freibrief in der Hand, so zu tun, »als ob ich im Moment nicht da bin«? Kernfrage also: Wie lange ist so ein Moment in so einem Fall?

Verblüfft vernimmt die Journalistin Reißinger aus der Telephonmuschel Celibidaches Bruch mit München: »Leider Gottes ist unsere schöne Arbeit zum Teufel.« Keine Konzerte mehr, keine Tournee? »Das ist erledigt. Ich bin nicht mehr da. Wenn man sich entscheidet, nicht einen Monat oder zwei warten kann, so für die Zukunft weiterdenkt, dann heißt das, sie haben mich begraben oder so.«

Kulturreferent Kolbe bläst zur Attacke: »Daß wir ihn übergangen haben sollten, ist einfach nicht richtig… Die Philharmoniker, für die die Stadt viel Geld ausgibt, können es sich nicht leisten, Konzerte und Reisen abzusagen.« Kolbe hofft, den Abtrünnigen umstimmen und halten zu können: »Er weiß, daß er mir vertrauen kann, daß ich ihn verehre.«

Am 20. September 1984 rafft die *AZ* die Kernsätze aus dem Reißinger-Gespräch noch einmal für einen Einspalter zusammen und fügt ein: »Unterdessen will Celi das alles nicht mehr gesagt haben.« Im Stadtrat werde derweil der Gedanke eines »Ehrendirigenten auf Lebenszeit« ventiliert.

Nun jagen sich im Rathaus die Sitzungen. Am 10. Oktober übermittelt Kolbe dem Kranken die Programme für die Saison 1985/86 und 1986/87 mit allen Details. Antwort: keine – sagt die Stadt. Am 22. Oktober macht ein Telegramm an Celibidache neuen Druck: Der »liebe Maestro Celibidache« möge »die angebotenen Termine bestätigen«, »bis spätestens Montag, den 29. Oktober 1984. Sie wissen selbst am besten, daß die Dispositionssicherheit für das Orchester eine weitere Verzögerung nicht zuläßt..« Ultimaten sind gelegentlich die Ultima ratio, diplomatisch sind sie selten, und wenn es um Celibidache geht, wirken sie wie der groteske Versuch, die Axt an eine Mimose zu legen. Eine Antwort aus Paris kommt jedenfalls auch diesmal nicht – behauptet die Stadt.

Während Münchens Kulturöffentlichkeit sehnlich oder zumindest neugierig auf ein Rauchzeichen aus Frankreich wartet und längst auch die überregionalen Medien – mit Häme teils und teils aus kühler Distanz – die Vorgänge verfolgen, kommt im Rathaus plötzlich ein Brief zum Vorschein – nicht ohne daß vorher Zitate daraus in den Zeitungen erschienen. Absender: Celibidache. Absendedatum: 8. Oktober 1984. Adressat: Oberbürgermeister Georg Kronawitter. Inhalt: die Wende, die schon kaum jemand noch für möglich gehalten hat.

»Mit all meinen Kräften und ohne Einschränkungen«, so läßt der Maestro das verunsicherte München wissen, stehe er weiter »im Dienst der Stadt«. Für ihn, so klingt es fast kleinlaut, gebe es »zur Zeit keine Alternative zu München«, denn er habe sich »auf die musikalischen Bedürfnisse des Orchesters eingestellt und praktisch meine ganze Tätigkeit außerhalb Münchens aufgegeben«. Dann, eine typische Celibidache-Pointe:»Und ich möchte Ihnen – so unverschämt das klingt – sagen, daß es für München keine Alternative zu Celibidache gibt.« Die Streithähne sind also aufeinander angewiesen – eine nicht ganz unrealistische Einschätzung, wenn man die Zukunft der Philharmoniker und den Status ihres Chefs betrachtet.

»Skandalös ist es wirklich zu nennen«, wettert die SZ, »daß der existierende Antwortbrief Celibidaches an den Münchner Oberbürgermeister verschwiegen worden ist. Warum wohl?« Diese Frage muß auch den Einlenker Celibidache, bei aller signalisierten Bereitschaft, mißtrauisch stimmen. »Hinreichende Klarheit über sein zukünftiges Engagement für das Orchester« liege »nicht vor«, lügt die Stadt, und prompt fühlt sich der Alte »bis 10. Januar 1985 auf Eis gelegt« – ausgetrickst von Einspringern und Aushilfen, die ohne Kontakt und Rücksprache mit ihm auf und für seine Termine engagiert worden seien. Noch ist nicht aller Tage Abend in der weißblauen Bataille.

Die CSU-Opposition stilisiert den Fall zu einer parteipolitischen Schlappe der regierenden Genossen, die »die Axt im Walde« schwingen statt diskret verhandeln würden. Es sei »untragbar«, läßt der CSU-Stadtrat Franz Forchheimer ausstreuen, daß einem »so großen Künstler... in absolut unsensibler Manier ein Ultimatum gestellt« werde, trotz der längst eingetroffenen Zusage samt »Kooperationsbereitschaft«.

Immerhin enthält das lange unterschlagene Celibidache-Schreiben auch saftige Attacken gegen Kolbe und Franzen, die der GMD als treibende Kräfte und hinterhältige Drahtzieher bei den ganzen verdächtigen Machenschaften vermutet. Kolbe habe wohl jetzt endlich zu »sei-

nem so lange im Schatten gehaltenen Geltungsbedürfnis«
gefunden (»schade, daß der Papststuhl in Rom besetzt
ist«), Franzen ohnehin nur seine »unbestreitbare Dummheit« offenbart. Münchens Klatschmäuler kriegen vor
lauter Futter den Mund nicht mehr zu.

»Wir kennen keine Makulatur«

Ende Oktober 1984 winken und wedeln die Unterhändler
der Stadt mit der Palme. Kronawitter hat mit Celibidache
telephoniert, in dem »offenen und vertrauensvollen Gespräch« habe der Maestro sein persönliches Erscheinen
vor Ort zugesagt.

Am 12. November 1984, High noon, betritt Celibidache das Münchner Rathaus, ein paar Getreue und Offi-
zielle haben ihn am Flughafen Riem abgeholt. Er wirkt
mürrisch und verschlossen, er geht mühsam, aber ohne
Hilfe. Sicher will er demonstrieren, daß er wieder auf den
Beinen ist und daß man ihn zu früh auf Eis gelegt hat.
Anderthalb Stunden lang wird hinter verschlossenen Türen verhandelt, ohne Kolbe und Franzen, für Celibidache
die roten Tücher, auch ohne Orchestersprecher Goritzki,
der inzwischen zurückgetreten und beim Chef als »unzu-
verlässig« in Ungnade gefallen ist. Kein greifbares Ergebnis, als sich die schalldichten Türen auftun. Dieselbe
Prozedur wiederholt sich am nächsten Tag zur gleichen
Zeit. Kein nennenswerter Fortschritt. Ein Gipfeltreffen,
wie Gipfeltreffen meist ausfallen. Kolbe: »Ich sehe der
Entscheidung gelassen entgegen.«

Noch herrscht Patt, da zieht Roeseler in der *SZ* vom
16. November 1984 bereits ein Resümee, eine Art Probe
auf die Abschiedsinfonie, durchaus auch mit kakophonischen Einsprengseln: »Celibidaches Ausfälle [gegen

Künstler und Kritiker], selbst von seinen Anhängern als unsinnig empfunden, wären belanglos, wenn sie nicht böse Folgen hätten für diese Stadt... Zu Dutzenden haben die Münchner Hörer drittklassige, aber dem Chef genehme Dirigenten erleben müssen, die wenig probten, stark kassierten und rasch vergessen waren. Celibidache dagegen nahm sich den Löwenanteil der Proben, und seine Abende stachen natürlich von jenen Durchschnittskonzerten, die unter dem Durchschnitt lagen, erfreulich ab... imponierender Bruckner, bewunderter Ravel, umstrittener Brahms, fragwürdiger Mozart.« Roeselers Fazit: Ob Celibidache als GMD »das philharmonische Musikleben neben ihm weiterhin strangulieren soll, muß füglich bezweifelt werden... Der Star darf die Stadt nicht erpressen.«

Am selben 16. November diktiert Oberbürgermeister Kronawitter einen Brief an Celibidache: »Betrachten Sie dies als Reverenz gegenüber einem genialen Musiker...« Zwei Bedingungen könnten allerdings »nicht erfüllt werden«: die Bauernopfer Kolbe und Franzen sowie die Annullierung der Verträge mit den Musikern, die als Celibidache-Aushilfen engagiert sind. Per Boten geht das Schreiben nach Schondorf, wo der Dirigent sich auskuriert.

Celibidache übermittelt seine Antwort postwendend. Er bedankt sich »von ganzem Herzen, und dies sind keine leeren Worte«. Aber – im übrigen nein: »Meine Bedingungen bleiben weiterhin, wie sie waren. Wir sind somit ans Ende meiner Tätigkeit als Generalmusikdirektor der Stadt München gekommen... Mit den allerbesten Wünschen.«

Trennung von Tisch und Podium? Helmut Lesch kommentiert in der *AZ* die Stimmung der gespaltenen Stadt: »Sosehr seine [Celibidaches] Kompromißlosigkeit imponiert, seine Methode der verbrannten Erde halte ich für unmenschlich. Auch Celi trägt Verantwortung.«

»Die Entscheidung ist endgültig. Mit der heutigen Absage ist jeder Spielraum ausgelotet«, verkündet ein verbitterter Kronawitter am 19. November 1984. Noch einmal waren OB und GMD zusammengekommen. Aus, vorbei. Eine wohl rhetorische Journalistenfrage anschließend an Celibidache: »Bleiben Sie doch?« Antwort: »Weiß ich nicht.« – »Werden Sie einlenken?« – »Ich weiß nicht, wovon Sie sprechen.«

Vom Rathaus aus begibt sich Celibidache mit versteinertem Gesicht unmittelbar in die außerordentliche Vollversammlung der Philharmoniker, danach sitzen die Musiker noch drei Stunden zusammen. Es hagelt Vorwürfe, auch wegen innerkollegialer Kabale und Denunzierung, viel Bedauern, ganz viel Rat- und Sprachlosigkeit. »Ein Wunder ist es nicht, daß er jetzt geht. Ein Wunder ist es, daß er so lange geblieben ist«, kommentiert die *Frankfurter Rundschau* die Münchner Affäre und schließt: »Nun wird München ohne Celibidache auskommen müssen. Es ist bis auf die vergangenen fünf Jahre ohne ihn ausgekommen. Es soll auch einen Bürgerstolz vor Dirigententhronen geben.«

Am 23. November 1984 unterzeichnet der Orchestervorstand der Philharmoniker – Bürgerstolz hin, Dirigententhron her – eine »mit großer Mehrheit« verabschiedete Resolution: »Wir fordern... die verantwortlichen Persönlichkeiten der Stadt München auf, die notwendigen Voraussetzungen für die Weiterarbeit Celibidaches als Chefdirigent zu schaffen.«

Am Abend desselben Freitags hält Kronawitter im Herkulessaal vor dem Orchester eine Rede. Kernsätze: »Ich habe Ihre Resolution gelesen und habe Respekt vor Ihrer Haltung. Aber Sie müssen wissen, daß der Stadtrat, der Steuerzahler und das Musikpublikum eine Grenze sehen, daß von Celibidache das Maß des Erträglichen und Verantwortlichen überschritten worden ist. Sie müssen lernen, daß Celibidache jetzt nicht mehr Generalmusikdirektor und Ihnen endgültig entzogen ist. Für andere Konditionen sind wir immer offen, aber dieses Kapitel ist jetzt abgeschlossen.«

Und schon bald wird das alte Kapitel neu aufgeschlagen. Am 14. Dezember 1984 bittet die damalige FDP-Stadtratsfraktionsvorsitzende Cornelia Schmalz-Jacobsen den OB um neue Kontaktgespräche mit dem Unversöhnlichen. Mehrere Münchner Hochschulprofessoren richten an Kronawitter einen offenen Brief:»Sergiu Celibidache ist eine Ausnahmeerscheinung im Musikleben dieser Zeit«, es müsse »dringend substantielle Verhandlungen« zu seiner Rückkehr geben.

Weihnachtsfeier 1984 in der Bayerischen Akademie der Schönen Künste. Immer noch ist Celibidaches Abgang Hauptgesprächsthema, immer noch wird ein Funken Hoffnung konserviert. Akademiemitglied und Komponist Harald Genzmer spricht den Kollegen Günter Bialas an: Er kenne doch den Dirigenten persönlich, schon lange, aus Berliner Tagen, er könne doch was tun und vielleicht was erreichen. Bialas bittet den Akademiepräsidenten Heinz Friedrich zum Gespräch. Bialas kennt Celibidaches Pariser Telephonnummer. So kann man zumindest eine Verbindung herstellen, vielleicht sogar eine Verständigung.

Bialas ruft zunächst Kolbe an und will wissen, ob überhaupt noch eine kleine Chance bestehe. Kolbe antwortet:»Am nächsten Montag werde ich die Verhandlungen führen über das letzte Konzert, das zur Eröffnung des Gasteigs noch zu vergeben ist, und zwar mit Carlos Kleiber, und dann ist es aus.«

Bialas wählt Celibidache in Paris an, »Kleiber war das Stichwort«. Der Dirigent teilt, nach zwei Stunden Bedenkzeit, mit, er sei bereit, für ein Gespräch in kleinstem Kreise nach München zu kommen. Als Verhandlungsort wird die Akademie ausgeguckt. Am Vorabend treffen sich Celibidache, Genzmer, Friedrich und Bialas in der Wohnung der *tz*-Kulturchefin Beate Kayser. Dort entwickelt man Strategie und Schlachtplan. Es geht hoch her, und ein paarmal droht der Dirigent mit abruptem Abgang. Vor allem Beate Kayser redet dem Alten ungeschminkt ins Gewissen – eine Mutter Courage zwischen den Fronten. Celibidache bleibt, hört zu, läßt mit sich reden und redet selbst.

Noch ist München nicht verloren. Springender Punkt: Kolbe, für Celibidache Unperson, für die Stadt aber der zuständige Unterhändler. Bialas zu dem starrköpfigen Celibidache: »Du sollst doch nur mit Kolbe reden, du sollst ihn ja nicht küssen und umarmen.« Replik: »Wenn schon, dann küssen.« Vorsichtiger Optimismus kommt auf. Im Rathaus stapeln sich derweil die Briefe, in denen Vermittlung angeboten und ein Happy-End der Affäre herbeigesehnt wird. In diesen Tagen dreht sich eine ganze Millionenstadt offenbar nur um den großen alten Mann.

Zusammen mit dem Philharmoniker-Vorstand beginnen am nächsten Tag die Verhandlungen. Selbst für kleinste Zwischenergebnisse oder diffizile Rückfragen muß Bialas jedesmal zum Telephon und Kolbe unterrichten, abfragen, aushorchen – eine ebenso lästige wie zeitraubende wie groteske Prozedur. Immerhin: Aus den Äußerungen der Philharmoniker-Vertreter wird klar, daß auch im Orchester – kaum verwunderlich – Skeptiker sind, die ein Comeback Celibidaches mit gemischten Gefühlen und die nächste Krise schon kommen sehen.

Plötzlich wird es Celibidache zu bunt mit der umständlichen Rückfragerei per Telephon ins benachbarte Rathaus, und er geht Bialas schroff an: »Frag Kolbe, ob er nicht selbst kommen will!« Der kommt, trotz Kälte ohne Hut, sofort in die Akademie, Umarmung und Küsse, anschließend Zweiergipfel in Klausur.

Celibidache gibt nach, fordert weder die Vertragsannullierung mit den anderen Künstlern noch den Kopf von Hubertus Franzen. Jedenfalls nicht direkt: Ein Fünferrat (aus Celibidache und je zwei Vertretern der Stadt und des Orchesters) wird gebildet, der weitgehend die Befugnisse des ungeliebten Orchesterdirektors übernimmt – eine stille Entmachtung Franzens, der jetzt auch das Orchester gegen sich hat. Wenig später wird er, gut abgefunden, die Konsequenzen ziehen.

Kaum zu fassen: Es gibt Entwarnung, Fanfaren in allen Medien verbreiten das Wunder, im Hosianna hebt halb München ab: Celibidache bleibt. »Bisher habe ich in meinem Leben immer das gemacht, was ich wollte«, sagt er, voll Dankbarkeit, nachher der Vermittlerin Beate Kayser, nun sei er einmal dem Rat der anderen gefolgt, »und das ist gut so«. Folgt: ein riesiger Blumenstrauß.

Eigentlich, laut Planung, will er am 16. März 1985 erstmals wieder dirigieren. Aber nun ist er nicht mehr zu halten.

Als Günter Wand seine für Ende Februar angesetzten Konzerte krankheitshalber absagen muß, zieht Celibidache sein Comeback vor: »Wir haben einen Einspringer gefunden«, scherzt Orchester-Vorstandssprecher Gero Rumpp, als er den Dirigenten vor die Seinen geleitet. Celibidaches leise Antwort: »Ich freue mich sehr. Es war ein bißchen schwer. Aber ich hoffe, daß wir wieder dahin kommen, wo wir waren, daß wir weitermachen, wie wir fünf Jahre musiziert haben.«

Der König ist tot, es lebe Seine Majestät: Wie ein huldvoller Gebieter wird der verloren geglaubte Dirigent am 23. Februar 1985 im Herkulessaal empfangen: Jubel; Trubel; Blumen, einzeln, in Sträußchen, als Bukett. Das Heer der Verehrer(innen) erhebt sich von den Plätzen; am Schluß, nach der Celibidache-Spezialität *Feuervogel*, ist aller Hader vergessen, weil totgeklatscht. Zwanzig Minuten dauert der Beifall. Reinthronisation für einen, der schon abgesagt, seinen Thron verstoßen und seine Fans verprellt hatte.

Im privaten Rückblick findet Celibidache für die Münchner Turbulenzen nur wenig und ungern Worte: »Man hat mir übel mitgespielt. Ich habe immer das Beste gewollt. Es wäre schiefgegangen, wenn nicht ein paar Menschen, die ich Freunde nenne, erfolgreich vermittelt hätten.«

Ob er sich nicht gleichsam auf der Flucht nach Frankreich zurückziehe, wenn es in München Zoff gebe, fragt ihn 1993 Felix Schmidt in der *Welt am Sonntag*. Antwort: »Wenn Sie ein bißchen von Zen verstehen würden, dann wüßten Sie, daß man sich in krisenhaften Situationen nicht durch Flucht nach Paris und anderswohin entziehen kann, sondern lediglich durch Flucht zu sich selbst. Sich wiederfinden ist jedermann möglich... Ich kann sagen, es gibt eine einmalige Beziehung zwischen mir und den Musikern, die mich sehr froh stimmt.«

Also: keine Kriseleien mehr? Aber natürlich. Überall Schalmeien? Aber natürlich nicht. In der Rezession und unter Sparzwang kommen auch die Philharmoniker wieder ins kommerzielle Gerede und Gefeilsche: weniger Planstellen, andere Abstriche. Celibidache zu Schmidt: »Die Stadträte, die dies fordern, und diejenigen, von denen das Überleben des Orchesters abhängt, sind keine Konzertbesucher. Die meisten Sozialisten meinen, Kunst, also auch Musik, sei Luxus. Für mich und viele andere Menschen ist es eine Notwendigkeit wie Essen und Schlafen... Wir sind mit dem Plan konfrontiert, das Orchester zu reduzieren, und zwar nach dem Motto: Welche Finger brauche ich nicht mehr? Ich kann doch nicht auf Leute verzichten, um deren Ausbildung ich gekämpft habe. Die kann ich ja nicht einmal ersetzen... Ich werde mich also nicht mit den politischen Thesen der Münchner Kulturbürokratie anfreunden.«

Und zum Beweis, daß er »nicht schimpft«, sondern »das, was ich denke«, sagt, liefert er für den amtierenden Münchner SPD-Oberbürgermeister Christian Ude in der Coda des Schmidt-Interviews rasch noch ein privates, galliges P.S.: Er finde es »abscheulich, daß wir von einem solchen Menschen abhängig sind... Ihm ist es offensichtlich auch gleichgültig, was die Münchner Philharmoniker heute in der Welt bedeuten... Das ist nämlich einer von denen, die meinten, wir brauchen in München mehr Krankenschwestern und keinen Celibidache. Ich jedenfalls brauche Herrn Ude und auch München nicht.«

»Was die Münchner Philharmoniker heute in der Welt bedeuten« – daß es Celibidaches fordernde Autorität, seine pädagogische Hartnäckigkeit, sein unnachgiebiges, wohl auch unstillbares Verlangen nach Perfektion im Sinne musikalischer Erfüllung, seine unbeirrbare künstlerische Position sind, die diesen Weltruhm gebracht, gemehrt und erhalten haben, daran ist kein Zweifel, da sind Sympathisanten und Schwärmer d'accord mit Skeptikern und Kritikern. Der fast pathetische Höhenflug des Münchner Orchesters und seines GMD, der sich längst exklusiv den Philharmonikern verschrieben hat, in die dünne, teure, gemeinhin medienschwangere Welt der tonangebenden Klangkörper ist die Folge einer im schönsten Sinne altmodischen und im radikalen Sinne brutalen Partnerschaft.

Hier sind alle aufeinander angewiesen und eingeschworen, jeder hört, nein: horcht auf jeden – jedes Celibidache-Konzert ist letztlich ein großer Lauschangriff auf die Überfülle des sattsam Gebotenen und den flotten Verschleiß der bestsellernden Routine. Das Bündnis Celibidaches mit den Münchner Philharmonikern – und wahrlich auch umgekehrt – ist in der Geschaftlhuberei des internationalen Musikbetriebs und unter dem Konsumzwang sinfonischer Fast food zum Exotikum geworden – bestaunt, belächelt, angehimmelt und ad acta verwünscht. Nach den Eruptionen der Jahre 1984/85 kehrt schöpferische Gelassenheit auf dem philharmonischen Unruheherd ein. Man gewöhnt sich aneinander und an die Schroffheiten der Tagesarbeit – aus den Münchner Philharmonikern werden allmählich Celibidaches Philharmoniker, der weiße Kopf mit den mal grimmig verfinsterten, dann wieder schwelgerisch entspannten Zügen auf dem Gesicht – das einer Bühne gleicht – wird Signet einer Ausnahmeerscheinung.

Nach Jahren des Paukens und Polterns präsentiert sich das Orchester unter Celibidache endlich als Klangkörper der weichen, warmen, menschlichen Perfektion, der satten, kaum je grellen Fülle und einer selten gewordenen musikantischen Lust. Man spielt aus dem Bauch. Die Philharmoniker sind, wenn es um Bruckner geht, eine Wucht im Sinne grandiosen, orgelhaft klingenden Respekts vor dem heiligen Kontrapunkt, niemals von hohlem Bombast und geklotzter Laut-Stärke. Bei Tschaikowski gibt es keine Potemkinsche Bravour, und wenn Debussy, Ravel oder Mussorgski/Ravel auf dem Programm stehen, also Celibidaches Hausgötter, dann werden die Münchner welsche Virtuosen der Nuance und –

zuchtvolle – Genießer der Räusche. Immer ist Akkuratesse auch Delikatesse. Am 28. Januar 1987 nobilitiert der Kritiker Hans-Klaus Jungheinrich die Bayern in der *Frankfurter Rundschau* zum »derzeit wohl besten westdeutschen Konzertorchester«. Die Variante sei erlaubt: In Sternstunden sind sie das beste und größte deutsche Kammerorchester, auch in vollster Besetzung.

Celibidache selbst urteilt so: »Wir kennen keine Makulatur, bei uns hat jede Linie ihre Selbstverständlichkeit, natürlich innerhalb natürlicher Grenzen. Ich glaube, kein anderes deutsches Orchester musiziert so klar und zugleich so sensibel... Wir kennen keine vordergründige Brillanz, keine Virtuosität um der Virtuosität willen. Der einzelne Klang ergibt sich aus der Melodie, der Harmonie und dem Formverlauf.«

Was dem Alten vorgeschwebt hat, das hat er erreicht: Zwischen dem Schneid und der coolen Bravour, den Idealen vor allem der amerikanischen Spitzenorchester, und der, im allerbesten Sinne, gediegenen, gründlichen, durch und durch ehrlichen und engagierten Hingabe an Klang, Klangschönheit und -wahrheit hat er das Ensemble auf sich eingeschworen – auf sein »deutsches« Musizierideal. Ein halbes Jahrhundert nach seinem Berliner Blitzstart und dessen lebenslanger traumhafter und traumatischer Resonanz ist Celibidache an das Zentralnervensystem der Musik, wie er sie versteht, zurückgekehrt. Nun endlich fühlt und glaubt er sich in der Lage, der Testamentsvollstrecker Furtwänglers zu werden. Dieses Bewußtsein und das Gefühl eines endlich glückhaften Heimkehrers zu seinen deutschen Anfängen haben ihn, den sperrigen und schwierigen Sonderling, mit seinem Wesen versöhnt und zu einem letzten, langen Crescendo beflügelt.

Im November 1985 weihen sie den großen Saal, die Philharmonie, in der neuen Betonburg Gasteig ein; rechts

266

der Isar, auf lichter Höh', hat Münchens Kultur ihre sehnlich erwartete Immobilie und Celibidache seinen Dom, größer als Berlins Philharmonie und das Gewandhaus in Leipzig. Die Weihe des Hauses vollzieht der GMD wider alle Erwartungen und wider die Bräuche freudiger Inbesitz- und Inbetriebnahme mit trauriger, schwerer Kost: erst vierzig Minuten *Musikalische Exequien* von Heinrich Schütz, nach der protestantischen Begräbnismusik dann Bruckners fünfte Sinfonie in gewohnt zelebrierter Ausführlichkeit, als setze er, der Zen-Buddhist, erst jetzt den Grundpfeiler für ein Haus, das schon steht. Münchens Philharmoniker haben endlich wieder eine feste Adresse. Nun tun sie alles, um eine erste daraus zu machen.

Man reist nach Warschau (Februar 1986), zu den Berliner Festwochen (September 1986), nach Tokio (Oktober 1986). Im Mai 1987 nehmen die Philharmoniker und ihr Chef, der inzwischen seine vertraglichen Bindungen an die Stadt sogar paraphiert hat, an der ersten Münchner Biennale teil; die von Celibidache uraufgeführte *Lichtung*, eine sechsteilige Sinfonie des Neutöners Peter Michael Hamel, dokumentiert das Interesse für Ungewohntes und das aktive Engagement für Zeitgenössisches, auch auf seiten des greisen GMD.

Am 27. September 1987 gastieren Philharmoniker und Celibidache mit Bruckners Achter in Sankt Florian, wo der Komponist in der Stiftskirche begraben ist. In dem außergewöhnlichen architektonischen Ambiente wird die Aufführung zum Ereignis. Peter Cossé besingt in den *Salzburger Nachrichten* »das überwältigende Ineinandergreifen von kompositorischer Botschaft, Akustik und einer Atmosphäre, in der, wider alle moderne Skepsis, der Geist Bruckners im Kirchenraum zugegen zu sein scheint«. Für die Extremisten unter den Celibidache-Anhängern hat der Dirigent an diesem Abend auf dem heiligen Stuhl Platz genommen – um ihn in ihren Augen nie mehr zu verlassen.

Im Herbst 1987 gastieren die längst Erfolggewohnten und Kritikverwöhnten wieder in Berlin. Noch steht die Mauer, und sie treten diesseits und jenseits auf. Der Jubel fällt gesamtdeutsch aus.

»Ich fühle mich wie ein Tiger«

Im August 1988 übernimmt der aus dem rheinischen Siegburg stammende Dirigent und Kulturmanager Norbert Thomas die Position eines Geschäftsführenden Intendanten und betreibt fortan forciert und erfolgreich die interkontinentale Präsenz von Orchester und Chef. Mit einem Händchen für cleveres Marketing und einem zweiten für die Beschaffung von immensen Tourneegeldern aus Sponsorenschatullen und Staatskassen liftet er Celibidache auch noch zum deutschen Botschafter der Tonkunst.

Schon im Oktober 1988 werden die Münchner als Begleiter von Helmut Kohl beim Staatsbesuch in Moskau auserwählt. Sie geben vier Konzerte im klassizistischen Kolonnensaal des Gewerkschaftshauses, im Schein der Lüster, unter denen einst die zaristischen Hochwohlgeborenen und Geistesgrößen wie Puschkin und Tolstoi das Leben genossen und unter denen Stalin seine berüchtigten Schauprozesse abhalten ließ.

Für Celibidache, den weitgereisten Weltenbummler, ist die Sowjetunion Neuland, und doch fühlt er sich gleich »wie zu Hause«: »Ich weiß nicht warum. Aber mir ist alles irgendwie bekannt, und bekannt auch nicht. Es ist schwer zu erklären.« Später, auf einer Pressekonferenz, äußert er sich zu den Tagesthemen: »Wir sind bisher sehr skeptisch, wie wir es immer waren, seitdem es die Sowjetunion gegeben hat. Aber wir haben auch gehört, welche neuen Horizonte Sie versprechen.« Noch sei, und das rügt er ins nationale Stammbuch, »das Ergebnis dieser enormen Mühe nicht da, noch nicht so, wie es sein sollte«. Schließlich sein Zuckerl: »Ich möchte Russisch lernen.«

Das politische Leitmotiv des Besuchs heißt Glasnost, das musikalische heißt Harmonie. Am ersten Abend sind der deutsche Bundeskanzler Kohl und der sowjetische Ministerpräsident Gorbatschow nebst Gemahlinnen anwesend, daneben Minister, Wirtschaftsbosse, Politpromis, so weit die Augen reichen. Zu Beginn, gewohnt protokollgerecht und ungewöhnlich sauber intoniert: die beiden Nationalhymnen. Am Schluß der *Bilder einer Ausstellung*, nachdem Celibidache das »Große Tor von Kiew« mit hohen Rundbögen beider Arme, die sich fast über seinem Kopf treffen, auch optisch spektakulär errichtet hat, hält es den Kanzler aus Oggersheim nicht mehr auf seinem Platz. »Das war ja großartig!« platzt die Begeisterung über sein Mitbringsel aus ihm heraus, und da zieht er den leicht verdatterten Gorbatschow auch schon mit an die Rampe. Beide drücken sie dem sich tief bückenden Celibidache die Hand. Anschließend, beim Festbankett, macht Kohl dem Münchner GMD dezent die Andeutung, mit dieser Begleitmusik würde er auch gern im nächsten Jahr nach Paris reisen, wenn die Franzosen ihre zweihundert Jahre alte Revolution feiern. »Kein Orchester der Welt«, rühmt der russische Dirigent Gennadi Roschdestwenski, »hat diese Klangfarben, und unsere russischen schon gar nicht.«

Nur zwei Wochen nach den Moskauer Konzerten landen die Münchner in Tel Aviv. Zum erstenmal seit dem Holocaust gastiert ein großes bundesdeutsches Sinfonieorchester in Israel. »Nun merken wir alle, daß es nicht nur großen künstlerischen Erfolg hat, sondern gottlob als etwas ganz Selbstverständliches angesehen wird«, schreibt Albrecht Roeseler in der *SZ*.

Für den Orchesterchef ist es, wieder mal, ein Comeback. Vor zwanzig, dreißig Jahren, als ihn die Berliner Enttäuschung ruhelos herumreisen ließ, ist er oft hier gewesen, erst als unverdächtiger Repräsentant aus dem verdächtigen Deutschland, schließlich sogar als Kandidat für die Chefposition beim Israel Philharmonic Orchestra (IPO), zuletzt 1970. Das IPO sieht in ihm immer noch den Zauberer der mächtigen und den Machthaber über die magischen Klänge, den grandiosen Erzieher und den brillanten Showman. Die Zeugen von damals warten seitdem darauf, daß er wiederkehrt. Aber nach seinem letzten Auftritt hat er eine Liste mit siebzehn Musikernamen überreicht: Erst wenn diese siebzehn nicht mehr im Orchester säßen, könne man wieder mit ihm rechnen. So ist er, und so blieb er eben weg.

Statt dessen kommt er nun mit seinen Münchnern, er fliegt ihnen sogar voraus: »Es war meine Aufgabe, Shalom zu sagen, Shalom zum israelischen Publikum.« Aber Celibidache ist irritiert: Freunde und Bekannte, die einst aus seiner rumänischen Heimat ins gelobte Land ausgewandert sind, leben nicht mehr. Alles ist anders, das andere ihm fremd: »Ich fühle mich wie ein Tiger, der in seinem Louis-seize-Salon sitzt und sich dort nicht wohl fühlt, weil ihm alles unbekannt ist.« An der Jerusalemer Gedenkstätte Yad Vashem für die Opfer des Nazi-Terrors werden Kränze niedergelegt, im Rathaus von Tel Aviv erhält der Generalmusikdirektor den Goldenen Schlüssel der Stadt.

Am 25. Mai 1989 spielen die Philharmoniker in Bonn auf: »40 Jahre Bundesrepublik«. Man sitzt unter einem gigantischen Adler inmitten schwarz-rot-goldener Dekoration. Viele Worte zu Grundgesetz und Demokratie werden gemacht, zwei Taktstockneulinge – sie einunddreißig, er neunundzwanzig – dürfen, auf Bitten von Kohl und Bundestagspräsidentin Rita Süssmuth, Franz Schubert und Carl Maria von Weber dirigieren, dann kommen Celibidache und Beethovens Fünfte. Zum Schluß der Feier des Tages strahlt Bonn also im C-Dur-Prunk seines großen, vor Ort lieblos behandelten Sohnes.

Als Oberhaupt der Münchner Philharmoniker ist Sergiu Celibidache jetzt unbestrittener Weltstar. Unter dem geschickten Marketing des Intendanten Thomas läßt sich der rasante Kursanstieg dieses anderen Maestros und seiner Mannschaft in immer weiteren, längeren und folglich teureren Tourneen versilbern. Nach dem Tode Herbert von Karajans (16. Juli 1989) und des zuletzt in Mitteleuropa höchst engagierten Leonard Bernstein (14. Oktober 1990) weitet sich Celibidaches Image vom – unbestritten immer noch umstrittenen – Münchner Stadtheiligen zum weltweit populärsten Konservator des klassisch-romantischen Repertoires und zum wacker-grimmigen Schirmherrn altdeutscher Orchesterkultur: »Ich habe in Deutschland etwas bekommen, das ich weitergeben muß.«

Reisen durch Südamerika und nach Fernost mehren den Ruhm. Am 27. Juni 1991, am Vorabend seines achtzigsten Geburtstags, wird Celibidache Münchner Ehrenbürger, erst jetzt verliert sein alter, in glücklicher Erinnerung aufbewahrter Berliner Ausweis seine Bedeutung und seine Gültigkeit.

»Mit der Verleihung... verkennt die Landeshauptstadt München keineswegs den kosmopolitischen Rang, der Ihnen, sehr verehrter Maestro, als Musiker und Dirigent zweifellos zukommt«, sagt Oberbürgermeister Kronawitter in seiner Laudatio: »Sie erkennt damit aber auch in besonderer Weise die Verdienste an, die Sie sich um die

Musikstadt München erworben haben.« Als »musikalischer Spiritus rector« habe er »das konzertante Leben…
auf einzigartige Weise inspiriert und bereichert« und »das Bewußtsein gerade auch des Münchner Publikums dafür sensibilisiert, was Musik sein kann«.

»München«, sagt das Stadtoberhaupt, »hat Sie ins Herz geschlossen«, und München, »diese kleine, grüne Stadt« (Celibidache), steht für ihn Schlange: Über siebenhundertmal hat er bis zu diesem Zeitpunkt die städtischen Philharmoniker geleitet; die Nachfrage nach Karten übersteigt meist, bei Bruckner immer, das Angebot; vor dem Gasteig betteln Einzelgänger mit großen Schildern, vor der Abendkasse hoffen viele; über elftausend Abonnenten sind fest auf den Alten eingeschworen; zweitausend Interessenten warten, daß Stammplätze frei werden.

Am eigentlichen Geburtstag ist große Fete in Schloß Haimhausen. Man tummelt sich, den Mund voll Komplimenten für den Alten und voll Häppchen vom kalten Büffet. Doch Celibidache selbst, das sagt er später, ist unzufrieden mit dem Rummel, »der am Kern vorbeigeht«: »Das Orchester hat bei dieser Gelegenheit nicht die Huldigung erfahren, die es verdient hätte. Die letzten dreizehn Jahre haben höchste Erfolge gebracht, aber ich habe das nicht allein erreicht. Es war eine gemeinsame Anstrengung, es ist ein gemeinsamer Gewinn. München ist die Bestätigung meiner Annahme, daß Deutschland noch etwas zu sagen hat in der Musik. Amerika ist musikalisch eine einzige Pleite, Frankreich ist tot. Ich habe mich für den deutschen Himmel entschieden, und es ist wunderbar, wie der deutsche Staat an mich gedacht hat.«

Unter diesem deutschen Himmel mit seinem weißblauen Kolorit sieht es nun endlich ganz nach Frieden, nach Abendfrieden aus: Der greise Sonderling vollendet seine

Laufbahn, aus dem Gasteig klingt ein harmonisches Concerto grosso aus Reife und Erfüllung. Nichts deutet darauf hin, daß der Alte noch einmal spektakulär – wenn auch fast unbemerkt – von sich reden macht. Er wird wortbrüchig, auch wenn er darauf beharrt, sein Wort gehalten zu haben. Er verrät eines seiner gewichtigsten Glaubensbekenntnisse: sich niemals mit der Schallplatte, dieser technisierten Konserve von Klängen, gemein zu machen.

»Ich lehne es ab, Dreck zu verkaufen«

Er ist schwach geworden und hat dem verhaßten Medium nicht nur den kleinen Finger gereicht, sondern gleich seine ganze imposante Statur zur Verfügung gestellt. Ein unglaublicher Fall und Umfall: Celibidache wird sich untreu. Klar, daß er selbst das ganz anders sieht.

Seine Verachtung für die Musikaufzeichnung über Mikrophon auf Band (und Platte) ist so sehr Teil seiner Lebens- und Wirkungsgeschichte wie der Berliner Sprung des Novizen auf den philharmonischen Hochsitz, wie die Phänomenologie, wie seine radikale Lust an provokanter Wahrheit, wie seine Exerzitien bei den Proben und seine Rituale im Konzert. Die Schallplatte war jahrzehntelang Zielscheibe seines Spotts, seiner Kritik und einer in seinen Augen wohldurchdachten Ablehnung – und nun, auf einmal, das?

»Es ist kein Akt von Eitelkeit«, sagt Celibidache zu seinem Schwur, sich der Musikkonservierung zu verweigern, »ich kann einfach nicht anders. Klang ist etwas Lebendiges und an den Raum gebunden. Die Schallplatte – auch wenn sie heute angeblich noch so perfekt entwickelt ist – enthält Klangreize, die so nicht existieren und auch nie existiert haben. Daß eine Schallplatte Musik vermittelt, ist eine der bösesten Illusionen, die die Menschheit noch hat und der sie frönt. Die Schallplatte hat jede schöpferische und spontane Initiative getötet. Der größtenteils ärmliche, ja katastrophale Zustand des heutigen Musiklebens geht auf ihr Konto. Der junge Musiker, speziell der junge Dirigent, kriegt auf ihr alles vorgekaut. Ich habe eine Haydn-Sinfonie zwei, drei Monate lang intensiv studiert und zu entdecken versucht. Heute legen sich die jungen Herren ein paar Platten auf, und danach entscheiden sie: Ja, so mach' ich das auch, wie der und der. Fürchterlich, das Ende jeder Musikkultur.«

»Die Mikrophone können ja nicht einmal die Obertöne des menschlichen Ohres aufnehmen. Man hört deshalb auf der Platte ganz andere Harmonien, eine ganz andere Instrumentation, ganz andere Kontrapunkte. Weil der originäre musikalische Raum nicht reproduzierbar ist, tötet die Schallplatte das Lebendige an der Musik, das Einmalige, das nie Wiederkehrende. Sie führt zu einer Standardisierung der Empfindungen und der Ästhetik.«

»Stereo und diese vielen Manipulationen durch Maschinen und durch Menschen, die nur was von Schaltern verstehen und nichts von Musik wissen – alles schrecklich, alles Schwindel, eine Barbarei.«

»Mein guter Celibidache, Sie sind der größte Dirigent der Welt, aber kein Mensch kennt sie. Wollen Sie mit uns nicht endlich eine Platte machen?« zitiert Celibidache selbst die Sirenen, die er vernommen hat. »Solches Ansinnen muß ich dann und wann über mich ergehen lassen. Und ich frage dann zurück: Woher wissen Sie, daß ich der Größte der Welt bin? – Ach Gott, das weiß doch jeder. Ist das nicht schrecklich, auf welchem Niveau sich das abspielt? Ich bin Gott dankbar, daß ich mich unter solche Menschen nicht gesellen muß. Es ist ein elendes Geschäft, das mit der Musik oft gemacht wird.«

Angeblich, so berichtet der spanische Journalist Enrique Pérez Adrián, haben Plattenmultis Celibidache noch »zehn Prozent mehr als Herrn von Karajan« angeboten für einen (wortbrüchigen) Gang ins Studio, ein amerikanischer Konzern habe ihm gar einen »Blankoscheck« zukommen lassen, »in den Celibidache den Betrag einsetzen sollte«.

»Ich lehne es ab, Dreck zu verkaufen und von verkauftem Dreck leben zu müssen.« Variation I: »Wenn Sie mir eine Schallplatte vorspielen, eine von mir sogar – eine Rundfunkaufnahme –, gehe ich ein. So quälend ist das.« Variation II: »Schallplatte ist Onanie. Ersatzbefriedigung. Im Bett spürt jeder, daß das Original unerreichbar ist.«

Frage: »Würden Sie sich eine Schallplatte, auf der Mozart dirigiert oder Klavier spielt, etwa nicht anhören?« Antwort: »Aber natürlich.« Grund: »Allein schon, weil das Dirigieren und das Klavierspielen auch einen technischen Hintergrund haben, und der wäre in jedem Fall interessant zu erfahren.« So kann man sich aus der Klemme mogeln.

Celibidache gefällt sich auch noch in der Rolle des multimedialen Kostverächters, als er längst schon auf den Geschmack gekommen ist. O-Ton 1993: »Ich bin nun viele Jahre konsequent geblieben, warum soll ich im Alter noch die Dummheit begehen?« Doch zu der Zeit hat er längst eine artverwandte Torheit – wenn es denn eine solche ist – begangen, zu deren Rechtfertigung er nun dialektisch Kobolz schlägt: Der Verrat an seinem heiligen Prinzip – und die knappe Handvoll Platten, die er bis dahin gemacht hat, sind wirklich marginal – vollführt er mit Chuzpe: Er nimmt sich insoweit einfach selbst nicht ernst.

Am 5. umd 6. Februar 1989 gastiert Celibidache mit den Münchner Philharmonikern in Wien. Die beiden

Konzerte mit Bruckners vierter Sinfonie sind keine üblichen Auftritte in gewohntem Rahmen. Im Goldenen Musikvereinssaal, also im Mutterhaus der Wiener Philharmoniker, wo einst Anton Bruckner seinen Schüler Gustav Mahler getroffen hat, in diesem Luxusambiente der telegenen »Neujahrskonzerte« und der berühmten, schlechthin idealen akustischen Gegebenheiten, hängen Mikrophone, Kameras sind aufgebaut, Scheinwerfer leuchten die Szene aus: Hier wird zweimal hintereinander ein Celibidache-Auftritt mitgeschnitten, in Bild und Ton, für kommerziellen »Dreck«. Celibidache debütiert auf dem fortschrittlichsten Medium der Zeit – der Bildplatte, optisch also in Feinstauflösung und Breitwandformat, klanglich im letzten Schrei von DDD. Der ewige Verweigerer steht auf einmal an der Spitze des Fortschritts, kurioserweise Seite an Seite mit dem Kollegen Karajan, mit dem er auf seine alten Tage sogar das Label teilt – Sony.

Hartnäckig und unermüdlich hat Sony Classical, der damals noch blutjunge und von einem satten Finanzpolster aus in die Branche preschende Konzern, antichambriert, und der Hamburger Sony-Präsident Günter Breest hat nicht locker gelassen. Er war, um die neue Marke sogleich prominent besetzen zu können, hinter dem Alten her; würde der seinen Widerstand aufgeben, hätte er den Knüller, der jeden Neuling ziert. Breest feilscht auch mit Horowitz, Giulini, Karajan. Aber die müssen nur das Etikett wechseln, Celibidache aber seine Gesinnung. Eine harte Nuß.

Der Poker dauert Monate. In Philharmoniker-Intendant Thomas und Orchestervorstand Goritzki findet Breest, der clevere Geschäftsmann und erfahrene Produzent (früher Deutsche Grammophon), beredte Mistreiter: »Maestro, das Orchester braucht Geld. Das müssen Sie einsehen und respektieren.« Das Argument, mit einem

Jawort zur Bildplatte könne er den Philharmonikern ein Zubrot verschaffen und so das Orchester ein wenig für den Verzicht entschädigen, den sein Veto gegen die Schallplatte und ihren Markt zwangsläufig bedeutet, läßt Celibidache langsam weich werden.

Celibidache-Sohn Serge, von der Ausbildung und seinen Berufsplänen her selbst den Medien Bild und Ton zugetan, sieht endlich eine Chance, den Vater aus der selbstgewählten Isolation herauszulocken:»Seine fanatische Abneigung gegen die Schallplatte ist eine Tragödie, eine Schande, das Schlimmste, das passieren konnte. Meine Mutter versucht ihn seit mehr als dreißig Jahren davon zu überzeugen, daß seine Entscheidung falsch und, was seine Bedenken gegen die Technik angeht, überholt sei. Für mich ist es ein Trauma, seit ich fünfzehn, sechzehn bin. Ich redete schon damals immer und ausführlich mit ihm darüber, und so geht das bis zum heutigen Tag.«

Aber der Vater, der seinem Sohn sonst alle Wünsche von den Lippen abliest, ihn in die schönsten und teuersten Autos setzt, ihm Appartements und Wohnungen in vielen Ländern kauft und ein fünfstelliges Taschengeld zukommen läßt, gibt nicht nach:»Ich bin sehr traurig, daß nicht einmal mein Sohn mich versteht. Ich konnte ihn von meinen Gründen nicht überzeugen, das muß ich akzeptieren. Heute läßt sich nichts mehr daran ändern.«

Doch auf einmal tut jener Herr Breest aus Hamburg ein Hintertürchen auf: nein, Maestro, keine Schallplatten wie sonst, keine Stereoproduktionen, keine fremden Menschen, die an Mischpulten den Klang manipulieren; statt dessen: Dokumentationen in Bild und Ton, live aus dem Konzert, Mitschnitte also, nichts extra, nichts Gestelltes und Gemachtes. Und fürs erste nur Bruckner, die Sinfonien Nr. 3 bis 9, über ein paar Jahre verteilt und bei ganz normalen Konzerten realisiert.

Nicht zu unterschätzendes Lockmittel: 100 000 Mark Gage für Celibidache bei jeder Sinfonie, dieselbe Summe für das Orchester (das davon allerdings bei Mitschnitten während des Dienstes zehn, sonst sieben Prozent an die Stadt München als Orchesterträger abführen muß). Respektable Summen für eine Leistung, die nur ein Dulden ist – man läßt Sony einfach machen.

Celibidache kippt schließlich um. Der Sinneswandel wird von dem multimedial erfahrenen Rechtsanwalt Axel Meyer-Wölden in München, dem ersten Fuchs am Platze, mit Sony ausgehandelt und festgeschrieben. Celibidache tut sich hinfort nicht schwer mit der Wende seiner Gesinnung: »Das ist keine Musik, es hat nichts mit Musik zu tun. Es ist Show, Theater, Spektakel. Betrachtet man es ernst, ist es eine Katastrophe. Kein Tempo ist richtig. Ich kann nur lachen, wenn ich das sehe. Bei mir, im Konzert, hat jedes Tempo anders, nämlich richtig geklungen. Dies ist reiner Zirkus, und es lohnt nicht darüber zu reden.« Mit einem Handstreich und einer faulen Ausrede wischt der Dirigent die Tatsache vom Tisch, daß er sich doch noch untreu geworden und ins Lager der Konservenindustrie übergelaufen ist.

»Er hat mich letztlich nicht in alle seine Überlegungen eingeweiht, warum er das nun doch gemacht hat«, resümiert der Sohn Serge. »Seine Zustimmung basiert letztlich auf der Erkenntnis, daß es bei der Bildplatte nicht um Musik, sondern um irgendein optisch-akustisches Theater geht. Man hat was zu sehen. Er hat es für sein Münchner Orchester getan; es ist ein Kompromiß, weil er einfach nicht alles abschlagen konnte.«

Der erste Versuch, mit dem Kompromiß zurechtzukommen und zu leben, scheitert – durchaus celibidachesk. Zwar bestätigt, laut *Standard*-Kritiker Peter Stalder, die Wiener Aufführung der Bruckner-Vierten »den einzigartigen Rang der Münchner Philharmoniker als Bruckner-Orchester und den Ruf Celibidaches als bedeutendsten Bruckner-Dirigenten unserer Zeit«; aber Sony, die Dokumentaristen mit ihrer fortschrittlichen High-Definition-Technik und ihrem digitalen Equipment für ff. Tonqualität, laufen beim Debüt auf. Der Regisseur, mokiert sich der Dirigent später, »hatte absolut keine Ahnung von dem Werk und seinen musikalischen Strukturen und hatte es auch nicht für nötig befunden, mit mir vorher mal darüber zu sprechen«. Als sich Celibidache, zwecks »Abnahme« genannter Genehmigung des Mitschnitts, die Aufzeichnung vorspielen läßt, gibt er die Bänder wegen »fataler Ungereimtheiten und Ungenauigkeiten der Bildregie« nicht frei. Das Experiment ist fürs erste mißlungen.

Fast verblüffend, daß der gestrenge Kontrolleur durch diese verpatzte Ouvertüre nicht gleich die Lust an dem ganzen Projekt verliert und seine Fahnenflucht aus diesem Grunde mit Bedauern zurücknimmt. Sony kündigt für die nächsten Planungen personelle Änderungen an und sagt kompetentere Leute zu. Der Produktionsvertrag bleibt in Kraft.

Im Oktober 1990 werden die Bruckner-Sinfonien Nr. 7 und 8 in der Tokioter Suntory Hall mitgeschnitten, gut ein Jahr später folgt im Münchner Gasteig die Dokumentation der Sechsten. Von Nr. 7, der E-Dur-Sinfonie, entsteht im März 1992 eine zweite Version mit den Berliner Philharmonikern anläßlich Celibidaches Rückkehr auf das erste Podium der deutschen Hauptstadt. Daß der Dirigent diese Werkdoublette jemals freigeben wird, ist angesichts seiner herben Kritik an der Gesamtleistung des Orchesters unwahrscheinlich.

Während die spektakulären und seit Jahrzehnten ersten offiziellen Celibidache-Aufnahmen weltweit zu rotieren beginnen, werden die für 1993 angesetzten Projekte, darunter Bruckners *Te Deum* und die Messe Nr. 3 sowie die noch fehlenden Sinfonien, auf Eis gelegt. Sony gerät unter dem Druck der weltweiten Rezession und des übersättigten Marktes der Unterhaltungselektronik in finanzielle Engpässe, das Laser-Disc-Geschäft bringt, zumindest am florierenden CD-Umsatz gemessen, nicht annähernd die erhofften Umsätze.

»Pack! Widerliche Geschäftemacherei«

Celibidaches Videoaktivitäten gehen dennoch weiter, längst haben Sonys Konkurrenten angeklopft und Gehör gefunden. So läßt der Dirigent nun auch gern die Kameras und Mikrophone der Münchner »Metropolitan GmbH & Co. KG« an sich heran, die ihre Videoprodukte mit klassischer Musik (Konzert und Oper) an Plattenkonzerne und Fernsehanstalten verkauft. Auch hier kassiert Celibidache für jeden Mitschnitt 100 000 Mark. Im »Metropolitan«-Katalog ist er mit den beiden Brahms-, dem Schumann- und dem ersten Tschaikowski-Klavierkonzert (Solist jeweils: Daniel Barenboim), mit Dvořáks *Neuer Welt* sowie mit Werken von Debussy, Ravel und Prokofjew vertreten.

Bei der Beurteilung dieses philharmonischen Anschauungsmaterials scheint der einst gußeiserne Medienverächter Celibidache nachträglich recht zu behalten. Die geist- und gehaltvolle Monstrosität seiner Bruckner-Achten beispielsweise, bei der er sich auf die abstrus scheinende Langspielzeit von 105 Minuten und 46 Sekunden (zum – sicher ungeeigneten – Vergleich: Carl Schuricht mit den Wiener Philharmonikern: 71 Minuten, Herbert von Karajan mit den Berliner Philharmonikern: 81 Minuten, jeweils auf Tonträgern) einläßt, hat auch in der Bild-Ton-

Präsentation gewiß ihre Faszination: Anlage und Aufbau der gigantischen Crescendos sind imposant, Reichtum und Transparenz des Klangbilds eindrucksvoll, Zartheit und Wucht gleichermaßen imponierend. Und doch fehlt dieser klanglich bewundernswert diffizil eingefangenen Musik die Qualität des Live, des Konzertsaals mit seinen unzähligen akustischen Nuancen; vor allem aber fehlt das Charisma des prophetischen Alten, dessen videographiertes und auf die Mattscheibe zugeschnittenes Konterfei nur ein Schatten dessen ist, was der Dirigent verstrahlt, wenn er da oben leibhaftig sitzt und sich die Zeit nimmt, die nur ein Methusalem sich zu nehmen wagen kann. Celibidache via Boxen und Bildschirm ist ein Celibidache fast ohne Aura. Und wenn die zelebrierte und längst legendäre Langsamkeit seiner Konzerte überhaupt legitimierbar ist, dann vor allem durch das Charisma der Erscheinung und die kultische Hingabe, die von ihr ausgeht und die sie vom Hörer erzwingt. Im Vergleich zu einem Celibidache-Auftritt ist die Bildplatte ein bescheidener Abklatsch, wenn auch einer der produktionstechnischen Spitzenklasse.

Was immer der musikalische oder dokumentarische Wert von Celibidaches Videoaktivitäten sein mag – mit der Zustimmung und Duldung dieser Mitschnitte hat der Dirigent seinen Schwur der Enthaltsamkeit gebrochen, wie leichthin und sarkastisch er die Fahnenflucht auch selbst kommentieren mag. Und spätestens nach seinem Tode wird das leidige Thema neu aufkommen, und dann wird die Gretchenfrage sicher weniger starr und stur beantwortet werden: Was ist nun mit dem riesigen akustischen Nachlaß, den es, allen heiligen Eiden und bitterbösen Verdammnissen zum Trotz, längst gibt?

Unter der Theke, auf dem sogenannten grauen Markt, ist der Plattenmuffel Celibidache längst Plattenstar. Zahllos sind seit Jahren jene sogenannten Raubpressungen in

Umlauf, die in irgendwelchen – vorzugsweise italienischen – Kleinstudios angefertigt und von dort aus, am Rande oder gar jenseits der Legalität, in den schwunghaften Handel gebracht werden. Unter Labels wie Arkadia, Theorema, Exclusive, Fonit Cetra, Dino Classics, Enterprise, Hunt Productions – die Marken wechseln ständig, alte Lieferanten gehen ein, neue tauchen auf, eine kataloghafte Registrierung ist nicht möglich – rotiert längst ein stattliches Celibidache-Repertoire ohne Celibidaches Genehmigung. Der Dirigent weiß von diesen, wie er sagt, »tönenden Pfannekuchen« und hat schon in seiner Stuttgarter Amtszeit immer wieder grollend, aber erfolglos rechtliche Schritte gegen ihre Verbreitung einzuleiten versucht; sein Sohn und auch viele Münchner Philharmoniker sammeln die Spezialitäten aus dem philharmonischen Underground mit detektivischer Lust.

Mal handelt es sich bei den Piratenstücken um Resultate simpler Heimarbeit: Da werden einfach Rundfunkübertragungen oder Fernsehsendungen mitgeschnitten oder, neuerdings, die Bruckner-Bildplatten mit ihrem hochwertigen Digitalklang mittels DAT-Recordern kopiert und dann auf landläufigen Tonträgern vervielfältigt. Häufiger aber haben harmlos wirkende Konzertgänger die Hand im Spiel: Arglos sitzen sie im Parkett, geben sich erhabenen Weisen hin und drehen dabei krumme Dinger. Niemand merkt, wenn sie an der Krawattennadel oder, als Hörgerät kaschiert, in der Ohrmuschel ein Minimikrophon tragen und auf dezenten Knopfdruck hin ihren Lauschangriff starten. Sobald Celibidache die Arme zum Auftakt hebt, schalten sie ein – Band läuft, und damit läuft auch das Geschäft off limits.

Der graue Celibidache-Katalog ist stattlich. Dort sind alle Brahms- und die Bruckner-Sinfonien Nr. 3 bis 9 vertreten, nicht wenige davon, zur Auswahl, in betagten, in mittelalten und in brandneuen Versionen. Mozarts *Requiem* existiert als Raubgut aus Mailand (1962), Turin (1968) und München (1987). Die Halbwelt der Phonoindustrie legt Wert auf Vielfalt.

Celibidache-Exotika – etwa Vivaldis *Stabat Mater* aus Neapel (1959) oder Liszts sinfonische Dichtung *Les Préludes* aus Wien (1952) – laufen ebenso gut wie brandfrisches Tongut, etwa das Tokioter Schumann-Klavierkonzert mit Arturo Benedetti Michelangeli oder die *Vier letzten Lieder* von Richard Strauss mit Jessye Norman. Allein von Celibidaches Münchner Gasteig-Auftritten sind mehr als fünfundzwanzig CDs weltweit in Umlauf. Wo immer die Münchner Philharmoniker gastieren (bevorzugtes Beuteland für Grauprodukte ist Japan), suchen Orchestermitglieder die einschlägigen Quellen nach illegaler Ware ab – erstens, um sich über die Verletzung des Urheberschutzrechts und die kostenlose Verbreitung ihrer künstlerischen Arbeit zu entrüsten, zweitens, um sich die Koffer voll Souvenirs in eigener Sache zu stopfen: Endlich können sie so daheim in Ruhe hören, wie sie draußen in der weiten Welt gehört werden. Der dokumentarische Wert solcher Kollektionen steht außer Zweifel.

Zahllose Celibidache-Freaks haben längst eindrucksvolle Celibidache-Diskotheken zusammengetragen und -geschmuggelt; ein Wiener Internist rühmt sich, ausnahmslos alles zu besitzen, was der Markt mit dem legendären Marktverächter je geboten hat. Das oft zweifelhafte, durch Bandrauschen, Huster, Papiergeraschel und Atemgeräusche beeinträchtigte Hörvergnügen hält kaum Sammler ab; die klangliche Unperfektion des Beuteguts bürgt für Authentizität, jenseits aller Hi-Fi. Dabei laufen unter der Theke durchaus Produkte unter dem Verdacht, Falsifikate zu sein: Nicht selten, vor allem bei Mitschnitten aus den fünfziger Jahren, sind Zweifel angebracht, ob der ausgewiesene Dirigent Celibidache wirklich auf dem Podium gestanden hat.

»Pack! Widerliche Geschäftemacherei, unverantwortlich, ohne einen Funken Geist und innere Beziehung zum Wunder der Musik.« Celibidache hat nur bodenlose Verachtung übrig für die, die mit seiner Gesinnung Kommerz betreiben, indem sie seine Gesinnung unterlaufen. »Ich unternehme nichts, ich habe für diese Leute nur Ekel übrig.«

Eines – hoffentlich noch fernen – Tages, wenn der Dirigent und Rechtsinhaber Sergiu Celibidache mal nicht mehr sein Veto erheben kann, könnte dieser ganze unübersehbare, auf eine globale Laufbahn zwischen Italien, Südamerika, Stockholm, Stuttgart verteilte Schatz womöglich freigegeben werden, also rechtmäßig auf den Markt kommen und dann postum den Stil des Störrischen dokumentieren und den Ruhm des Verweigerers mehren.

Wenn es soweit ist, könnte sich allerdings noch eine ganz andere Schatztruhe auftun, von der bislang kaum jemand weiß und in der Celibidache pur gehortet wird. Dieser interpretatorisch reifste und aufnahmetechnisch modernste Vorrat stapelt sich im zweiten Stock des Münchner Gasteig: Celibidache komplett seit 1979, größtenteils digital auf- und auf Halde genommen. Bis 1988 hat vor allem der Bayerische Rundfunk die Konzerte mitgeschnitten, danach, als Folge eines ausdrücklichen Wunsches der Philharmoniker nach Dokumentation ihrer Arbeit mit dem Maestro, der Gasteig selbst.

Der Safe wird streng bewacht. Nur wenige Auserwählte haben Zugriff. Celibidache selbst negiert die wertvolle Vorratskammer und hat sich noch niemals eine Kostprobe angehört: »Es interessiert mich nicht. Vielleicht hat es für das Orchester irgendeinen Wert. Für mich nicht. Basta.«

Basta? Irgendwann wird dieses Tongut Erbgut sein und die unerhörte Halde ein Haufen von Kostbarkeiten, nach denen das Plattenpublikum verlangt und die Plattenindustrie sich die Finger leckt. Was da unter Verschluß angehäuft ist, hat musikalisch grandiose Beweiskraft für eine singuläre Dirigentenpersönlichkeit und verheißt ein glänzendes Geschäft, sollte der Hort einmal versilbert werden.

»Er hat die Entscheidung mir übertragen und mir überlassen«, sagt Sohn Serge Celibidache, der eines Tages über die Hinterlassenschaft wird verfügen können und sich schon jetzt mit der denkbaren Alternative schwertut. Mit dem Satz: »Du mußt wissen, was du tust« hat der greise Vater die jahrelangen Diskussionen testamentarisch abgeschlossen. »Er mag nicht, daß wir weiter darüber reden«, so der Sohn über den kategorischen Imperativ des Herrn Papa: »Mach, was du willst!«

»Ich stehe da vor dem größten Konflikt meines Lebens. Einerseits finde ich seine Ideen und Ideale richtig und bewundernswert und teile sie auch, zumindest dem Grunde nach. Andererseits – welch ein Verzicht! Das Schlimmste an der ganzen Situation der letzten Jahre sind diese unzähligen Piratenplatten, da ist doch viel, viel Schrott dabei. Aber die Leute kaufen und kaufen, weil es nichts anderes gibt. Absurd: Menschen, die Musik mögen und meinen Vater lieben, sollten erstklassige Schallplatten kaufen können. Irgendwann werde ich entscheiden müssen. Ich kann den Standpunkt meines Vaters nicht verraten. Ein Dilemma, aus dem ich noch keinerlei Ausweg sehe.«

Und weil er nicht weiß, wie er, wenn es soweit ist, die Würfel fallen lassen wird, will der Sohn dem Vater lieber noch zu dessen Lebzeiten ein Denkmal setzen: »Ich habe ein großes Projekt vor und werde den Lebensweg meines

Vaters verfilmen, und zwar als eine Mischung seines und meines Lebens. Serge wird Sergiu sein, der Sergiu so zwischen dreißig und sechzig.«

Der Plan wird durch eine Laune der Natur begünstigt: Der noch junge Dirigent und sein Sohn als Twen haben verblüffende Ähnlichkeit. Serge: »Wenn ich manchmal ältere Photos von ihm sehe, bin ich fast geschockt: Lieber Himmel, ist das nun er, oder bin ich das?«

In dem geplanten Filmporträt wird nur der Filius auftreten, eine Mischung mit dokumentarischem Material des leibhaftigen Originals ist nicht vorgesehen. »Das Ganze«, kündigt Serge an, »wird sehr privat sein, mit vielen Dingen, die keiner kennt.«

Was der Held des Unternehmens, der nie Held sein will, zu seinem drohenden Debüt als Kinoobjekt gesagt hat? »Warum nicht?« hat er gesagt und kein Wort mehr. Sergiu Celibidache müßte nicht Sergiu Celibidache sein, wenn er nicht wüßte, daß letztlich keiner in seine Haut schlüpfen und niemand ihn kopieren kann. Wie auch immer die Bilder der beiden Gesichter sich gleichen: Serge ist nicht Sergiu, und Sergiu Celibidache bleibt – so oder so – ein genialisches Unikum.

Die Pastorale des Privatiers

Heiliger Bimbam · Tschicku, tschicku, tschicku · Schläge
mit dem Suppenlöffel · Des Dirigenten Wünschelrute · Herr
und Hunde · Sonate, Sonanate, Sonatete · Der heiße Stuhl ·
Noetisch, noemisch · Klavierkonzert für pianistische
Analphabeten

Den Platz unter der größten Trauerweide nennt er Tempel. Es ist draußen sein bevorzugter Sitzplatz. Wenn er sich hier niederläßt, bleibt er ungestört, und ungestört bleibt er am liebsten.

Ein Baum wie eine Glucke. Bei Windstille beschirmt er in ruhiger Würde den Ort wie ein monumentaler Kaffeewärmer. »Wissen Sie, was hier heraustropft?« fragt der Alte und zieht mit der Hand einen Ast herunter: »Lecken Sie mal! Salzig, nicht wahr? Das ist derselbe Stoff, aus dem man Aspirin macht. Nur eben natürlich, ganz natürlich.« Der Landmann Celibidache spricht aus seiner Erfahrung, und er genießt das Erstaunen des Belehrten.

Unter der Weide steht ein dicker, derber Steintisch. Könnte fast ein alter Mühlstein sein, in die Horizontale gewuchtet. Auf seiner rauhen Oberfläche kringeln sich, eingerollt wie Schnecken, ausgedörrte Blätter, Opfer wochenlanger Hundstage. Beim leichtesten Windzug schaukelt das Geäst hin und her wie ein gigantisches Perpendikel, und über den Steintisch raschelt das welke Laub. So, hier, würden ihn die Schwarmgeister in seinem Publikum wohl am liebsten sehen: Celibidache als Stammvater der Tonkunst.

Aber in seinem Tempel ist die umstrittenste Kultfigur auf der Dirigentenszene des späten 20. Jahrhunderts erst einmal Grundbesitzer, Eigner der Weide, unter der er sitzt, und des Anwesens, zu dem sie gehört. Hinter seinem klotzigen, aber niedrigen Steintisch wirkt dieser alte Mann noch größer, breiter, beherrschender als im Frack auf der Bühne des Münchner Gasteigs. Seine Gesichtszüge sind unbeweglich und ernst, er wirkt zugeknöpft, geradezu unnahbar und ist, erst einmal angesprochen, kaum je so zutraulich und vertrauensselig.

Wenn die Brise das Geäst der Weide in Schwingung versetzt, fallen seine langen weißen Haare jedesmal über die Ohren und rahmen das Gesicht. Dann sieht er wirklich wie der greise Abbé Franz Liszt aus oder, wenn das eine Szene im Kino wäre, vielleicht wie ein Hollywood-Moses vor der Gesetzestafel.

Ein Moses in Cord-Jeans. Der braune Stoff ist verwaschen, der Flausch abgegriffen, der Hosenumschlag längst ausgelassen, wahrscheinlich durch viele Wäschen eingelaufen und anschließend gelängt. An den Füßen einfache Socken aus dem Supermarkt, ein wenig heruntergerutscht. Dazu Sandalen, ausgetreten und abgenutzt.

»Ja, ich empfinde Glück«, gesteht der bejahrte Herr auf seinem weiträumigen Altenteil. »Trotz aller Konflikte der letzten zwanzig Jahre ist es wunderbar, wie es ist. Achtzig zu werden ist großartig. Was mich unglücklich macht, ist das Unglück der anderen.« Er sagt diese Sätze ohne Pathos und Inbrunst, und während er spricht, schlägt er mit der flachen Hand immer wieder nach Fliegen und Mücken: »Zack, getroffen.« Dann, ohne Pause: »Was sich in mir verändert hat, habe ich sehr bewußt erlebt.« Schließlich der ganze Celibidache in acht Wörtern: »Man kann mich nicht mit normalen Maßstäben messen.«

Es ist ein offenes Geheimnis – und er selbst sieht keinen Grund, das Thema auszuklammern –, daß Celibidache, dieser »pater noster« einer großen philharmonischen Sekte, dem indischen Guru Sai Baba anhängt. So gehört also dieser kluge, imposante Mann zusammen mit, glaubhaft geschätzt, hundert Millionen Gläubigen weltweit, mit Indiens fast kompletter politischer Führerkaste, mit einer gewichtigen Repräsentanz aus Diplomatie, Wissenschaft, High Tech und Schöngeistlerei zur kniefälligen Gefolgschaft des knubbelnasigen Heilslehrers Sri Sathya Sai Baba aus dem südindischen Dorf Puttaparthi. Es ist dieser seltsame Guru, zu dem der Maestro Celibidache und der Beatle Rex Harrison gleichermaßen anhimmelnd aufblicken.

Wenn Sai Baba in seinem Trayee Brindaban Ashram auftritt: klein und von der schwarzen Gloriole seiner Afro-Krause umkuschelt, flammt Ekstase auf. »O Baba, Liebe ist dein Gott.« Wo der Wundermann die Gnade eines Blickes austeilt oder sich gar zur Huld einer Berührung herabläßt, flippen die Jünger in weißem Cotton aus: »O Baba, Wahrheit ist dein Brot, du bist unser Leben.« Und dann küssen sie ihm die Füße. Heiliger Bimbam liegt über dem indischen Wallfahrtsort Whitefield bei Bangalore, fauler Zauber umnebelt die Sinne derer, die hier Erbauung suchen und zu finden glauben. Auch Celibidache gehört zu dieser Mammutsekte, auch er huldigt Swami.

Swami dürfen nur Eingeweihte ihren Guru nennen. Swami tut Gutes, nichts als Gutes – sagen die Seinen, die ihm servil an den aufgeworfenen Lippen hängen. »Meine göttliche Macht kennt keine Grenzen«, läutet der sagenhafte Mystiker die Glocken zum eigenen Ruhm. Einen stattlichen Teil seiner Mittel auf Erden investiert er in Krankenhäuser und Schulen, in denen das Loblied auf ihn Pflichtfach ist. Swami ist kein Halsabschneider, die Kollekten und Gaben, die seine Kirche ihm zugedacht hat, steckt er, so jedenfalls heißt es, nicht in privates Busineß und höchstpersönliche Investitionen. Wer ihm und für ihn opfert, dient der Nächstenliebe. Allerdings, die nicht an ihn glauben, verteufelt er als »unbedeutende Würmer«. Glauben ist erstes Gebot.

»Baba will Gott für alle Menschen zur Realität machen«, preist der ehemalige Chefredakteur der indischen Zeitung *Deccan* seinen Messias an, dieser Mittler und Makler zwischen Erde und Ewigkeit sei »der größte spirituelle Meister des Universums, die Verdichtung des Sehens der Suchenden«. Da sucht auch Celibidache sein Glück.

»Mein Leben ist meine Botschaft«, besingt sich Sai Baba als Sarastro des indischen Subkontinents, und »Wunder sind mein Wesen«. Dann, wenn dem Guru nach Wundern zumute ist, wirbelt er vielleicht einmal mit ausgestrecktem Arm mehrfach durch die Luft und materialisiert so allerlei fromme Insignien aus dem Nichts. Schon auf der Schule, so geheimnißt es durch die Vita des Erlauchten, habe der künftige Erlöser Utensilien wie Bleistifte oder süßes Naschzeug so mirnichtsdirnichts herbeigezaubert. Heute holt er vorzugsweise goldene Uhren, Armbänder, Halsketten und Kruzifixe aus dem Äther.

Seit vielen Jahren trägt auch Sergiu Celibidache so ein schweres Kreuz auf der Brust. In seinem Tempel, unter der großen Trauerweide, sitzt er an diesem Sommersonntag mit weit offenem Hemd, und das Geschmeide glänzt in der Sonne – ein Souvenir von Swami. Celibidache hält es hoch und heilig. »Aber reden wir nicht weiter darüber.«

Einmal hat hier, auf seinem Landsitz, in den letzten zwanzig Jahren Schnee gelegen, berichtet der Maestro, da kamen die Vögel scharenweise aus den Wäldern ringsum, und er hat massenhaft – er sagt gleich »tonnenweise« – Mais heranschaffen lassen und Fleisch kleingeschnitten, um sie zu füttern.

In der zweiten Maihälfte, darauf könne man setzen, singe jedesmal die Nachtigall, an den ersten warmen Abenden auch noch spät um elf. Dann sitzt er hier im Tempel, den Stock zum Abstützen zwischen den Beinen, und lauscht, allein. »In solchen Augenblicken darf hier kein Mensch auftauchen.«

»Die Nachtigall ist hochvirtuos, das stimmt. Aber die Musikalität der Amsel ist sehr viel größer, sie ist, wie sie die Töne wählt und die Tonfolge zusammensetzt, eine richtige Komponistin.« Sie ist für ihn am hellichten Tage die Königin der Nacht.

Einmal hat er sich aus Fernost drei ungewöhnlich bunte Zuchtenten mit auffallend schönem Gefieder besorgt und sie drei Wochen lang in Gefangenschaft gehalten. Aber sie akzeptierten seine Vater- und Pflegeschaft nicht. Da hat er sie fliegen lassen, »und weg waren sie, nie mehr zu sehen«.

Eines unschönen Tages, so was vergißt er nicht und erzählt es gleich mehrmals, waren plötzlich drei große Gänse weg. »Man braucht ja auch für die Tiere, für Gänse, Enten und Hühner, Personal. Man braucht für alles Personal.« Und, was war nun mit den Gänsen? Die waren angeblich in seiner Abwesenheit gestorben, einfach so. »Alles Quatsch, alles gelogen, das Personal, die Leute haben sie gefressen.« Da beißt er sich noch heute auf die Zunge, um nicht im nachhinein ausfallend zu werden.

Das Vertrauen eines wilden Tieres zu gewinnen, etwa durch regelmäßiges Füttern, bedeutet ihm »grenzenloses Glück, nichts geht darüber oder geht tiefer, das ist einfach wunderbar«. Der Verlust, umgekehrt, trifft ihn wie nichts sonst: »Darüber kann ich weinen.«

Ende August 1990 läßt sich ein Wildentenpärchen auf seinem Grundbesitz nieder. Bald schlüpfen Junge aus. Celibidache beobachtet sie ausdauernd und liebevoll, er kauft sich ein Buch über den richtigen Umgang mit Tieren.»Tschicku, tschicku, tschicku« – wochenlang und mit Engelsgeduld hört er sich in die Kommunikationslaute der Tiere ein,»tschicku, tschicku, tschicku«. Wieder und wieder imitiert er dieses Stakkato: ein Wagner-Siegfried, der dem Waldvögelein lauscht. Celibidache legt sich auf den Boden, die Wildenten trauen sich ganz nah heran. Zuletzt fressen sie ihm aus der Hand.

Dann wird, exakt nach dem Kalender, in Frankreich die Jagd eröffnet. Irgendwo aus der Nachbarschaft müssen die gezielten Schüsse getroffen haben. Alle vier Wildenten sind tot.»Ich habe nicht geweint, sondern ich war nur ganz leer und habe den Kopf geschüttelt, vielleicht stundenlang. Mein Schmerz war so groß, daß ich so etwas nie wieder versucht und angefangen habe.«

Mag er Olivier Messiaen, den tonsetzenden Ornithologen, der Sprache und Gesang der Vögel so kunstvoll imitiert hat? Nein, er mag ihn nicht.»Das ist alles töricht, gekünstelt und gewollt… Was soll das, wo es in der Natur doch so schön, ja, viel schöner klingt, wenn die Vögel singen? Warum muß ich die im Orchester krampfhaft und damit verkrampft nachmachen? Draußen, im Wald oder auf den Feldern, ist das viel echter und reiner als aus jeder Flöte oder Oboe. Oder sind Sie etwa anderer Meinung?«

Er erwartet keine Antwort auf die Frage, die ja auch gar keine Frage, sondern schon ein Dekret ist. Celibidache läßt seine Sätze stehen und wirken. Nach seinem Gefühl sagt er nichts Nebensächliches, entsprechend markiert er jede seiner Aussagen mit der angemessenen Mimik: Er zieht eine Augenbraue hoch, er hebt eine

Hand, oder er nickt bedächtig mit dem Kopf. So tun sich in seinen Monologen oft Generalpausen auf wie in den sinfonischen Kolossen Bruckners. In dieser Stille sind auch leiseste Luftzüge zu hören, und gelegentlich taumelt ein Blattröllchen von der Trauerweide auf sein pomadiges Haar.

Eigentlich lebt er hier in einer »sehr windigen Ecke«. Von den sieben großen Eschen, die einst aus dem Grundstück aufragten, haben Gewitter und Stürme zwei gestürzt – auch dies für ihn ein Trauerfall. Aber im Sommer, sagt der Besitzer, »kann es auch lange sehr heiß werden. Dann sehnt man sich geradezu nach einem Unwetter.«

Dabei wirkt die Landschaft im Süden von Paris, ungefähr neunzig Kilometer von der Seinemetropole entfernt, fast beruhigend, wie nicht ganz korrekt verlegte Auslegeware: flach zwar, doch nie platt, mit sanften Auf- und Abschwüngen, wie gemacht für die komfortable Federung französischer Limousinen. Ein eigentlich unsensationelles Hochland mit leichten, natürlichen Dauerwellen. Klarer Himmel steht herrlich hell über der Landschaft, bei pummeligen Kumuluswolken wirkt sie gemütlich, unter Landregen säuft sie in konturlosem Grau ab, Niemandsland.

Die Essonne ist der markanteste Fluß in der Gegend. Sie schlängelt und windet sich, von den Verunstaltungen amtlicher Begradiger noch weitgehend verschont, idyllisch durch ihr Tal. Hier und da schwimmen ganze Inseln von Seerosen oder Grünzeug darin, und die Ränder sind dicht, satt und schattig. Fontainebleau ist die nächstliegende Touristenattraktion – weit genug weg, um Omnibusladungen voll Schaulustiger fernzuhalten: Hier hat man seine Ruhe, hier in dem Nest Neuville-sur-Essonne. »Es ist ein Paradies«, sagt Celibidache.

Vorher lebte das Ehepaar in Paris. Ehefrau Ioana hat auch die große Stadtwohnung dort immer als Paradies, ihr Paradies, angesehen und die Nähe zu allen Annehmlichkeiten und Möglichkeiten der französischen Hauptstadt genossen. Celibidache, der Mann vom rumänischen Land, sehnte sich dagegen stets nach einer rustikalen Insel. Nun hat er sie in Besitz genommen – seine Pastorale. Bis heute erwachen in ihm, wie abgestimmt auf Beethoven, stets »heitere Empfindungen bei der Ankunft auf dem Lande«.

»Ich möchte immer hier leben«

Nachdem Ioana ihm berichtet hatte, sie sei schwanger, ging der künftige Vater auf Suche: Sein Kind sollte jedenfalls nicht im Hexenkessel einer modernen Mega-Kapitale aufwachsen. Fortan beobachtete der Dirigent im *Figaro* regelmäßig den Immobilienteil, allerdings ohne besondere örtliche oder sachliche Vorlieben. Irgendwann las, nein: überlas er eine Offerte: »Meune à vendre«, Mühle zu verkaufen. Er nahm den Text nur wahr, nicht wirklich auf.

Der dann von Sergiu Celibidache übermittelte Fortgang der Geschichte ist ebenso glaubwürdig wie, in seiner aparten Außergewöhnlichkeit, für den Dirigenten charakteristisch. Also, er hat über das Angebot hinweggelesen und die Zeitung zur Seite gelegt. Aber im Unterbewußten arbeitete es weiter in ihm – »Autosuggestion«, diagnostiziert er selbst: »Mühle zu verkaufen, Mühle zu verkaufen, Mühle zu verkaufen«. Irgendwie hat sich bei ihm im Kopf alles wie ein Mühlrad um diese Annonce gedreht. Celibidache kramt den *Figaro* nochmal hervor und ruft den Agenten an, der die Anzeige eingerückt hat. Beide fahren gemeinsam nach Neuville: ein unscheinbares Dorf mit ein paar Dutzend Häusern, Kirche und Kriegerdenkmal. In der Sprache der Grande Nation heißt so etwas »trou«, Kaff. Wo dieses Kaff zu Ende ist und zum Bach hin abfällt, liegt das Objekt.

Der Müller heißt Froc. Monsieur Froc gesteht den beiden Ankömmlingen reichlich verdattert, daß er Grund und Boden soeben einem Zuckerfabrikanten aus dem Nachbarstädtchen Pithiviers verkauft hat. Der Agent, mit dem Handel offiziell beauftragt, sieht sich um seinen Maklerlohn geprellt und schäumt. Er »brüllt«, erinnert sich Celibidache, den Müller geradezu maßlos an und beleidigt ihn in Grund und Boden. Froc läßt den Wutausbruch stumm über sich ergehen, er weiß, daß er, nach den Regeln des bürgerlichen Rechts, den beauftragten Agenten vorher hätte einschalten müssen.

Celibidache ist von der ein wenig unbeholfenen Ehrlichkeit des Müllers sehr beeindruckt: »Der Mann, ein einfacher, eigentlich bescheidener und in jedem Fall sensibler Mensch, tat mir unheimlich leid. Ich empfand es geradezu als Schande, wie der Agent mit ihm umsprang und ihn beleidigt hat.«

Mehr als Floskel denn als wichtiges Postdiktum merkt der Dirigent beim Abschied an, daß er, »sollte sich aus irgendeinem Grund doch noch eine Möglichkeit ergeben, man wüßte ja nie, bitte umgehend in Paris angerufen« werden möchte. Aber er wisse doch gar nicht, was das Ganze überhaupt kosten würde, entgegnet Froc. Das mache nichts, läßt Celibidache den Verblüfften wissen: »Wenn sie frei werden sollte, nehme ich die Mühle in jedem Fall und zu jedem Preis.«

Dann muß, laut Celibidache, folgendes passiert sein: Froc ist zu dem Käufer und Zuckerfabrikanten nach Pithiviers gefahren, hat ihm, scheinbar reumütig, gebeichtet, daß bei Hochwasser jedesmal das ganze Terrain samt Häusern einen Meter und mehr überflutet werde, und hat so wunschgemäß den Rücktritt vom Kaufvertrag oder zumindest von allen bereits rechtsgültigen Abreden inszeniert.

Jedenfalls ist der Zuckermacher sauer, will von dem ganzen Kauf nichts mehr wissen und verlangt auf der Stelle die Rückzahlung der Abschlagssumme. Froc zahlt und ist's zufrieden. »Die Mühle gehört Ihnen«, meldet er sich kurz und bündig am Telephon. Ioana teilt die Begeisterung ihres Mannes über den Erwerb nicht. »Aber er war happy«, sagt sie. Froc baute sich übrigens unweit seiner alten Domäne ein neues Haus. Celibidache: »Er wurde und blieb bis zu seinem Tode einer der anhänglichsten Menschen.« Als Froc 1989 stirbt, ist Celibidache neuer, stolzer, glücklicher Müller in einem stillgelegten Betrieb.

Er rechnet. Er zeichnet. Er entwirft und verwirft. Der studierte Mathematiker und selbsternannte Architekt ist noch einmal so richtig in seinem Element: Die Mühle ist seine letzte Chance, Räume zu schaffen und Freiräume zu erhalten. Monatelang denkt er weniger über enharmonische Verwechslungen oder kontrapunktische Konstruktionen nach als über Fassaden, Dächer, Grünzeug und Baumaterialien. Wo immer alte Substanz erhalten werden kann, bleibt sie erhalten. Der Umbauherr überwacht alle Arbeiten wie ein Denkmalspfleger. »Nur nicht immer alles glattmachen«, hört ihn Ehefrau Ioana noch heute kommandieren, »Holz soll sich auch weiterhin wie Holz anfühlen.«

Das Mühlengrundstück »La Guicherie« ist in seiner natürlichen Form fast völlig flach, und das gefällt dem Käufer Celibidache weniger. Also läßt er zweitausend Lastwagen mit Steinen und Erde auf das Gelände fahren und formt, häuft, türmt damit auf die Planlage kleine Hügel, die ihrerseits wieder Raum geben für Senken und Mulden. Grund und Boden kommen in Bewegung und nehmen Form an. Immerhin drei Hektar hat Celibidache für seine Naturbühne zur Verfügung, auf der er lust- und planvoll modelliert.

Mit der Wünschelrute geht er auf Grundwassersuche und findet, wie er sagt, einen elf Meter tiefen Brunnen, der auch noch reichlich, für das ganze Areal ausreichendes Wasser gibt, als der Sommer 1992 im mittleren Frankreich Hitzerekorde bricht und als erstmals seit hundertvierzig Jahren die beiden Bacharme, die das Grundstück im spitzen Winkel markieren, völlig austrocknen.

»Ich möchte immer hier leben«, sagt Celibidache, »und habe leider viel zuwenig Zeit für die Mühle.« Immer noch, nun schon gut über achtzig, ackert der Gutsbesitzer herum, soweit seine Beine mitmachen. Im Sommer, wenn der öffentliche Dienst des deutschen Musiklebens pausiert, verbringt er hier mehrere Ferienwochen (»Das ist meine glücklichste Zeit«), außerdem kann er sich um die Jahreswechsel und auch schon mal zwischendurch auf sein Refugium zurückziehen.

Er kauft, wenn das möglich ist, bei den Anrainern weitere Fluren auf, um sich so »gegen unerwünschte Nachbarschaft« zu schützen und, vor allem, »etwas für die Zukunft vorzusorgen«, vor allem für die Zukunft des geliebten Sohnes Serge, der hier aufgewachsen ist.

»Er hat mir damals alles erklärt, was sich in der Natur abspielt«, erinnert sich Serge. »Ich wurde von ihm auf alle Blumen, Pflanzen, Insekten und Vögel aufmerksam gemacht, warum und wann sie singen und wie: Horch, da ist ein neues Paar eingeflogen, horch! Die haben jetzt Paarungszeit! Ich mußte sie unterscheiden lernen. Er zeigte mir, wo Wasser war auf diesem Gelände und wie man es nutzen könne. Er gab mir genaue Anweisungen, welche Blumen ich gießen müsse und wie oft. Und alles das mit wirklich ganz großer Liebe und Geduld.«

Der Vater kauft sich damals Stapel von Büchern über Gartenanbau und -pflege, und was immer der kleine Serge davon bereits verstehen kann, erzählt er ihm. Immer wieder geht der Papa zum Bauern nach nebenan, um sich Rat zu holen, und sofort verwertet er, was er erfahren hat. Stundenlang werkeln Vater und Sohn auf dem Gelände, immer sind vier zottelige Hunde um sie herum.

Keinen Grashalm hat er gesät, versichert der Dirigent, alles sei von sich aus so gewachsen: schön, natürlich, artenreich, auf kultivierte Weise wild. Nur besten Mutterboden hat er auftragen lassen, vierzig Zentimeter dick. Als Apostel biologischen Anbaus legt er zwar einen nur naturgedüngten Gemüsegarten an, kann das löbliche Prinzip aber über die Jahre nicht durchhalten, »denn das kostet einen an gärtnerischer Pflege die Haare«.

Unter einem seiner künstlichen Hügel legt er, obwohl selbst kein besonders trinkfester Weinkenner, tief in der Erde einen Weinkeller an und füllt ihn »mit mehr als tausend Flaschen von Monsieur Calvet aus Bordeaux, meinem hochverehrten Händler«. Der Schatz lagert konstant zwischen acht und fünfzehn Grad Celsius.

Die Mühle im Sinne eines einzigen, einheitlichen Gebäudes gibt es nicht. Gemeint ist immer, wenn der Besitzer von seinem Seniorensitz schwärmt, ein ganzer Komplex: vierzig Zimmer in diversen Häusern, allein fünf Bäder. Auch Sohn Serge hat hier ein eigenes Haus in der Häuserkollektion, und da ist immer alles parat und proper für den Fall, daß der Filius überraschend vorfahren sollte. An den Wänden von Serges Wohnung, richtiger: Ferienwohnung, hängen jede Menge Plakate, auf denen wichtige Stationen der väterlichen Laufbahn dokumentiert sind und wo Sergiu Celibidache – schön, wild, in traumtänzerischen Posen – genauso aussieht wie Serge Celibidache heute. Unterirdisch, unter begrünten Buckeln verborgen, stehen dem Sohn zwei Garagen offen, in denen er die beiden Porsche, die der Vater ihm geschenkt hat, diebstahlsicher parken kann.

Celibidache hat allen Gebäuden in dem harten gelblichen Sandstein ihre äußerlich rustikale Note erhalten und auch im Innern keine modischen Designer zugelassen, allerdings auch keine Museumspflege betrieben. Weder stilfanatischer Konservator noch komfortbesessener Umkrempler, verlieh er dem Ganzen persönliches Flair und beließ ihm doch eine herrschaftliche Grandezza: antike Sekretäre; ein über zweihundert Jahre alter Tisch aus Kirschbaumholz, in derber Eleganz gezimmert; kupferne Waagen voll Patina; auch Keramikkram und komischer Nippes; Bauerntruhen, die noch genutzt werden; irdene Vasen, auch solche mit Sprüngen; Kerzenhalter; naiv bemalte Vasen. Trotzdem sieht es nirgends nach Flohmarkt aus.

Die alten Balkendecken sind erhalten. In Ehren ausgetretene Holzbohlen oder bunte, in jedem Raum anders gemusterte Fliesen bilden den Fußboden. Eine frühere Turbinenstange führt von der Decke des Eßzimmers senkrecht hinab durch den Boden in den Keller, wo sie einst die Mühlsteine antrieb. An den Wänden hängen steinalte Uhren, von denen viele noch richtig ticken, Übungsgewehre aus der Napoleon-Zeit und hundertfünfzig Jahre alte Trombone-Flinten. In einer Mauernische steht eine polnische Ikone, davor hängt ein Schleier, eine Art Vorhang, der vielleicht gegen die Blicke Ungläubiger schützen soll.

Eine prachtvolle Kastanie beschirmt den großen Innenhof, eine private Piazza von gemütlicher Offenheit.

Wenn man von hier aus rundblickt, hat die Mühle fast die wehrhafte Strenge eines Burghofs. Überall stehen Terrakottakübel und Plastiktöpfe mit Blühendem und Welkem, an allen Wänden rankt es.

Gleich hinter dem Haupthaus mit den Wohn- und Schlafräumen des Besitzerehepaares steht ein ausgewachsener Walnußbaum, im Herbst fast immer rappelvoll mit Früchten. Auch über dieses Prachtexemplar hat Celibidache so seine Geschichte parat. Am Ende des Gartens steht ein zweiter Nußbaum, sozusagen der Ahn. Dort hatte der Dirigent einmal ein paar Nüsse aufgelesen, zwei oder drei gegessen, den Rest in eine Tüte gesteckt, diese aus irgendeinem Grund hinter dem Haus abgelegt und vergessen. Wunder der Schöpfung: Aus dieser Hinterlassenschaft sproß Nachwuchs – ein heute neunstämmiger Abkömmling.

Auf seiner Mühle ist Celibidache zwar Herr, aber selten allein. Er hat einiges Personal und eine große Verwandtschaft, »davon kommen einige viel zu oft und wollen sowieso nur Geld vom reichen Onkel«. Morgens geht er gern solo in die Küche und bereitet sich sein einfaches, ja: spartanisches Frühstück selbst. Nachmittags oder abends, vor allem bei Sportsendungen, zieht er sich vor den Fernseher zurück, die Fernbedienung stets griffbereit. Dann geht auch Ehefrau Ioana, wenn sie sich überhaupt in Neuville aufhält, unauffällig ihrer Wege in ihren eigenen Räumen.

Natürlich weiß der von Gicht geplagte Dirigent, daß er sich so oft und so viel wie möglich bewegen muß. Machen die Beine mit, geht er ein paarmal am Tag hinten aus dem Haus zum Spaziergang durch sein welliges Hügelland. Dann allerdings ist er nie allein: Bis zum Sommer 1992 sprangen dann der Rüde Garroche und die eineinhalb Jahre ältere Hündin Chloé um ihn herum, ein Bernhardinerpaar von ebenso kolossalem Wuchs und Gewicht wie gutmütiger Zutraulichkeit. Unentwegt rempeln sie ihren auf den Stock gestützen Herrn an oder lecken ihm die Hände, und wenn es Celibidache zu bunt wird, dann faucht er sie mit derselben krächzenden Grantigkeit an wie in München die Philharmoniker, wenn die ihm gegen den Strich musizieren, oder er schlägt ihnen mit seinem Stock auf das dicke Fell. Sie haben eins, und doch könnten ihnen die derben Hiebe durchaus über die Schmerzgrenze hinausgehen. Garroche und Chloé allerdings zucken nicht einmal zusammen und lassen nicht ab von dem Spiel mit dem Alten.

Seit Frühsommer 1993 ist der Tierpark vergrößert: Chloé hat drei Junge geworfen, das Quintett gerät, wenn ein Rundgang auf dem Programm steht, im Spiel nun erst recht außer sich. Doch Celibidache hat weiterhin alles im Griff, sein Stock schon renitentere Ensembles gezügelt.

Vorne, vor dem Haupthaus, schlagen zwei Schäferhunde an, sobald sich vor dem gegen Einblicke schützenden hohen Holzzaun etwas tut. Sonntagnachmittag, siebzehn Uhr, eine Bullenhitze: Vor der Mühle werden Stimmen laut, ein ganzes Tutti aus Celibidache-Schülerinnen und -Schülern kommt zum Unterricht. Alles angehende Dirigenten und Instrumentalisten, die meisten Franzosen, ein Italiener, ein russischer Geiger, alle um die Fünfundzwanzig, einige schon neun Jahre dabei. Sechs- bis achtmal treffen sie sich innerhalb eines Sommers, »je nach Bedarf«, sagt der Lehrer Celibidache, der Bedarf immer für gegeben ansieht.

Man setzt sich draußen zusammen, open air, aber unter Dach und Fach. In diesem Klassenraum wurden früher, als die Mühle noch in Betrieb war, die Säcke mit dem ungemahlenen Korn und dem fertigen Mehl abgestellt. Es geht kein Lüftchen an diesem Hundstag, auf dem Thermometer: fast vierzig Grad. Eine Dirigierelevin und junge Mutter ist mit ihrem Baby dabei, sie gibt zwischendurch die Brust, alle natürlichen Lebenszeichen des Säuglings werden ohne Beunruhigung hingenommen. Such is life. Celibidache sitzt, mit seiner Cordhose, in einem weißen Plastiksessel, sein blaues Hemd ist um den dicken Bauch herum viel zu eng und springt zwischen den Knöpfen prall auf, die derben Schuhe sind völlig mit Staub überdeckt, in den dicken Profilsohlen kleben Dreck und Blätter. Seinen Stock hält er senkrecht zwischen den Beinen, wechselt ihn immer mal wieder von der einen in die andere Hand und dreht die Krücke hin und her, eine Drehung linksherum, eine Drehung rechtsherum, dann läßt er sie ein paarmal hintereinander kreiseln: »Fragen Sie!« Und immer wieder: »Fragen Sie! Oder haben Sie keine Fragen?«

Hat er eine Frage gestellt, auf die nicht prompt eine Antwort folgt, legt er beide Hände übereinander auf die runde Stockkrücke und geht mit dem Kopf so tief in Lauerstellung, daß sein Kinn sich in die oberste Handfläche gräbt. Er sieht ganz geduldig aus und ist doch nervös auf dem Sprung.

Beim ersten Crescendo der Diskutierrunde schreckt eine Schwalbe hoch unter dem Dach flatternd auf; sie hat, wie Celibidache seinen Zuhörern mitteilt, vier Junge. Sofort unterbricht er: »N'as pas peur, n'as pas peur!« Nach kurzer Zeit dasselbe noch einmal. Alle gucken nach oben und verstummen. Gedämpft geht das Gespräch weiter.

»In jedem steckt ein Celibidache«

Das Schönste bei diesen Unterweisungen ist Celibidaches Mienenspiel. Er gibt sich und gefällt sich als perfekter

304

Entertainer. Manchmal lacht er hell auf, dann sieht er aus wie ein Schlitzohr von sechzig. Dann wiederum schüttelt er, scheinbar unbeteiligt, ganz sacht und langsam seinen Kopf, ein Weiser, der am Unverstand dieser Welt schier verzweifeln will. Oder er zieht die Mundwinkel mit den Hängebacken so komikerhaft runter wie der Clown aus einem maghrebinischen Wanderzirkus. Oder er entspannt seine Züge in sachte lächelnder Genugtuung, wie ein Seelenhirte, der alle Erfahrung schließlich aus einem achtzigjährigen Leben schöpft. Kurzum, Celibidache spielt wieder mal stundenlang kleines Welttheater.

»Ich unterrichte lieber, als daß ich dirigiere«, sagt er, durchaus glaubwürdig, »es ist wichtiger, und in vielen Fällen befriedigt es auch mehr.« Auch als er selbst noch lernte, lehrte er gern, stets im Bewußtsein – oder in der Einbildung – spielerischer Überlegenheit. Er gibt seine Antworten, wenn er überhaupt welche gibt, manchmal mit der sicheren Koketterie, in der Zirkustrickser ihre Kaninchen aus dem Hut zaubern. Aber am meisten genießt er die Verblüffung, wenn er verrät, daß es gar keine Antwort gibt. Er liebt den Ätsch-Effekt.

»Immer, immer wollt ihr Erklärungen«, fährt er seine Studiosi dann im früheren Sacklager der Mühle an, »die gibt es oft nicht. Warum heißt die Sonate Sonate und nicht Sonanate oder Sonatete? Na, warum? Weiß das einer? Kann mir hier jemand eine rationale Erklärung für die Farbe Grün geben, die ich so sehr liebe?« Alle gucken ihn an, er schüttelt nur den Kopf.

Ein Student aus Italien möchte eine Frage stellen, zögert aber, weil er kein Französisch kann. »Si, parla italiano!« ermuntert ihn Celibidache und beginnt eine längere Diskussion in Italienisch. Er braucht nicht mal eine Sekunde, um zwischen den Sprachen zu springen. Sein wacher Verstand schaltet in fliegendem Wechsel.

Der Schulmeister doziert über ein Detail in der rhythmischen Struktur von Ravels *Bolero*. Dabei klatscht er anfangs nur in die Hände. Erst gegen Schluß, wenn der Tanz aus dem Drehwurm seines metrischen Stereotyps ausbricht und sich überschlagen zu wollen scheint, kreischt er los, und nun überschlägt sich auch seine Stimme. Sogar die Schwalben unterm Dach werden aufgeschreckt und flattern herum: »N'as pas peur, n'as pas peur!« Celibidache wartet lange, bis wieder Ruhe einkehrt. So lange treibt der Dozent eben Vogelkunde.

Im März 1977 hat der Dirigent an der Universität Trier einen vierwöchigen Dirigierkurs abgehalten. Das rheinland-pfälzische Kultusministerium unterstützte das Projekt, das ZDF hospitierte. Auf diese Weise, via TV, konnte erstmals ein größeres Publikum an einer solchen Veranstaltung teilhaben, wie Celibidache sie andernorts, in Siena beispielsweise und in Bologna, später in Dänemark und Schweden, seit langem abzuhalten pflegte.

Was er von der normalen Musikerausbildung nach deutscher Hochschulpraxis halte, wurde der Ober-Lehrer gefragt, und der antwortete natürlich ohne Scheu vor seinen Trierer Gastgebern: »Miserabler geht es gar nicht«, überall gebe es nur »falsch orientierende Hochschulen« unter »musiktauben Rektoren«. Stundenlang, mit wachsendem Vergnügen giftete Celibidache damals gegen diesen »Grabstein der Mittelmäßigkeit«, unter dem alles abgetötet werde: »Kulturmord«.

Aber er mochte durchaus auch nett sein und loben. »In jedem steckt ein Celibidache«, verkündete er vor der Kamera, »nur ist er noch nicht frei.« Hundertsechzehn Studenten schlagen studienhalber den Takt, der Maestro horcht ab, zensiert, korrigiert. Den meisten fehle »noch der richtige Schlag, einige fassen alles sofort auf und realisieren das Erlernte unmittelbar und spontan«.

Zwölf Kandidaten, die sich durch Geschick und kritisches Hören qualifizierten, durften zum Schluß täglich eine Viertelstunde mit richtigen Orchesterprofis pauken, denen Celibidache auf seine Weise für ihre Fron unter den sonst vor ihnen agierenden Dirigierprofis Beileid zollte: »Unsere Orchester haben dank der Gewerkschaft die besten Arbeitsbedingungen der Welt, aber sie können nicht in künstlerischen Dingen mitreden, so daß sie Idioten vor sich dirigieren lassen.«

Im Sommer 1987 gastiert der Lehrherr Sergiu Celibidache erstmals bei dem von dem Pianisten Justus Frantz im Jahr zuvor gegründeten und mit stupendem Starterfolg aufgezogenen Schleswig Holstein Musik-Festival. Genauer: Nach Leonard Bernstein übernimmt er dort den zweiten Teil der sogenannten Orchesterakademie, eine hohe Schule des Taktierens. Die findet im Herrenhaus Salzau statt, am Selenter See. Ein blütenweißes Schloß, seit sieben Jahrhunderten aktenkundig, vom Land Schleswig-Holstein für drei Millionen Mark erworben und für nochmal zehn Millionen Mark zum Kulturzentrum auf- und ausgebaut. Ein Solitär aus fetten Jahren glänzt da auf grünem Plattland.

Ein imposantes Programm, eine grandiose Prozedur: Einhundertzwanzig Musterschüler, aus tausendachthundert Bewerbern durch ein international besetztes Auswahlteam gesiebt, also: Primusse aus allen Kontinenten kommen hier sieben Wochen lang – und das gratis – in den Genuß von zwei Pädagogen mit dirigentischer Weltklasse, die ihnen in einer leergeräumten Treckerscheune die Geheimnisse der Regentschaft mit dem Taktstock, diesem Zepter des Musikbetriebs, offenbaren wollen.

Eine Hamburger Nobelküche sorgt für den täglichen Delikatessennachschub, der auf dem Gut die sonst übliche

Mensaöde ersetzt. Celibidache bezieht eine kleine Wohnung im Schloß, besteht, so vermerken es die Festivalannalen, auf einem Surfbrett für Sohn Serge und mahnt mit schrillem Forte die Nachtruhe an, wenn unter seinen Fenstern die Schüler ihre Lebens- und Liebesfreude allzu bacchantisch austoben.

Bei Lenny, vor Celibidache auf dem Lehrstuhl, war, of course, alles locker gewesen, auch locker jedenfalls und spielend gelaufen. Man hatte gelacht, während man lernte, und der, der was lernte, hatte zugleich seinen Spaß. Die Jungen trauerten dem alten Darling nach. Mit Celibidache, so beobachtete damals ein Journalist, betrat, »sehr, sehr gebrechlich, gestützt auf zwei Krücken, die Würde der Kunst« den Raum.

Eigentlich hatte er nicht gewollt und nicht gekonnt: die Beine, die Knochen. Aus eigenen Stücken hätte sich der große Verweigerer am liebsten wieder einmal verweigert. Aber dann schaltete sich, so sagt es der Dirigent selbst, »eine Persönlichkeit« ein, »deren Wunsch ich aus Respekt nicht ablehnen konnte«. Der frühere Bundeskanzler und langjährige Justus-Frantz-Sympathisant Helmut Schmidt höchstselbst hatte seine Bitte um ein Lehrgastspiel im deutschen Norden artig vorbringen lassen, und einem demokratischen Monarchen schlug Celibidache ungern ab.

Nach Bernsteins Abgang, über Nacht, wird die Dirigentenschulung Knochenarbeit, es gibt nichts mehr zu lachen, nichts mehr zu sagen, nicht einmal mehr zu flüstern. Bei Celibidache ist die Stimmung so streng und der Sache dienlich wie der Bau einer Fuge beim alten Bach. Knarrt ein Stuhl, knarrt es auch im Gesicht des Alten. Wenn man Brahms' Zweite, *Ma mère l'oye* von Ravel und Stücke von Prokofjew vor sich hat, dann hat, verdammt nochmal, kein Mensch zu mucksen.

»Das Wesentliche der Musik, also die Musik selbst, ist nicht einmal in den Tönen: Sie ist nirgends. Außerzeitlich. Sie wird in der Transzendenz. Sie wird, wenn man die sinnlichen Ausdrücke ihrer unerläßlichen Träger transzendiert.« So spricht der Herr. Und die Schüler rätseln und gucken sich ratlos an. Manche Passagen werden zehnmal, zwanzigmal wiederholt. Drill unter einem mürrisch kontrollierenden Supervisor. Vorbei ist Lennys oft salopper, ja burlesker Unterricht; Ende einer gelehrigen Show. Von nun an vertieft man sich in die philosophischen Katakomben eines spröden Einzelgängers. Fasziniert sind fast alle, auch wenn es immer noch penetrant nach Schweinedung stinkt und wenn hin und wieder, wie im Sackdepot von Neuville, ein paar Schwalben verstört auffliegen.

»Warum kommst du spät, wegen Rheuma?« pflaumt der rheumakranke Dirigent einen Schüler an. Nach solchen Frotzeleien aus bitterböser Miene vergeht auch den verwegensten Spaßvögeln das Lachen. Herr und Knechte – Celibidache probt und probiert nicht nur Musik, sondern auch Machtverhältnisse.

Ma mère l'oye, vierter Satz, »der schönste, der poetischste«. Das sei »eine Salonbestie, was du das bläst«, rügt der Chef einen Kontrafagottisten, der den von Ravel zum Ungeheuer verwandelten Prinzen ausmalen soll. Später Flageoletts der Solovioline, Passagen also, die schon so manchen Geigerprimus zum Schwitzen gebracht haben: »Alle Konzertmeister versagen an dieser Stelle«, kommentiert Celibidache die durchweg untauglichen Versuche eines Eleven: »Wer probiert's?«

Wer probiert's, wenn er die Lehrsätze des Maestros im Ohr hat: »Eine Probe ist eine Summe von unzähligen Nein. Nicht so schnell! Nicht über dem Fagott! Nicht so laut! Nicht so flau! Nein, nicht so! Nein, nicht, nicht! Wie viele Nicht gibt es? Billionen. Und wie viele Ja? Nur eins!«

Am nächsten Morgen müssen alle ersten Geigen probieren. »Es gibt nichts zu verlieren. Bis jetzt hat's keiner gut gemacht.« Hinter dem ehrenvollen Pult des Konzertmeisters stehe ein Stuhl, der »hundertachtzig Grad heiß« sei. Eine eher abschreckende Einladung, die Schülerinnen und Schüler zaudern läßt.

Martern aller Arten: Bei Celibidache kann der Anfang der zweiten Brahms-Sinfonie, dieses lyrische Atemholen von Celli, Kontrabässen, Hörnern und Fagott, schnell zu einem Tort werden. Geschlagene dreiundzwanzig Minuten müssen sich die Cellisten durch den Auftakt quälen. Beim Schlag auf den Triangel platzt dem Lehrherrn der Kragen: »Schlägst du mit einem Suppenlöffel?« – Auf der faszinierenden Kriechspur von Wagners *Tristan*-Vorspiel wirkt auch Celibidache für kurze Zeit versöhnlicher: Dieses hohe Lied der chromatischen Magie sei die Einstimmung zum »menschlichsten und ergreifendsten Drama der gesamten Musikgeschichte«. Vorsichtig ziehen die Schüler andere, schwärmerische Saiten auf, die Züge des Trainers verklären sich. Für Minuten entkrampft sich dieser instrumentale Crash-Kurs in sinnlichen Harmonien. Dann kreischt unvermittelt und, natürlich, ungebeten eine Kreissäge auf, ein Traktor nagelt mit seinem Diesel: »Maschinenpistole, aber schnell!« grantelt der Alte.

»Was ich hier mache, ist eine Mischung aus Leichtsinn und Verzweiflung«, resümiert der Werkstattleiter in der Salzauer Agrar-Philharmonie. »Warum rauchst du?« verunsichert er eine junge Streicherin und hält, zwischen Stakkato- und Vibrato-Etüden, plötzlich einen Vortrag über die Entstehung und Gefahren von Gefäßerkrankungen.

Wenn Theorie auf dem Stundenplan steht, ist für die meisten Schülerinnen und Schüler Rätselstunde. Celibidache wird Sphinx – was hat er da gesagt, und meint der das auch so? Nein, es gebe keine »Interpretation«, beteuert er wieder und wieder: »Die Notenschrift ist Gebrauchsanweisung genug.« Dazu sein beliebtes Dakapo von Gustav Mahlers Bonmot: »Alles steht in der Partitur, nur das Wesentliche nicht.« Viele Dirigenten und noch mehr die Herren Kritiker – also: »alle die Dummköpfe« – sähen ihre Lebensaufgabe darin, »in sogenannten Interpretationsvergleichen nur die Soße abzuschmecken, die verschiedene Dirigenten über die Werke gegossen haben«. Denen spuckt er mit Freuden in die Suppe. Die phänomenologische Auffassung von Musik im Sinne Edmund Husserls verlange, »die klanglichen Affekte zu erfahren«. Unverständnis und Ungläubigkeit machen sich auf den Gesichtern der Belehrten breit: »Damit ihr eure falsch eingeredeten Vorstellungen verliert, sind wir hier zusammengekommen.«

Nach vier Wochen wird Celibidaches Arbeitslager abgebrochen, das junge Festivalorchester geht mit dem Maestro auf Tournee: Flensburg, Hamburg, Stuttgart, Nürnberg, Berlin. Das Ensemble ist blendend motiviert: »Celi ist der Größte«, schwärmen sie, vergessen sind Husserl und alle »die extrovertierten Klänge, die sich öffnen«. Die Tournee endet triumphal. »Dieser Abend ist ein Geschenk Gottes – auch wenn das vielleicht ein wenig eingebildet klingt«, freut sich Celibidache in seiner Garderobe in der Berliner Philharmonie. Ob es nächstes Jahr eine Wiederholung gebe? »Ich würde so gern, aber ich brauche einfach Erholung.«

Er kommt dennoch im August 1988 wieder auf den fünfhundertfünfzig Hektar großen Herrensitz Salzau, wieder macht sich autoritäre Sachlichkeit breit, die Probenarbeit entwickelt sich abermals »weg vom Festival-Glamour, hin zur Seminar-Atmosphäre«, wie Barbara von Ihering in der *Zeit* protokolliert. Ein paar Studenten vom Vorjahr durften, auf Celibidaches ausdrücklichen Wunsch, ein zweites Mal mitmachen, viele aus Bernsteins Vorläuferkurs mußten neuen Kollegen Platz machen: Schließlich sollen so viele Nachwüchsler wie möglich in die Lehre gehen können. Probenzeit: sechs Stunden täglich. Die Hornisten werden diesmal vom Oberinspektor Celibidache handverlesen; bei Bruckner, dessen Vierte, die *Romantische*, als Hauptwerk auf dem nachfolgenden Reiseprogramm steht, hören jeder Spaß und alle Rücksichtnahme auf, bei Mozarts *Jupiter* nicht minder: »Singen! Singen! Singen!« Dann: »Singing! Singing! Cantabile. Sie sollen singen! No stress on the last note! Nicht die letzte Note betonen!« Einer der Hornisten stöhnt: »Nach einer Stunde sind wir fertig.« Nach drei Stunden sind alle fertig. »Erstaunlich, wie gut die Kinder heute spielen«, balsamiert Celibidache den Klangkörper.

Während einer Pause wird der Platz vor dem Scheunentor zu einer Art Campus und Celibidache der Direx, dem sie entspannt zu Füßen hocken. Er belehrt: Daß die Bratschen noch mehr auf die Celli hören und sich auf sie einstellen müßten. Daß bei den modernen Hörnern leicht die Wände wackeln würden, wo denn da der schöne Klang bleibe. Daß Mozart – natürlich, of course – das Schwerste sei und bleibe.

Der Knall. Er mußte ja kommen. Er platzt mitten rein in die bukolische Stimmung, in der Celibidache seine Schüler, wohl ohne alle Häme, ermahnt hatte, sich angesichts des prominenten Gastes und Zuhörers Plácido Domingo besondere Mühe zu geben, wo er draußen, auf einem Stuhl vor dem Scheunentor, sitzt, plaudernd ein bißchen Lebensgeschichte aufblättert und einer Schnecke zu seinen Füßen Honig auf die Kriechspur träufelt. So kommt sein unerwartetes Sforzato, mit dem die beschauliche Laune sofort verflogen ist, wie schlagende Wetter aus heiterem Himmel, und das junge Orchester erlebt den anderen, den berüchtigten und rücksichtslosen Celibidache.

Der Anlaß war, wie so oft, eine Lappalie. Ein amerikanischer Mitspieler hatte sich bei Tisch ein wenig provokant herumgelümmelt. Der Maestro kennt, wenn ihm erst einmal eine Laus über die Leber gelaufen ist, kein Pardon: Dieser Boy war für ihn schlicht ein Flegel, und einen Flegel wirft er einfach raus: Platzverweis con fuoco für den aufsässigen Geiger.

Alle Jungamerikaner hielten zu dem Gerügten, der mehrheitliche Rest, vor allem die Germans, billigten der Autorität Celibidache solch autoritäres Vorgehen durchaus zu. Dissenz also, Disharmonie. In den Proben lief nun nichts mehr, in den Pausen lief alles bald auf kalten Krieg hinaus, der die Idylle plötzlich verdorben und die Atmosphäre verkrampft hatte. »Ich sehe nicht das Ergebnis meiner Arbeit«, bilanzierte Celibidache bitter. In der Pause wurde nicht pausiert, sondern nur noch palavert. Celibidaches anschließender Versuch, den Zwist mit seinen – und nur mit seinen – Vorstellungen aus der Welt zu argumentieren, machte alles noch schlimmer. Ein Cellist folgte dem gefeuerten Violinisten, Celibidache verbannte auch ihn. Platzte jetzt das Ganze?

Die Wende kam unerwartet. Erst gab es Gespräche in kleinem Kreis, dann redeten auf einmal alle und alle sich gut zu. »Erst hat er uns gezügelt, jetzt läßt er uns frei«, freute sich ein französischer Bläser. Entspannung. Der Maestro erhielt einen Blumenstrauß: Friede, Freude, *Jupiter-Sinfonie.* »Wir machen weiter.« Celibidache schaukelte mit dem Hintern con spirito durchs Menuett.

»Fragst du immer so dumm?«

Ohne Musik, wenn mal nichts klingt und kiekst, ist der Musiker Sergiu Celibidache selbst für seine Vertrauten und (vermeintlich) Eingeweihten eine harte Nuß, dann verrätselt er sich zur Sphinx. »Was ist der Unterschied zwischen der Einmaligkeit jedes musikalischen Phänomens und der Sprache? Die Sprache benutzt Begriffe, die vieldeutig und aus einer Symbolik entstanden sind, unter dem Gesichtspunkt der Zweckmäßigkeit. Der Mensch ist nicht vom Denken zu trennen. Aber denken ist nicht alles, was der Mensch kann.«

»Ist Musik eine Sprache?« fragt er und gibt selbst die Antwort. Aber ist es für die Gefragten eine Antwort? »Musik ist alles andere als eine Sprache. Die Sprache bedient sich einer in der Diskursivität erscheinenden konventionellen Symbolik und polyvalenter semantischer Bedeutungen. Sie kann durch prädikative Randbewegung auf verschiedenen Wegen zu einem zentralen sinnhaften Kern kommen. Der Ton spricht den Menschen direkt, unentrinnbar an, unabhängig von jeder spezifischen individuellen Determination wie Rasse, Geschlecht, Zustand, Alter und ruft freie, nichtkonditionierte Reflexe hervor. Er erfährt, wenn die Voraussetzungen dafür vereint werden, eine unmittelbare, unausdrückbare Entsprechung in der affektbewegten Welt des empfangenden Subjekts.«

1978 beginnt Celibidache am Musikwissenschaftlichen Institut der Universität Mainz, in einem kleinen, muffigen Oberstübchen der Bildungsanstalt, mit weit ausholenden und, auch im besten Sinne, langatmigen Vorlesungen über »Musikalische Phänomenologie«. Sein Leitmotiv, sein Lebensthema. Vierzehn Jahre hält er dort durch – es wird die ausdauerndste Dozentur seiner Karriere und die ausführlichste vor deutschen Ohren und in deutscher

314

Sprache: »Ich habe in diesem Land gelernt, also muß ich es auch hier weitergeben. Das ist der Grund, weshalb ich überhaupt hier geblieben bin.«

»Der menschliche Geist ist eine in sich geschlossene unteilbare Entität, die ständig einer Vielfalt von Erscheinungen gegenübersteht, bereit, mit Wahrgenommenem sich aneignend zu identifizieren oder das Unkorrelierbare, Unvereinbare, auszuschließen. Diese einmalige Beschaffenheit des menschlichen Geistes heißt auf Sanskrit ekagrata. Wir haben im Deutschen keinen äquivalenten Begriff dafür. Die Engländer sind diesmal besser dran, sie nennen es onepointedness: Auf-eins-Gerichtetsein.«

Seine Gedanken entwickelt er adagio. Seine Fragen sind meist knapp, den Antwortenden läßt er manchmal viel, viel Zeit. Er ist geduldig, aber mancher Kursteilnehmer wird durch seinen langen, geduldigen Blick auch verunsichert. Seine Seminare leisten sich den Größenwahn – im Sinne von Wahnsinnslänge – Brucknerscher Überlängen: »Hat keiner mehr Fragen? Ihr könnt doch nicht schon alles verstanden haben. Dann frage ich jetzt.« Damit beginnt die Kür mit den vielen schwierigen Pirouetten durch Husserls und Celibidaches Gedankenwelt.

Celibidache steckt, ob in Salzau oder in Mainz, den Parcours für den Denksport ab, meist nehmen um die dreißig oder vierzig, selten mehr als sechzig teil. Regelmäßig tauchen in der Alten Mensa in Mainz auch betagtere Groupies auf, jene ältlichen, von manischer Hingabe und Zuneigung getriebenen Damen, die dem Maestro so oft und so nah wie möglich ihre aufopfernde Zuneigung in stummem Augenaufschlag demonstrieren. Sie hängen an seinem Gesicht, und sie schreiben alles, alles mit, was er sagt. Für sie ist der Dozent der Guru, und der Guru hat immer recht. Das Resultat, in Blöcken,

Kladden und Leitz-Ordnern konserviert, ist vermutlich ihre heilige Schrift.

Neulinge, sie vor allem, haben immer ihre liebe Not mit dem Verkündeten:»noetische Phase«;»noemische Phase«;»was erschwert die Reduktion?«; was sind »musikalische Referenzsysteme«;»was ist der maximale Expansionspunkt«? Was ist, was sind, was bedeutet? Immer wieder dieselben Fragen. Häufige Antwort, so oder so ähnlich:»Du bist noch neu. Komm mal zehn Jahre zu uns!« Oder er verblüfft mit seinem kategorischen Imperativ:»Wegkommen vom Denken! Versuch es zu empfinden!« Dann der gute, gründliche Rat:»Glaubt nicht, was in den Wörterbüchern über Transzendenz steht. Kein Mensch kann wissen, was das ist, denn man kann es nicht wissen, es ist selbst transzendent.« Und immer wieder:»Noch Fragen?« Natürlich, eigentlich nur Fragen.

Gerät der Honorarprofessor in Fahrt, gerät das Auditorium in Entzücken: Das Pingpong der Sentenzen und Repliken macht manchmal regelrecht Laune. Celibidache brilliert mit Bonmots und Bosheiten, er ist dann der Alte. Ein Student verstammelt seine Frage durch eine programm- und sinnwidrige Pause. Celibidache:»Du brauchst dich nicht zu unterbrechen, das mache ich schon.« Alle lachen: werdende Pianisten, Dirigenten in spe, Journalisten, Altvordere der Zunft, Tonsetzer, Irrläufer (die nach spätestens zehn Minuten kopfschüttelnd wieder gehen).

»Kann man denn nicht sagen«, fängt einer an.»Sagen kannst du alles, aber wenn du Dinge sagen willst, die stimmen, dann sag am besten gar nichts!« Eine Hörerin wagt, etwas verschüchtert, ihre Frage. Replik:»Fragst du immer so dumm?« Und weiter:»Noch Fragen?« Ja, einer laviert ein bißchen ungeschickt mit Begriffen und Ausdrücken.»Siehst du«, belehrt ihn der Herr Lehrer,

»wie verräterisch die Sprache ist? Und wie wahr die Musik ist.«

»Nein, nein, nein«, Interpretation gebe es nicht, »weg von dem ganzen Dreck fester Begriffe.« Was der Teilnehmer da »Interpretation« nenne, sei »eine kokette Summe der Ignoranz des Darstellers und des Zuhörers«. Auch »Genie, Begabung, Talent – alle diese konventionellen Begriffe sind Quatsch. Jeder hat da diese Möglichkeiten, nur bei jedem ist es anders blockiert.« Einer will wissen, wieviel Zeit Celibidache für die Tondichtung *Don Juan* von Richard Strauss benötige. Antwort: »Fast zweiundzwanzig Minuten.« Konter des Studiosus: »Strauss dirigierte ihn in rund fünfzehn Minuten.« Charakteristische Coda des Maestros: »Wer ist denn Richard Strauss? Ein schlechter Dirigent. Der konnte doch nur dirigieren, wenn man ihm vor der Aufführung das Honorar zahlte.«

Dann, auf einmal, vorzeitiges, abruptes Ende der Veranstaltung: »Ihr habt noch sehr wenig begriffen. Ich bin sehr enttäuscht.« Inzwischen hat Celibidache weit über sechstausend Schüler entflammt, verstört, weg vom Denken und hin zum Erfühlen zu bringen versucht – das Resultat: letztlich enttäuschend. Celibidache hat die Geheimnisse und Erkenntnisse der Phänomenologie in einem Buch niederlegen wollen: »Es ging nicht. Man kann darüber reden, schreiben kann man darüber nicht.« Alle in seinem Gefolge, die es dennoch versucht haben, sind, so sagt er, »dabei gescheitert«. Und dabei lächelt er ein wenig: Ob er ihnen mildernde Umstände zubilligt?

Natürlich gibt es Ausnahmen, vielleicht viele, vielleicht sogar unzählige. Etliche Philharmoniker aus München, in München ansässige Musikkritiker sehen, empfinden und gebärden sich gern als Eingeweihte in solch kategorischen Alternativen wie »Intellekt ist nein, Musik ist ein Ja«. Der

Komponist Peter Michael Hamel, dessen Sinfonie *Die Lichtung* Celibidache 1988 uraufgeführt hat, gibt sich von der Begegnung mit dem Alten sehr inspiriert, »eine Erfahrung für mein ganzes Leben und weiteres Schaffen« sei das gewesen, und seine Partitur hat er während der Niederschrift Stück für Stück immer wieder dem Dirigenten vorgelegt. Urteil nach den ersten Handskizzen: »Es sind wunderschöne Klänge, aber es ist noch keine Musik.« Hamel nach Ablauf der vier Jahre währenden Aus- und Umbauphase seines Werkes: »Noch nie hat sich ein Mensch so mit meiner Musik beschäftigt und auseinandergesetzt. Er hat mich mit seiner ganzen Erfahrung gelehrt, die bestmögliche Qualität und Intensität in dieser Komposition zu erzielen.«

Mit verklärten oder verstörten Gesichtern, ebenso fasziniert wie verwirrt, sitzen – im Februar 1984 – die Studenten des Curtis Institute in Philadelphia rund um den rätselhaften Weisen aus der Alten Welt, dessen Namen sie noch grotesker radebrechen als die Musikfreunde andernorts. »Endlich ist er gekommen«, titelt die *New York Times* über den späten, leibhaftigen Auftritt der Legende. Und tatsächlich: Das in die Jahre gekommene Enfant terrible mit seiner längst ins Übernatürliche verstrahlenden Aura gibt mit zweiundsiebzig Jahren sein Debüt in Nordamerika.

Keine Triumphtour, keine Auftritte bei den »big five«, den fünf sinfonischen Renommierinstitutionen des Landes (New York, Boston, Chicago, Philadelphia, Cleveland), keine multimediale Debütantenshow eines Greises in der Carnegie Hall oder auf anderem geweihten Podium. Celibidache kommt ganz unauffällig. Daß er überhaupt kommt, verdankt das Curtis Institute seinem Direktor John de Lancie. Über eineinhalb Jahre zogen sich

318

die Annäherungsversuche: »Erst mußte ich mal bis zu ihm vordringen. Ich brauchte jemand, der sein Vertrauen hatte und der ihm sagen konnte, daß ich jemand sei, dem er wiederum vertrauen konnte.«

Die Zusage Celibidaches mag zwar verwundern, ist aber nur eine Folge von de Lancies Bereitschaft, auf die Forderungen des Dirigenten einzugehen, so ungewöhnlich sie auch schienen: wenigstens zwölf Proben für das New Yorker Konzert des Symphony Orchestra des Instituts, zwei Sitzungen pro Tag an sechs Tagen der Woche für Proben und Vorlesungen, das alles über drei Wochen.

Als der Dozent Celibidache anfängt, sein Repertoire der kleinen Schocks und der toxischen Spitzfindigkeiten zu verschießen, fühlen sich auch die amerikanischen Hörer irritiert, getroffen und provoziert. Der Schluß von Beethovens fünfter Sinfonie – nun vernehmen es erstmals auch die Youngsters aus der Neuen Welt – sei »awful«, furchtbar. Hatte je ein Maestro in dieser unziemlichen Form gefrevelt?

Das meiste, das Celibidache in fließendem Englisch darlegt, bleibt den Studenten schleierhaft: »phenomena«, »epiphenomina«, »structurization«, »objectivization« von Klang, Strukturen und geistigen Voraussetzungen. Kopfschütteln, fragende Blicke, Schulterzucken. Of course, he is »great« – and perhaps »a bit crazy«.

In der Fünfminutenpause hocken sie alle um ihn herum, er spielt auf dem Steinway, leutselig und offenbar happy. Ein Kontrastprogramm zu der schweren Kost vorher. Zum Valentinstag schicken ihm seine Junghörer eine große Peanuts-Karte mit einem Ballon, der die Aufschrift trägt: »There are some things which just can't be put into words« – es gibt Dinge, die kann man nicht in Worte fassen.

»Ein imposanter Typ«, sagt der einundzwanzigjährige Fagottist David McGill. »Seine Vorlesungen erklären, warum Musik so ist, wie sie ist. Er sagt, daß wir Jahre brauchen würden, um die Phänomenologie zu verstehen. Und es ist wirklich alles schwer zu erklären. Aber wenn er vor uns Musikern auf dem Podium steht, dann ist er ein wunderbarer Dirigent. Er verlangt Dinge von uns, die uns noch niemand abverlangt hat, besonders im Pianospiel. Er sagt, wir müßten die Noten transzendieren. So was sagt jeder Dirigent. Aber diesmal haben wir es auch wirklich getan.«

Einige Studenten sind über Celibidaches Doktrin und wohl auch über seinen gelegentlichen – unnachahmlichen – Sarkasmus sauer. Seine nach ihrer Meinung geradezu anmaßende Art, musikologische Fakten zugunsten einer gehobenen Art von Mystizismus einfach zu übersehen oder zu leugnen, verdirbt ihnen den Spaß an und die Geduld zu dieser ungewöhnlichen Lehrveranstaltung: »Auch er kann nicht über das Wasser schreiten, aber immerhin macht er bei dem Versuch keine schlechte Figur.«

»An alle jungen Dirigenten« richtet Celibidache seine Frage: »Was ist der beste Weg, um etwas über die Musik zu erfahren und zu lernen?« Antwort: »Zu den falschen Orchestern zu gehen. Zu denen, die zu groß, zu klein oder zu weich sind.« Erstaunen bei den Adressaten: Ob er das ernst meint?

Mit diebischer Freude läßt der Magister aus Europa die Verblüffung weitere Kreise ziehen. »Welche Bedeutung hat die Tradition? Keine. Und das Wissen? Auch keine. Wie kann ich euch richtiges Phrasieren lehren? Ich kann es überhaupt nicht. Wann also werdet ihr verstehen? Wenn ihr frei seid wie Kinder, die nicht wissen, wie schwer das alles ist.«

Zumindest von den musikalischen Fähigkeiten seiner Zuhörer zeigt sich Celibidache beeindruckt: von diesen »wundervollen Spielern« und deren »perfekter Jugend«: »Junge amerikanische Musiker sind die besten der Welt – so strahlend, so aufgeschlossen, und dann diese Reinheit und dieser Reichtum in der Art und Weise, wie sie reagieren.« Wieder mal ein verblüffendes, verwirrendes Lob aus dem Munde des gußeisernen Amerikaskeptikers Celibidache. Solche Komplimente sind bei ihm Ringeltäubchen. Aber da folgt auf die kurze Schalmei auch schon der Tiefschlag ins Gekröse des amerikanischen Music business: »Deshalb habe ich mich entschlossen, das Wenige, was ich weiß, an sie weiterzugeben, bevor sie in die Hände der Mafia der amerikanischen Musikinteressen geraten.«

Celibidaches Abgang ist in Philadelphia oder in Mainz oder in München oder in Neuville-sur-Essonne immer von der gleichen koketten Skepsis markiert: »Ich bin ebenso arm wie sie. Gelingt es mir nicht, in einem Konzert einige von uns raufzubringen... zur Wahrheit zu bringen, dann hat mein Leben keinen Sinn. Bis jetzt hat es immer Sinn gehabt.«

Nach ein paar Sonntagsstunden in der sommerlichen Brut Mittelfrankreichs sind auch alle die Schülerinnen und Schüler erschöpft, die er nun zum wiederholten Mal in das Wechselbad seiner phänomenologischen Rätsel und seiner so plausiblen Praktikererkenntnisse gepredigt und gepeinigt hat.

Während das Ensemble langsam, wie nach einer über zwei Stunden dauernden, erschöpfenden Wanderung durch das Zentralmassiv der Musikphilosophie, über den vorderen Mühlenhof zum Ausgangstor trottet, die Hunde anschlagen und der Staub der Gehenden aufwirbelt, redet Celibidache noch mit dem einen oder anderen. So familiär, fast idyllisch die Runde im offenen Sacklager der

früheren Mühle von Neuville auch arrangiert und ab-
gelaufen ist – der Abschied verläuft unpersönlich: Adieu,
murmeln ein paar, adieu, Maestro, und Celibidache hebt,
ohne aufzuschauen, seinen Stock zum Gruß ein wenig
hoch und schaukelt schwerfällig ins kühle Haus:»Sie haben nicht genug gefragt. Nein, keine Fragen, viel zuwenig
Fragen.«

Drinnen, an seinem Stammplatz vor dem Fernseh-
gerät, läßt er sich in seinen hohen Sessel fallen, der Nach-
mittag hat ihn sichtlich geschlaucht:»Sie alle sind nicht
wirklich hungrig auf eine Antwort.« Er selbst sieht nicht
und sähe wohl auch nicht ein, daß er – manchmal un-
verbindlich, ruppig oder kaum mehr verständlich in Husserls philosophischen Kosmos abgehoben – manchen Fra-
gern den Mut nimmt, den Mund überhaupt aufzumachen.

Im Oktober 1993 sagt Celibidache dem Journalisten
Felix Schmidt in einem Interview mit der *Welt am Sonntag*:»Ich kenne keine Studenten, die wirklich ernsthaft an
Musik interessiert sind. Ich habe viele getroffen, die Karriere machen wollten. Von mir haben sie ein bißchen das
gelernt, wie man Orchester zusammenhält. Ich habe keine
Begabung und auch keinen wirklichen Musiker entdecken
können. Wenn der junge Mensch erleben kann, daß das,
was ich da erzähle, von Bedeutung ist, und nicht nur mir
glaubt, weil es Celibidache sagt – dann ist Hoffnung, daß
er wirklich zur Musik kommen kann.«

»Ich weiß, daß es Gott gibt«

Wird im Fernsehen Sport übertragen, schaltet der Dirigent möglichst pünktlich ein und bleibt bis zum Schluß,
und sei es über Stunden, auf Sendung. Niemand stört ihn,
von niemand würde er sich stören lassen,»und meist

schwitze ich dabei so furchtbar wie früher beim Fußball«. Pausen nutzt er zum Gang in die Küche: Käse. Weichkäse, Hartkäse, Rohmilchkäse, Ziegenkäse, Schafskäse. Gott in Frankreich ist für ihn Käse aus Frankreich. Wenn es die Zeit und seine Beine gestatten, läßt sich Celibidache immer mal wieder in die Nachbarschaft auf den Markt chauffieren, um dort eigenmundig Käse auszusuchen. Zum Käse ißt er, wenn sie sich auftreiben lassen, gern noch ein paar Handvoll Pistazien. Das alles nur, wenn Madame Ioana nichts mitkriegt und ihr lautes Veto einlegt – auch das allerdings meist erfolglos. Pfunde, Cholesterin, Bluthochdruck – alle diese lebensbedrohenden Werte scheinen ihn nicht sonderlich zu belasten. Blutdruck mißt er nicht, »ich merke aber selbst ganz genau, wenn er steigt«, nicht selten gefährlich über zweihundert, zweihundertfünfzig. Da zuckt er nur stumm mit den Schultern.

Celibidaches Appetit ist in Zentimetern Bauchumfang meßbar und auch im Frack nicht zu übersehen. Auch seine Lust auf Bier ist nicht gerade schlankheitsfördernd. Er ißt schnell, fast hastig und in manchmal gewalttätigen Bissen. Seine Frau kann im Tempo, nicht aber in der Quantität mithalten. Sie stimmen beim gemeinsamen Mahl keinen gemeinsamen Anfang ab: Wer zuerst den Teller voll hat, hat ihn in der Regel auch als erster leer. Zu Gästen sind beide von ausgesprochener und großzügiger Liebenswürdigkeit. Im Sommer sind oft wochenlang Besucher, vorzugsweise mehr oder weniger nahe Verwandte, Gast auf der Mühle. Jeder Besucher hat meist eine persönliche Geschichte auf Lager, wo ihn gerade der Schuh drückt. Und überall soll Onkel Sergiu helfen, möglichst in bar.

Aus dem Parterre im Haupthaus der Mühle von Neuville führt eine Holztreppe in halber Drehung nach oben.

In Nebenräumen mit Dachschräge stehen, liegen, hängen in malerischem Chaos noch die Spielsachen von Sohn Serge: Schaukelpferde, Dreiräder, eine elektrische Eisenbahn von wunderbarer Großzügigkeit, heute bestimmt ein Vermögen wert. Auch der Flipper ist noch da, mit dem einst der Münchner Philharmoniker-Direktor Franz Xaver Ohnesorg nach Neuville kutschierte, um gut Wetter zu machen und den störrischen Maestro für eine Rückkehr nach München zu bewegen – letztlich, so ist zu vermuten, wohl der taugliche Versuch einer legitimen Bestechung.

Hier oben war, vor Jahren, das Paradies von Sergiu und Serge. »Er hatte viel Zeit für mich und viel Geduld mit mir«, erinnert sich der Sohn. »Ich habe wundervolle Erinnerungen. Fast jedes Wochenende, wenn er von einer Reise zurückkam, spielte er mit Burgen und Pferden und der herrlichen elektrischen Märklin-Bahn. Ich rühre diese Züge nicht mehr an. Sie sind für mich ein Stück glückseliger Erinnerung.«

Für die Mutter Ioana war die Schenkfreude des Vaters übertrieben; sie, die gestrengere, wohl auch die konsequentere Erzieherin, erkannte die Gefahren. Serge: »Er kam manchmal mit ganzen Koffern voll neuer Spielsachen.« Die Mutter intervenierte: »Du verwöhnst ihn zu sehr.« Ja, sagt der Sohn heute, »es war zuviel. Aber er wollte immer noch mehr, er war unersättlich. Ich sah das natürlich ganz anders, ich fand es wundervoll. Aber gleichzeitig spürte ich den Konflikt, der dadurch regelmäßig heraufbeschworen wurde.«

Heute blickt der Alte mit einem milden, nostalgisch verträumten Lächeln und wortlos über die familiäre Requisitenkammer. Für ihn ist das sicher alles heiliger Plunder, in diesem unübersehbaren Stückgut wird sein Vaterstolz handgreiflich: »Es war wunderbar damals.«

Mit einem Ruck wendet sich der greise Sergiu Celibidache plötzlich ab von den Altwaren und geht langsam in sein Studio zurück, in seine Komponierklause. Der Raum wirkt durch die angeschrägte Decke enger, aber auch gemütlicher, als die stattlichen Quadratmeter vermuten lassen. Ein Hauch Museum, ein bißchen Architektenbüro. Oben wieder die schwarzglänzenden alten Balken, zwei über die volle Längsseite gezogen, verbunden durch dichte, gatterartige Parallelverstrebungen. An den Wänden vielerlei Streichinstrumente, meist historische Stücke, darunter ein Contraviolino und ein Baß aus der Mozart-Zeit, mit nur drei Saiten. Geigenbögen und Clarintrompeten als dekorative Blickfänge. Den großflächigen Tisch bestrahlt eine moderne Bürolampe: Noten, Noten, nichts als Noten. Da ließe sich, was die kalligraphische Akkuratesse angeht, alles vom Blatt spielen: Hier komponiert ein Bauplaner, der Schwung des Violinschlüssels gleitet gleichsam über Millimeterpapier.

Vier Sinfonien hat Celibidache bereits geschrieben, ein Klavierkonzert, zwei große Orchestersuiten, eine Missa, das Orchesterstück *Haz de necaz*, etwa: Lachen, wenn es traurig wird, oder auch: Lächeln unter Tränen. »Ich komponiere so oft und soviel, wie ich kann. Die zwei Monate Sommerferien auf der Mühle sind für mich Erholung und Komponieren«, und letzteres dient durchaus ersterer. »Ich komponiere, um mich jung und frisch zu halten. Immer wieder Neues, neue Empfindungen und Gedanken. Komponieren heißt für mich: die Spontaneität kultivieren. Das Schlimmste ist alle Routine. Sie ist nichts anderes als die Imitation der eigenen Person und der eigenen Tätigkeiten. Man macht sich selbst nach und damit was vor. Die Sensibilität muß jung bleiben und darf nicht erschlaffen oder aufgebraucht werden. Gegen die Routine anzugehen, ist lebenswichtig.«

So hat Celibidache, mit vierundzwanzig, sein erstes Klavierkonzert noch mit all dem vollgriffigen, manuell effektsicheren Beiwerk angereichert, nach dem sich die Virtuosen die Finger lecken:»Ich konnte damals doch selber so viel auf den Tasten.« Im Sommer 1993 nun, mit einundachtzig, schreibt er den Nachfolger,»ein Konzert für pianistische Analphabeten«. Warum das?»Damit die Vorstellung, durch große, wichtigtuerische Virtuosität werde in der Musik irgend was erreicht, ein für allemal verschwindet.«

Nichts von alldem wird öffentlich gespielt oder irgendwo aufgeführt; es ist und bleibt Celibidaches Kopfmusik, die auf Notenpapier ihren Niederschlag findet. Für ihn ist das stille Musik,»die absolute Verinnerlichung des Klanges«. An den tauben Beethoven zu denken wirkt pathetisch (und Celibidache liegt nichts ferner) – lächerlich ist es nicht.

Er hat, wie er beteuert, nie daran gedacht, seine Werke selbst zu dirigieren.»Aufgeführt zu werden ist ein anderer Berg«, das Leben eines Komponisten »ein anderes Leben«. Wahrscheinlich hat ihn auch der oft peinliche und letztlich erfolglose Komponist Wilhelm Furtwängler als Dirigent in eigener Sache abgeschreckt. Er, Celibidache, brauche keine wirklichen öffentlichen Darbietungen seiner Stücke, aber er brauche die Stücke und den Prozeß ihrer Entstehung:»Ich würde keine Musik machen können, wenn ich nur dirigieren würde.«

Aber er kann sich, wie er behauptet, durchaus ein Leben ohne Musik vorstellen, »aber natürlich«. Der Mann bleibt ein Rätsel.»Ich gehe niemals ins Kino. Ich verabscheue Romane. Ein einziges reales Leben ist mehr und mehr wert als tausend erfundene Geschichten. Liebe, Eifersucht, Mafia, Kriminalabenteuer – was soll das? Hemingway? Den schenke ich Ihnen. Alle deutschen Schriftsteller nach 1945 können Sie in der Pfeife rauchen. Eine Zeitlang wollte ich unbedingt Pablo Neruda kennenlernen. Aber nachdem ich etwas über sein Leben gelesen hatte, hörte der Mensch auf, mich zu interessieren. Ich bin überzeugt, daß die Phantasie bessere Dinge schaffen kann, als es die Literatur vermag. Jeder Mensch hat, wenn er sich öffnet gegenüber sich selbst, mehr Phantasie im Kopf als alle Romane zusammen.«

Heute liest Celibidache, außer der Zeitung, nur ganz selten, er hat sich »von diesem Geschriebenen entfernt«: »Je älter ich werde, um so stärker fühle ich mich zu Goethe und Hölderlin hingezogen. Goethe – das ist ewige Jugend, nicht deutsch, nein: Menschentum. Hölderlin – welche Poesie! Manchmal ein wenig Arthur Rimbaud, wenn der die Grenzen des Verstandes durchbricht.«

Auf die Frage, was Celibidache als sein wirklich wichtiges Vermächtnis ansieht, kommt, wieder mal, eine verblüffende Antwort: nichts, was mit Musik, nichts, was mit dem Maestro zu tun hat, mit seinen jugendlichen Triumphen in Berlin oder mit seiner Spätlese in München oder mit seiner Mission als Mystiker, nein, »die Insel und die Mühle«, also Lipari und Neuville, sie sind gleichsam die Philharmonien des Handwerkers Celibidache. Es stimmt, »man kann mich nicht mit normalen Maßstäben messen«.

Kann einer glücklich sein, der fast sechzig Lebensjahre lang Klangkörper geformt hat und dann ausgerechnet mit zwei Baukörpern überdauern will? Natürlich sei er zufrieden, sein Dasein erfüllt und schließlich auch nach seinem Tode nicht zu Ende. Die schlimmsten Katastrophen, die er sich vorstellen, aber nicht ausmalen kann, sind ihm erspart geblieben: »das Gehör und das Augenlicht zu verlieren«. Aber auch der »sehnlichste Wunsch« ist ihm verwehrt worden: »Chinesisch lesen und sprechen zu können, um die Werke der dortigen Philosophen selbst studieren und für mich selbst übersetzen zu können.« Und auf einmal, an diesem späten Sommernachmittag 1993, während die Sonne in Neuville schon hinter den großen Bäumen steht und ihr Licht durch die Blätter in hellen und schattigen Flecken auf Celibidaches Komponiertisch versprenkelt, wird der Alte auf wundersam private Weise zugänglich und für intime Fragen offen.

»Ja, ich glaube schon, daß ich in meinem Leben mehr Menschen getroffen und verletzt habe, als mir selbst bewußt ist. Ich habe wahrscheinlich mehr Menschen geschadet als genützt. Ich habe mir dadurch auch selbst Schaden zugefügt. Es gibt zwei Dinge, die ich nicht kann und die ich nicht ertragen kann: angeben und lügen. Falschheit ist furchtbar. Ehrlichkeit ist der Tribut der Freiheit, und Freiheit geht nicht ohne Ehrlichkeit.«

»Können Sie weinen?« – »Ja, das Vertrauen eines wilden Tieres, das ich füttere und das mich annimmt, kann mich zu Tränen bringen.« Aber auch besonders glückhafte Momente in der Musik können ihn »erschüttern und beglücken«.

Der Kalender belegt, daß er jetzt, mit über achtzig, auf dem Weg zum Methusalem ist. Aber er hat angeblich »absolut noch kein Gefühl des Älterwerdens«. Natürlich, der Körper, der Rumpf, zeige Verschleißerscheinungen, »aber nicht der Kopf. Warum bin ich innerlich so jung? Weil ich etwas erlebt habe. Wenn ich nicht suchen und immer weiter suchen würde, wäre ich längst gestorben.«

Nein, vor dem Tod hat er keine Angst, »warum?«. »Ich bin sehr neugierig: Es kommt etwas anderes, das weiß ich. Das merke ich, wenn ich mal nicht mehr denke. Dann habe ich Kontakt zu Erscheinungen, die mir absolut unerklärlich sind.«

Er glaubt nicht an Gott, »weil ich weiß, daß es ihn gibt«. Er gehört keiner Kirche an, »ich bin in einer Kathedrale genauso selig wie in einer Moschee. Es gibt keine falsche oder richtige Religion. Folgen Sie einer, irgendeiner! Alles, was Menschen für Gott halten, ist Gott nicht. Gott ist keine Vorstellung. Man muß aufhören, sich das Unerklärliche erklären zu wollen. Dieser Terror des Denkens!«

Dann nickt er stumm, erwartet wohl kein Wort und kein Widerwort als Antwort. Langsam hebt er sich aus seinem Sessel, stemmt sich auf den Stapel großer Notenblätter, die sich auf dem Studiertisch häufen, und schaut seinen Gast mit feinem, mild durchtriebenem Lächeln an: »Glauben Sie jetzt endlich, daß man aus mir keine Sensation machen kann?«

Seine Hände greifen nach dem Treppengeländer. Langsam schraubt sich der schwere Mann ins Parterre hinunter. Es wird Zeit: In drei Minuten beginnt das Fußballspiel im Fernsehen. Aber vorher muß er noch einmal an den Kühlschrank: »ein Stückchen Käse«. Eins?

Daten eines langen Lebens

1912   28. Juni (nach dem damals in Rumänien gültigen Julianischen Kalender, nach heutigem Kalender 11. Juli): Sergiu Celibidache als erster Sohn von Demostene Celibidache und Maria geb. Bratianu in Roman geboren

1936   Übersiedlung nach Berlin und Fortsetzung der in Jassy begonnenen Studien an der Berliner Musikhochschule und Universität; gegen Kriegsende Gelegenheitsauftritte als Dirigent von Laienchören und Hochschul-Ensembles

1945   Sieger eines Dirigentenwettbewerbs in Berlin; am 29. August erstes Konzert mit dem Berliner Philharmonischen Orchester und Beginn einer regen, regelmäßigen Arbeit an dessen Spitze

1946   Im Februar Wahl zum Chefdirigenten der Philharmoniker bis zur Rückkehr Wilhelm Furtwänglers aus dessen Schweizer Exil

1948   Debüt in London (8. April); Beginn ausgedehnter und erfolgreicher Auslandstourneen

1954   Vorerst letztes Konzert mit den Berliner Philharmonikern (29. November), die Herbert von Karajan zum Nachfolger Wilhelm Furtwänglers wählen (13. Dezember); Bundesverdienstkreuz

1955	Intensivierung der interkontinentalen Reisen, später fester Wohnsitz in Italien
1960	Künstlerischer Leiter der Königlichen Kapelle Kopenhagen (bis 1963)
1963	Künstlerischer Leiter des Sinfonieorchesters des Schwedischen Rundfunks in Stockholm (bis 1971)
1968	Sohn Serge Ioan geboren (18. Juni)
1972	Leiter des Radio-Sinfonieorchesters des Süddeutschen Rundfunks Stuttgart (bis 1977)
1979	Erstes Konzert mit den Münchner Philharmonikern (14. Februar); Chefdirigent des Orchesters und Generalmusikdirektor der Stadt München
1985	Eröffnungskonzert der neuen Philharmonie am Münchner Gasteig (10. November)
1990	Wohltätigkeitskonzerte mit den Münchner Philharmonikern in Rumänien nach dem Sturz Nicolae Ceauşescus (Februar)
1992	Rückkehr ans Pult des Berliner Philharmonischen Orchesters (31. März); aus Anlaß des 80. Geburtstags Ehrenbürger der Stadt München

Personenregister

Bildnachweis: